Saraka bô

Du même auteur
chez le même éditeur

Dieu-Dope

Tobie Nathan

Saraka bô
(Sortir les offrandes)

Collection dirigée
par François Guérif

Rivages/noir

106, bd Saint-Germain - 75006 Paris
ISBN : 2-86930-783-7
ISSN : 0764-7786

À mon père

Contrairement à celle des hommes, l'imagination du destin est infinie. La ressemblance des personnages de ce roman, de leurs noms, des situations décrites avec les productions spontanées de l'existence ne peut être due qu'à l'effet du hasard.

Prologue : « Saraka bô... »

Paris, XVIe arrondissement, samedi 16 septembre 1989, 9 h 30.

Service de Psychopathologie. Couloirs de laque jaune sale. Immense, Adama Sissoko, noble soninké, chef d'un village sur la rive du désert, pour quelques années éboueur à la Ville de Paris, marchait tête basse, les yeux rivés au lino flétri. Il portait tristement dans ses bras un bébé maigre dont le regard errait en tous sens, grains de sable tourbillonnant aux vents du couchant. Adama ne prêtait aucune attention à l'agitation de son fils. Confus, stupide d'humiliation, il allait présenter aux docteurs blancs cet enfant de trois ans qui semblait n'avoir que neuf mois, ne pouvait se dresser sur ses jambes, ne parvenait même pas à tenir son biberon, ne savait prononcer un seul mot.

Adama était le deuxième d'une fratrie de onze : cinq d'une première épouse de son père, trois d'une deuxième et trois d'une troisième. Il était né jumeau, mais sa petite sœur, l'épouse du ventre, après l'avoir accompagné dans le difficile parcours de l'ombre humide, l'avait quitté après trois jours de lumière. Le devin — le *bammana* —, Djémè l'insoumis, qui continuait à honorer les fétiches malgré les recommandations de l'islam, avait interrogé les « enfants du sable », les *cauris*, les petits coquillages de vérité. La terre avait alors accepté de répondre. Elle exigeait rituels et sacrifices afin, dit-elle, que « l'enfant du voyage revînt un jour au pays, armé des paroles de Dieu ». Djémè confectionna une petite poupée de liane, la nomma Awa et la remit à la mère d'Adama, lui recommandant de la nourrir tous les ans du sang d'un mouton blanc. Nul ne mit en doute que l'habile devin avait su ouvrir les yeux des figures du sable. Mais cette année, la sécheresse avait été plus forte encore et la vague du désert avait mordu plus largement les champs d'arachide. Le village s'installait dans la misère et les jeunes les plus vaillants partaient, nouveaux esclaves, vers la France : le pays d'où l'on revient fou... Nul mouton blanc ne fut acheté pour Adama, et le bel enfant à la peau claire grandit comme une gazelle, libérant sa force dans les maigres broussailles de la savane. Lorsqu'il atteignit vingt-deux ans, son frère aîné mourut, terrassé en quelques jours par la maladie. Les médecins italiens de la mission avaient parlé de bilharziose, mais tout le monde au village savait que Taïrou s'était fait dévorer les entrailles par un *soukhougnan*, un sorcier cannibale. Adama prit peur : certes l'Afrique est entière, vraie mais si intense, trop... De plus, il ne souhaitait pas déjà assumer le rôle d'aîné. Il décida d'émigrer à son tour. Un soir, à l'insu de son père, il acheta dix noix de cola rouges et dix noix de cola blanches, se procura un coq rouge et partit visiter le vieux Djémè l'insoumis pour lui demander quel serait son destin au pays de l'or et de l'argent. Au pied de l'arbre aux *djinna*, Djémè palpa longtemps de ses longs doigts secs un fragment de calebasse sur lequel étaient gravés des cascades de bâtonnets. Il considéra perplexe le mouvement du cauri, dont on dit que la fente est la bouche du roi des *djinna*. Il secoua gravement la tête, puis se mit à glisser rapidement les doigts sur la poussière. Il tint le poulet au-dessus de sa calebasse pleine du sable de divination, invoquant les génies : « Parle, Soulimané, je me tais. Ce n'est pas mon ventre qui fabrique ces paroles, mais toi qui les tisses entre mes dents. C'est par ton nom qu'Adama saura ; parle, Soulimané ! » Ensuite, il égorgea le poulet et laissa gicler les gouttes de sang sur le sable de vérité. Trois fois, il recommença l'opération, tant il ne parvenait à croire le message des esprits : « *Saraka bô* ! Sortez les offrandes, et les vieux parleront par la bouche de l'enfant. *Saraka bô* ! Sinon, les morts s'empareront de sa voix. Dans un mois, demanda Djémè, ramène ici même un mouton blanc et la petite Awa ; je ferai pour toi ce que demandent les *djinna*. » Il se remit ensuite à psalmodier : « Vois, Soulimané, les enfants du sable de celui qui recherche la chance ; vois, Soulimané, le poulet qui questionne les yeux du sable... Vois, Soulimané, comme les enfants partent chercher au loin ce qu'ils tiennent pourtant entre leurs mains... » Mais Adama avait déjà réservé son billet d'avion et le sacrifice d'un mouton blanc aurait exigé de mettre son père au courant de ses projets d'exil, ce à quoi, lâchement, il voulait éviter de se confronter. A son tour, il négligea les paroles du devin et s'échappa en direction de ses rêves de fortune.

Devant Adama, le professeur Nessim Taïeb lisait la lettre du pédiatre qui lui adressait l'enfant. Le bébé, Ibrahima, s'était normalement développé jusqu'à l'âge de quatre mois. Puis, sa croissance s'était brutalement interrompue. Il n'avait plus pris de poids, son périmètre crânien avait cessé d'augmenter et, quand on le couchait sur le ventre, il ne parvenait plus à redresser la tête. Dans ses yeux, sa mère ne percevait plus la lumière des débuts du monde, celle du lever du soleil : son regard était rentré dans les profondeurs. Il ne souriait plus, ne s'intéressait plus à ses grands frères et restait seul, à grogner dans l'obscurité. Depuis ce temps, il ne dormait pas et, la nuit, on aurait dit qu'il conversait en secret avec un étranger.

Le psychiatre questionna longuement le père, puis demanda à l'interprète malienne de traduire intégralement ses paroles :

— Cet enfant n'est pas un enfant, annonça-t-il, mais un vieux qui revient donner des paroles de Dieu : un *wallihou*. Il ne faut plus le sortir dans le monde, pas même dans la proche famille car il est fragile et déclenche l'envie. Il ne possède aucune protection contre les attaques des jaloux. Attendez l'âge de la purification, l'âge où l'on retire les imperfections féminines à la silhouette virile, l'âge de la circoncision. Jusque-là, il faudra lui parler avec respect et l'appeler grand-père, sinon il partira.

Adama répondit :

— Jeune vieillard, j'ai déja entendu des paroles

semblables ; tu n'es pas le premier à m'annoncer de telles nouvelles. Chez nous, les Soninkés, c'est une grande chance et un grand malheur d'avoir eu un fils grand-père !

— Prends garde, Adama, reprit le professeur Taïeb, ce vieux est venu pleurer dans ta maison parce que les ancêtres n'ont pas obtenu leur dû, *Saraka bô* ! Rentre au pays, va-t'en interroger le lanceur de cauris, celui qui lit la vérité dans le sable. *Saraka bô* ! Sors les offrandes !

— Tu dis des paroles de justice. Je suis petit, il est vrai, mais j'ai toujours entendu que les *djinna* ne savaient traverser la mer...

— Petits sont les grands, et grands les petits... dormir est une parole, se taire est une parole, danser est une parole et, sache-le bien : voyager encore une parole. Si seuls les devins et les bébés savent la langue des esprits, les *djinna*, eux, savent déchiffrer la langue des humains. *Saraka bô* ! Sors les offrandes, sinon tu seras toi-même l'animal de sacrifice. Voilà la raison de la maladie de ton fils !

Adama Sissoko reprenait le couloir en sens inverse, profondément absorbé dans la rumination des paroles de l'étrange docteur blanc, comme s'il avait voulu tatouer au revers de son crâne chacune d'entre elles. Un frisson le parcourut lorsqu'il repensa à son père. Machinalement, il crispa les yeux. Son fils, le petit Ibrahima, celui-là même que les psychiatres avaient condamné comme autiste, le fixait depuis un long moment déjà ; il prononça sa première parole : « *Amoud-jem* » (bonjour). Le père ne réalisa pas sur-le-champ qu'Ibrahima parlait, il restait là, en plein milieu du couloir de l'hôpital, interdit. Une fois la surprise passée, il psalmodia aussitôt à haute voix : « *Bismilla el rahman el rahim...* » (au nom de Dieu, puissant et miséricordieux...)

Le professeur Nessim Taïeb remonta machinalement les manches de son pull-over de cachemire, expliquant à son assistante :

— Les *djinna* traversent les siècles et les océans ; certes, ils savent changer de visage, d'apparence et même de substance mais ne renoncent jamais à remettre de l'ordre dans le monde. Celui-là même qui a brisé les fétiches les voit surgir comme des plants d'arachide de la terre de son jardin. Va, Adama Sissoko, je ne sais par quels détours mais tu succéderas nécessairement à ton père. Les ancêtres n'appartiennent pas au passé mais à l'avenir...

« Il me dit : ''Fils d'homme, je t'envoie vers les fils d'Israël, vers un peuple de révoltés qui se sont révoltés contre moi ; eux et leurs pères m'ont trahi jusqu'à ce jour-là même. Ces fils à la face endurcie et au cœur tenace, c'est vers eux que je t'envoie pour que tu leur dises...'' »

Ezéchiel , II, 4-5.

1. « Les insensés ont horreur de s'éloigner du mal »

Septembre 1984, une nuit très noire, cinq minutes après avoir traversé la frontière allemande...

Mirages de brume entre les phares : t'allumes un clope, tu branches l'angoisse... toujours tout droit : la mer... Le bouchon saute entre tes cuisses. Les arbres défilent. Je ferme les yeux. Longue goulée de bourbon... Regarde devant : le cheval noir, sur le volant, s'offre une érection à l'injection. Les nuages collent à la portière. Le goudron brille dans la lumière comme un lac de montagne sous le plein jour des longue-portée. J'enfonce le champignon. Le poste de radio suçote une cassette :

Julia, Julia, un moineau alcoolique continue de chanter... Julia, Julia, et ta mélancolie au revers de l'été.

Sur l'autoroute, 5 000 tours, tranquille... 210 au

compteur… Soudain : deux motards se couchent dans le rétro. Longue ligne droite. A plus de 200, je ferme les yeux quelques instants : je vois ma mère qui agace mes lèvres avec ses doigts. Longue goulée de bourbon. 240 en rouge et vert. Merde ! C'est con cette tristesse qui excite les sens du fond des temps. Je dis : « Julia, ramasse ton cœur qui s'éparpille (la peur dilate ses pupilles). Ces deux p'tits cons sur leur vélo, ils ont sommeil, ils vont dodo. » Je devine leur sirène qui hurle au lointain. Mon cheval noir sur le volant éclate sa rage dans les aigus. Douze cylindres en orgie : une longue plainte déchire la nuit.

Julia, Julia… une chanson amnésique continue de trotter. Julia, Julia, et la mélancolie au revers de l'été.

365 GTB 4 rouge sang, dite : « Daytona ». C'était une nuit de septembre… Coup de frein ! De la main, je rattrape la bouteille entre tes mollets. Derrière, un flic à l'envolée par-dessus la rambarde ; une moto glisse un long soleil ; l'autre virevolte à la chamade. Je lève les yeux : une pancarte. Malin de cabrioler deux poulets juste à l'entrée d'un péage. Un instant, on ouvre un œil et douze cylindres au ralenti qui ragent d'impatience. Calme, à moitié ivre, je te dis :

— Tu sais, bébé, le 4 de GTB 4, c'est parce que c'est un double arbre à cames en tête par rangée de cylindres.

Des gants de cuir d'agneau halètent sur le bois verni du beau volant Nardi. La ferraille rouge qui étincelle ; un casque brisé comme une coquille et sur la chaussée grise : de la cervelle comme du jaune d'œuf... Longue goulée de bourbon. L'étalon noir sur le volant a la nostalgie de l'écurie. Demi-tour au-travers de la glissière déchirée comme une culotte de jeune mariée par la chute du second motard. Et la cassette...

Julia, Julia, un cafard anémique continue de rôder. Julia, Julia, et ta mélancolie au revers de l'été.

Ferrari, Ferrari, petit matin de brume et de nostalgie. Tu roules un joint, tu branches ton flip. Je ferme les yeux pour écouter tandis que s'enfonce l'accélérateur. Long cri inarticulé qui chante la peine à 7 000 tours. La brume est tombée et brille le goudron ; chante une lumière ivoire dansent les deux bouteilles de bourbon contre la valise noire. Dollars, dollars, je t'aime, fric de la haine et de la douleur. Derrière, les flics ont sorti l'Alpine. J'aperçois leurs phares dans le rétro. Je freine. Le pur-sang pile dans un long crissement qui dresse l'échine. Tu sors.

Smith & Wesson, 357 Magnum. Tu lèves le pouce, tu trouves le chien ; tourne le cliquetis du barillet, cligne son œil noir, saute dans ta main, experte. Longue bouffée de bourbon. Je ne sais pas bien ce que tu vises. Je te regarde, amoureux. Tu tires ! Du rouge, du feu, de la fumée ; du bruit, du noir aussi et une jouissance sous la peau. Tu tires ! Smith & Wesson 357 Magnum. Tu tires, Priape, ange gardien du jardin des dollars. Portière qui claque, au beau bruit mat, de cuir tendu. Le V12 monte sans attendre la gamme en majeur...

La Ferrari a grimpé sur le bas-côté, là où c'était

écrit : « Gendarmerie », a traversé un champ de poireaux, a patiné dans la gadoue en hululant un air de jazz, a retrouvé une petite route de campagne.

6 heures du matin. L'arrivée au petit village de Rohrbach où ces tarés, ces demi-boches, ces vrais enfants de putain n'ont même pas voulu nous servir un café. Trop rouge la Ferrari, trop noir mon petit foulard de soie, trop tôt le matin pour qu'ils fassent semblant d'être chrétiens. Je me souviens : tu as parlé leur patois, leur langue de singe. Mais rien à faire ! Et puis, à nouveau : tu roules un joint, tu branches ton flip. Mais comment se fait-il que tu parles le patois lorrain ? Je ferme à nouveau les yeux pour savourer la symphonie en douze cylindres et double arbre par rangée de cylindres... « Ça tourne à gauche, Jean ! Tu ne vois pas ? » Long dérapage sur la rosée du petit matin. Frisson ! Tu dis : « Il faut atteindre Nancy. J'ai des copains là-bas, on pourra planquer la Ferrari. » Petite frayeur. Je me suis garé au premier carrefour. Le moteur respirait lentement au rythme d'une valse de Leonard Cohen. Dieu, que tu étais belle !

Julia, Julia, tes longues jambes blondes dans leur treille noire. Julia, Julia, et la mélancolie pour le restant de ma vie...

Je m'écrie : « Regarde, regarde ! » Il y avait une sorte de château, et devant, au moins douze, quinze Bugatti. « Des Bugatti ! Remarque, on n'est pas très loin de Molsheim... » Ce matin, tout paraissait aller de soi. On a fait l'amour dans une Ferrari, à un carrefour de Lorraine, sous l'œil d'un régiment de Bugatti au garde-à-vous devant le perron d'une maison de maître. Normal ! Et le douze cylindres qui commençait à cafouiller, se prenant les pieds dans son ralenti. Quand tu as joui, il s'est définitivement étouffé. Normal. Et un Lorrain en bicyclette, qui matait comme un cinglé, le nez d'un beau rouge carmin dans le petit vent frais du matin. Smith & Wesson, 357 Magnum. Tu lèves le pouce, tu trouves le chien... Il détale sur ses pédales. Tu sors de la bagnole, nue, dardant le flingue. Et moi, me penchant par la portière : « Laisse-le filer, il mouille encore... » Les deux balles lui ont fait exploser la tête. Pourquoi ? Pourquoi ? Debout, les jambes écartées, tenant le revolver à deux mains, seulement vêtue de ces petits bas noirs que j'avais appris à retirer en glissant délicatement l'index le long du gras du mollet, j'imaginais quelques gouttes de mon sperme coulant lentement dans l'intérieur de tes cuisses tandis que fumait encore le canon.

Tous ces mensonges, tous tes mensonges, pourquoi ? — « Je dois te dire que je ne m'appelle pas Julia Rosenmeyer mais Laure Trieb-Meymert. » — Au matin, tu avais eu un moment de tendresse ; je me rappelle ta tête reposant affectueusement sur mon épaule : « Maintenant, on doit se planquer. » D'abord, la petite maison de Saint-Nicolas-de-Port, près de Nancy, avec tous ces macaques qui parlaient l'allemand et l'arabe. Tu m'y as laissé une semaine. Je leur répondais systématiquement en yiddish et ça les faisait marrer... Puis, le petit appartement de Marne-la-Vallée, mignon, et nous étions encore tous les deux ! Et le retour à Paris — pour ne pas que je rate la rentrée des classes, disais-tu. Enfin, ton voyage à San Francisco... pour affaires...

Quinze jours plus tard, réfugié dans un petit pavillon de banlieue, près de Paris, chez un ami écrivain, mais sans la valise aux dollars, envolée avec la belle. Ce matin, oiseau blessé parcourt le jardin à cloche-pied. Le facteur porte quelque facture — et quoi d'autre ? Oiseau-faiblesse, oiseau-blessure. En sortant de la Ferrari, à Nancy, j'ai glissé sur une tache d'huile dans le garage. Disparue, la Daytona : vendue à un émir koweïtien... Claquement métallique de la trappe de boîte aux lettres. Charentaises aux talons pliés par ma longue nuit d'écriture, clopant déjà, clopin-clopant. Tu m'as promis de m'écrire, à cette adresse ; que toi, tu n'avais pas de point fixe à San Francisco, que tu pensais à moi, tout le temps... Ce matin, oiseau blessé s'en va sur sa grille s'emplir d'absence. Je ne suis pas si vieux puisque j'entends encore bruisser le silence — même si, déjà, je ne vois plus le noir. Jack Daniel's : sauvé de l'eau, une nuit encore. Il y eut une nuit et il y eut un matin. Rêve triste. Second matin, léger mais frêle comme l'harmonie. Claquement métallique de la trappe de boîte aux lettres. Charentaises aux talons pliés par ma longue nuit d'attente, anxieux... Hier soir, dîner Philippe, de passage entre deux voyages familiaux. Devisé de femmes, de voitures, de psychiatrie, de politique — dans l'ordre ; puis de femmes, de psychiatrie, etc. Rêve triste où tu me visitais de ma propre main somnambule — étrange rêve de soie. Le matin : tentatives d'écriture — quelques vers à soi. Marne-la-Vallée, les grands hublots déserts. Troisième matin. Guérir en plongeant sa plume dans le noir d'encre. Attendre... peut-être Venise, un jour... Laure, tu me plais, tu sais ? Toujours autant. Tenir ta taille, nue, les pinces serrées. Dormir, ta tête au creux de mon bras, me réveiller gonflé de désir et l'emporter comme l'ouvrier son sandwich, pour le casse-croûte, pour taquiner la faim, à sa guise... Mais cette nuit, stylo mort ; silence au ronflement sinusoïde. Quatrième, quinzième, vingtième matin. Je pousse péniblement l'avenir comme une Bugatti en panne. Je te caresse lentement. Je commence par faire glisser les fines chaussettes noires. Non ! Je reprends le stylo. Rien :

Une nuit comme les autres jours...
Embrasse Frisco pour moi,
et « porte-leur la peste... »

P.-S. : Tout imprégné de ton odeur, les larmes de bourbon s'écoulant invisibles de mon cœur poreux, un blues dans la tête, je fouille les mots qui dansent. Une lettre qui ne partira jamais, encore une ! Je t'aime...

2. Y'a des jours où l'on aimerait bien se coucher au plus vite

Dimanche 17 septembre 1989. Gare de Lyon, 17 heures.

Il fait lourd ! Je trie le contenu de mes poches. Un ticket de métro — le dernier — la clé de l'appart'd'Armand — mais il m'a interdit de remettre les pieds chez lui... et quelques thunes... Je compte : juste de quoi me payer un demi ou peut-être seulement la moitié d'un... Et le Magnum — c'est une mesure de champagne mais là, il s'agit d'un Smith & Wesson. Ma main serre la crosse et s'imprime un eczéma quadrillé et balistique — la dernière chance ! Je regarde passer les clodos. Demain, la cloche... Il reste juste trois balles dans le barillet. Je suis à trois balles de les rejoindre. J'ai toujours été terrorisé par la misère; maintenant, j'y suis ! Je ramasse un vieux canard dans une poubelle — ça fait intello, c'est *le Monde*. Je peux pâlir : je ne peux pas lire, ou plutôt je ne sais plus. Cinq ans que je suis sur ce coup foireux, et le monde — encore lui — s'est arrêté de tourner. La dernière chance.

Ça me gratte dans le cou. Pourquoi me planquer ? Personne ne me reconnaîtrait sous la barbe et la crasse. Cinq ans que j'ai commencé la glissade. Mais qu'est-ce qu'elle me veut, cette minette ? Elle me voit maigre, puant, l'esprit abîmé par l'alcool, les cheveux blanc jaunâtre. J'ai cassé mes lunettes ; j'en ai ramassé une vieille paire dans une poubelle. Ma vue a dû s'y faire, mais mon regard s'est étriqué à force de tenter d'y voir à travers la brume. Autrefois, je savais qu'il existait des perverses préférant la lie des ruisseaux aux lits en satin des grands hôtels. Merde ! Si je commence à penser à la splendeur passée, c'est foutu.

17 heures, gare de Lyon, j'attends le T.G.V. de Lyon et puis un Iranien que je vais coffrer à sa descente et puis non seulement tout reviendra comme avant, mais cette fois, j'aurai décroché la timbale. Depuis quelque temps, je commence à être inquiet pour mon appareil à gamberge. Il s'emballe dans de vieux jeux de mots à la con que je n'arrive pas à suivre. « Hautbois et violon »... « Nous n'irons plus hautbois, Laure y est, son coupé »... et puis je suis obligé de réfléchir : Laure ? Laure est partie à San Francisco, il y a cinq ans, pour un mois, avait-elle dit, pour perfectionner son anglais, avait-elle dit... non : pour affaires... et plus de nouvelles — « son coupé... » Et puis voilà. Bon, j'ai compris celui-là ; en voici déjà un autre... Je l'attendais pour fin septembre. J'étais alors un petit prof de philo, dans un lycée, et même pas titulaire. Pas un sou, pas une idée — rien ! Rien que Laure ! Ah, Laure, mon petit arpent du bon Dieu, mon esclave, mon sanctuaire, mon

vermicelle. Elle était mannequin, et moi qui étais fou de sa taille fine, de ses petites fesses d'adolescent sportif et de ses larges épaules en longs filaments noueux, je l'appelais « vermicelle ». Et la première fois qu'elle a fait la couverture de *Elle*, en militaire chinoise... Aïïïïa ... J'avais un peu fricoté avec les prochinois en 68, ils m'avaient alors obligé à prendre un pseudo. « La rafale », que j'avais dit, en pensant à mes envies sexuelles permanentes, et le « chef » a compris que je m'intéressais à la mitraillette. Il m'avait affecté — « militant », c'est comme « militaire » non ? — à un groupe d'action, un commando quoi ! Il n'y avait qu'une seule fille fréquentable dans le groupe et, bien entendu, je lui ai sauté dessus. Alors, bon ! Pas révolutionnaire tout ça, pas prolétarien pour deux sous ! Autocritique puis, vidé ! S'ils en avaient eu les moyens, ils m'auraient certainement coupé le zizi.

Et voilà que la minette s'approche de moi. J'ai envie de rigoler parce que je ne peux m'empêcher de penser « elle pue la cocotte »... et moi, la rose, peut-être ? Elle a un sourire comme je les aimais autrefois : grand luxe.

— Jean Zylberberg ?

Faut voir la scène. Mes futurs copains, les clochards de la gare de Lyon, en manteau de tweed, vingt-cinq ans d'âge garantis, la bouteille de jaja entre les jambes, qui reluquent les siennes d'un œil neutre et elle, dans son ensemble de soie blonde, sûre de dénouer l'aiguillette à n'importe quel buveur de whisky — tout tient à la nature du breuvage peut-être ? Je lève un œil muet à travers le carreau étoilé de mon hublot. Elle répète :

— Jean Zylberberg ?

— ...

— Jean Zylberberg ?

Et pendant que je philosophe sur cette question qui, pour moi, demeure brûlante, elle me balance un formidable coup de pied dans les frileuses, et puis un autre. Deux hommes surgissent derrière moi, me tenant chacun par un bras, et j'ai le temps de penser qu'après avoir raté ma dernière chance, je serais allé me coucher avec mes copains imbibés, sur le bitume tiède de la gare de Lyon. Quand on pense à se coucher, faut le faire tout de suite. Faut pas hésiter...

3. Y'a des jours, vaut mieux pas se réveiller

Paris, XIXe arrondissement, lundi 18 septembre 1989, 8 heures.

Bing faisait les cent pas. Les cendres de cigarette jonchaient le tapis qui séparait le bureau de la porte d'entrée. Enfin, le téléphone sonna.

— Alors, vous avez suivi mes instructions ? s'enquit-il nerveusement.

A l'autre bout du fil, une voix répondit :

— Cette fois, il n'a aucune chance de s'en sortir.

— J'aimerais être aussi sûr que vous...

— On a paré à toutes les éventualités. Je ne donne pas cher de sa peau. Si jamais la bombe du T.G.V. ne lui réglait pas son compte, il ne réchapperait pas à la colonie de virus extra-strong à temps d'incubation ultrarapide, prélevés dans votre laboratoire expérimental de Bobigny, et que nous avons déjà dispersés dans la salle où il doit prononcer une conférence à Lyon...

L'interlocuteur accompagna la fin de sa phrase d'un rire gras et ajouta : « Vous pouvez roupiller sur vos deux oreilles, patron... » Bing émit un sifflement dubitatif mais se détendit tout de même un peu. Il marmonna :

— La peau de l'ours... la peau de l'ours...

— C'est-à-dire, patron, que nous, on a rempli nos engagements ; alors on aimerait bien voir la couleur de l'oseille à présent...

Le réveil sonna, arrachant Bing suant d'angoisse à son rêve.

« Bon sang, se dit-il, comment n'y avais-je pas pensé plus tôt ? Il faut prendre des mesures radicales. » Et, comme il avait un peu lu durant son adolescence, il ajouta : « Etre radical, c'est prendre les problèmes à la racine ! J'ai compris le message de mon rêve. Je vais virer Dahan, mon assistant, ce petit juif de merde ! Je vais le faire passer en conseil de discipline... »

Il dégusta son café avec la cérémonie qui convenait à ce jour qui allait être un grand jour, comme il en avait maintenant la certitude. Il choisit sa cravate avec un soin inhabituel et s'apprêtait à sortir lorsqu'on frappa violemment deux coups à sa porte. Qui cela pouvait-il être ? Il s'avança avec un sourire crispé, décidé à ne pas perdre son temps avec des importuns. Tout allait bien : il venait de trouver la solution à un problème qui le minait depuis des mois. Mais dès qu'il ouvrit la porte, il sentit que le destin se mettait à déraper. Trois hommes avaient aussitôt bondi dans la pièce. L'un tenait un méchant pistolet-mitrailleur HK au nez ultracourt braqué sur lui alors que les deux autres le ceinturaient déjà.

— Qu'est-ce que vous me voulez ? Vous vous

trompez certainement. Je n'ai aucune appartenance politique... haleta-t-il d'une voix blême.

Son attention se porta spontanément sur le teint basané de son vis-à-vis. Aussitôt, les événements de ces derniers jours, qu'il avait distraitement suivis aux actualités, lui revinrent en mémoire.

— C'est bien lui : professeur de psychologie, carte d'appartenance au « parti lacanien », et tout... dit l'un des deux hommes qui, tout en le maintenant, avait sorti son portefeuille de sa veste et entreprenait d'en vider le contenu d'une seule main.

— Mais enfin, expliquez-moi... balbutia Italo Bing (son père, qui avait été mussolinien, l'avait affublé d'un prénom qui sonnait curieusement pour un Alsacien). Son teint devenait de plus en plus cireux et ses glandes sudoripares se mirent à sécréter abondamment, auréolant sa chemise de façon fort inesthétique.

— C'est pourtant pas difficile à comprendre, p'tite bête (Ali avait déjà son idée derrière la tête)... y'a plus moyen d'enlever des profs à Beyrouth. Ceux qui n'ont pas déguerpi ont tous des gardes du corps et des voitures blindées. Alors, faut bien les chercher là où ils se trouvent.

Puis, l'air un peu rigolard tout de même, il s'adressa à ses compagnons en arabe ou en persan. En réponse, les deux autres commencèrent à dévêtir Bing qui, dans un ultime sursaut de rage, essaya un coup de pied.

— Ne vous énervez pas, dit l'homme qui venait d'être légèrement bousculé par la tentative de révolte, mais qui n'avait pourtant pas l'air d'en tenir rancune à Bing. Nous avons juste une petite formalité à remplir avant de vous emballer. Il nous faut prouver que vous êtes bien notre otage, et quelle meilleure preuve que de faire parvenir à nos interlocuteurs une petite partie de votre personne. D'aucuns pensent que la partie qui représente le mieux l'identité est la dernière phalange de l'index, mais nous savons bien qu'il existe des parties plus personnelles encore car, *tu sais bien, Maître, que lorsque ÇA, ça ne va plus, la vie perd toute sa valeur...* Je suis sûr que vous me comprenez... Professeur... professeur comment déjà ?

Italo Bing pensa à ce moment que son rêve était en train de se poursuivre et tenta désespérément de s'y soustraire. Mais le traitement qui lui fut infligé (qu'il n'eût osé imaginer même dans ses fantasmes les plus malicieux et les plus extravertis) le propulsa au paroxysme de la douleur, jusqu'à lui faire connaître une sensation qui devait bien être équivalente à l'orgasme — en tout cas, qu'il n'avait jamais connue auparavant. Il se trompait : le rêve était bien fini ; maintenant débutait le cauchemar.

L'homme qui se chargea de la délicate opération avait l'air de s'y entendre. Il remplissait sa tâche avec un soin méticuleux. Après avoir arraché tous les poils du pubis, un à un, avec une simple pince à épiler, il nettoya l'organe avec un tampon imbibé d'une solution concentrée d'acide chlorhydrique. Puis, il usa de son bistouri avec dextérité (cette dernière étape de l'opération sous cryothérapie, d'où la coagulation immédiate). Enfin, l'organe recroquevillé fut délicatement introduit dans un bocal à demi plein d'une solution de formol que le chef présumé — celui qui avait depuis un moment rangé le P.-M. dans la ceinture de son pantalon — déposa avec précaution dans son attaché-case. Bing, que ses tortionnaires avaient bâillonné pour étouffer ses râles, avait déserté ses sens vers la fin de l'intervention. Il y revint brutalement grâce au petit dispositif branché par l'un des hommes à deux endroits de son corps (le lobe de l'oreille et le pli de l'aine), le troisième fil étant rattaché à une prise de courant, bien sûr !

A nouveau vêtu et délivré de son bâillon, le professeur Italo Bing, lacanien patenté et désormais crétin affectif, suivit docilement les trois hommes dans une Peugeot noire.

4. Y'a des jours, vaut mieux tourner sept fois sa langue dans sa bouche plutôt qu'ailleurs

Paris, avenue Montaigne, studios d'Antenne 2, lundi 18 septembre 1989, 20 heures.

— Regardez-le, il se pomponne, il se coiffe, il se maquille... On m'avait bien dit que c'était plein de pédés la télé, mais lui, bonjour, la caricature !

Pierre Lang, que tout le monde surnommait évidemment *de Vipère*, écoutait la jeune journaliste le mettre en boîte comme avant chacun de ses journaux télévisés. Sûr qu'il était un peu fier de sa carrière. Au lycée, les profs le donnaient débile à trente contre un (le « un » on le supposait mais on ne l'avait jamais trouvé). A l'école de journalisme, les copains ne s'amusaient même plus à ses dépens tellement sa réaction était prévisible : tout rouge, il finissait par s'arracher les cheveux, à se griffer le visage : « C'est ça que vous voulez ? » qu'il criait. Alors, les autres avaient même fini par oublier son surnom (« piment au cul »), histoire de le convaincre qu'il ne les excitait même pas comme objet de souffrance. Ils auraient dû se méfier, ces gars-là ils deviennent méchants ou directeurs à la télé, ou les deux... Il avait obtenu son diplôme parce que c'était en 68, puis avait disparu de la circulation. On racontait qu'il avait grimpé pipe après pipe, à la force du poignet — si on peut dire —, en les taillant à des homos riches et célèbres, et avait réussi à ne pas casser la sienne — fort ! Puis, il avait croisé une vieille, bien rodée, qui avait décidé de lui apprendre sérieusement le métier. Quelque temps plus tard, il l'avait exhibée à cinquante-cinq millions de Français, plus les clandos... Mais ça n'empêchait pas les histoires de circuler, au contraire. Il devait aimer un peu ça. Ou bien, il s'était simplement habitué... Mais ce jour-là, allez savoir pourquoi, il décida de réagir. Il appela la jeune journaliste :

— Viens voir, Ju, dit-il, j'ai un marché à te proposer. On verra si tu as le courage de tes opinions. T'es capable d'aller au bout de ta pensée ?

— Dis toujours...

Et, d'un air de toréador, il lui énonça les termes de la gageure :

— Je dis le journal et toi, tu te glisses sous le bureau. Tu me fais jouir (il prononçait *jouuuir*) et après, on regarde la cassette. Si j'ai la moindre réaction visible à l'écran, je te paie mille balles...

C'était déjà la pub. En place ! gueulait un technicien. Et « langue de Vipère » aménagea à Ju une petite niche sous le bureau. Au début, il semblait gagner aux points, on le savait endurant… Il faut dire que personne n'était là pour vérifier ce qui se passait. Mais quand il commença à relater l'enlèvement du professeur Italo Bing, il se fit un chahut épouvantable dans le studio. « Sortez d'ici ! » « Appelle les flics ! » « Qu'est-ce que c'est que ces métèques ? » « Coupez le micro, bordel, coupez le micro ! » Mais pour l'instant, on ne voyait rien. Enfin, le réalisateur, conscient de sa mission d'information, dirigea une caméra vers les intrus. Ils étaient deux, tellement habillés comme des « fous de Dieu » qu'on ne savait plus très bien si c'était un reportage ou quoi. Très sûrs d'eux, ils pointaient leurs pistolets-mitrailleurs sur l'équipe technique qui n'apparaissait pas à l'écran. Sur le plateau, ils étaient les seuls à garder leur calme.

— Tous contre le mur ! qu'ils disaient presque gentiment. Toi aussi, le minable !

« Langue de Vipère » voulut faire d'une pierre deux coups : sauver sa carrière et apparaître comme un héros : il résista. Le réalisateur, qui voulait obtenir ses bonnes grâces, pointa toutes les caméras vers lui. Alors, les ayatollahs perdirent patience. Le plus grand tira violemment le bureau. Julie Bouchard était là, langue pendante, et ce con avait fini par *jouuuir*. Eh bien cette fois, il l'avait vraiment montrée à cinquante-cinq millions de Français, et même aux clandos…

Les ayatollahs firent un discours facile — trop facile pour eux dans cette situation de parler du « Satan occidental » —, sûrs qu'ils n'auraient pas réussi à monter un coup pareil exprès. Puis, ils prirent la fuite avec deux otages. Ah ! s'ils avaient été compréhensifs, ils auraient choisi Pierre Lang, il aurait peut-être pu un jour retomber sur ses pieds... Comme quoi, quand on veut faire carrière, il vaut mieux garder les pieds sur terre, toujours...

5. Y'a des jours où l'on aime bien rester au lit

Paris, XVIᵉ arrondissement, dimanche 17 septembre 1989, 6 heures.

Ce même dimanche de septembre 1989, dans un appartement plutôt cossu du XVIᵉ arrondissement, si l'on s'était glissé à l'aube, dans le noir, on aurait pu surprendre une voix caractéristique, grave, belle, sensuelle :

— Ne t'es-tu jamais posé cette question ? Une âme se balade dans l'éther… une âme de tendre, une âme écorchée, en vadrouille, à la recherche de son propre nom. Tantôt elle se pose sur un lézard au soleil d'une muraille, tantôt s'accoude sur la tombe fleurie d'un cimetière pluvieux… Un jour, elle choisit une terre — et pourquoi pas la mer ? une ville peut-être et même, j'en suis sûr, rien qu'une ville avec des hommes par millions depuis des milliers d'années et elle choisit de naître là. Alors, alors, commencent les emmerdements…

Un jour très pâle filtrait faiblement à travers les rideaux tirés. Nessim et Mathilde avaient passé la nuit à s'aimer, à parler, à s'aimer encore. Il est vrai qu'ils ne se connaissaient que depuis une semaine. Mathilde, presque entièrement sous les couvertures, n'apercevait du monde que les poils argentés du poitrail de son compagnon qui ne cessait de parler.

— Non, tu n'es pas rien. Tu es tout, mais seulement parce que je le veux. Dieu a fait tes reins — et Dieu sait s'Il les a réussis ! —, le destin peut te les briser et moi te protéger. Non, tu n'es pas sienne. Aucune créature n'appartient à Dieu et c'est ce qui Le fait enrager. Seul leur sexe Lui appartient ! C'est ainsi que quelquefois Il les rend fous.

Les rideaux laissaient maintenant filtrer une lumière plus vive. Mathilde s'amusait encore du monologue de Nessim :

— Et pourquoi les âmes ne peuvent-elles faire marche arrière lorsque pourtant elles savent que leur destin les mène directement au désastre... comme une ligne symphonique qui débute et dont on devine la fin depuis des dizaines de mesures... Un jour, le compagnon de Mozart avait laissé une mesure inachevée au piano. Mozart, couché à l'étage au-dessus, attendait la chute qui ne venait pas. Finalement, il a remis ses chaussons, a dévalé l'escalier pour aller plaquer la dernière mesure sur le piano. Nul n'échappe à son destin, les noires, comme les rondes...

Nessim caressait les rondeurs de Mathilde tandis que la chaîne jouait en sourdine le *Nisi Dominus* de Vivaldi.

Et ils restèrent ainsi à se parler, à s'aimer, à dormir une heure ou deux de-ci, de-là, dans le confortable appartement de Nessim. La nuit survint comme était apparu le jour, presque par hasard, sans qu'aucun des deux y attachât la moindre importance. Nessim s'absenta quelques minutes pour préparer un plateau de sandwiches aux œufs de saumon et à la viande froide. Il parlait encore en marchant. Il posa le plateau sur les genoux de Mathilde et fit un bond dans le lit. Mathilde rattrapa de justesse la bouteille de bourbon « Quatre Roses ». C'était, je crois, sur les mesures *Saecula Saeculorum... Amen...* du même *Nisi Dominus*.

— Et, le sais-tu ? il existe des âmes de toutes sortes. Des âmes de chaises, de portes, de cailloux, de minerai de fer, des âmes d'Odile, de gros Codiles et de petits Codiles (le Caudillo en était une), des âmes de gros potames et de petits potames (la petite peau d'âne en était une) et aussi — le croiras-tu — des âmes de juifs ! Elles sont particulières, celles-là : elles doutent... Ce qui caractérise les âmes de juifs, c'est l'hésitation. La mienne ne savait pas où aller... dans qui... dans quoi ?

Et Mathilde, coquine :

— ... dans moi, peut-être...

— Mon âme ne savait si elle était garçon ou fille, si elle était gaie ou triste, timide ou courageuse, simple ou complexe. Mais il fallait bien naître. Pour une âme, la naissance est une pression, une exigence irrésistible : *une pulsion*. Elle a choisi une famille juive (les âmes juives ne choisissent pas toujours des familles juives)... donc elle a découvert une famille juive en 1948, en Egypte...

Mathilde, qui dévorait une tranche de jambon cru, rétorqua, la bouche pleine, tranquille, presque distante :

— J'ai noté qu'après l'amour les hommes parlaient de leur naissance s'ils avaient eu du plaisir ; sinon, ils s'endormaient comme des morts...

— Ma douce, ma tendre, attends : que sais-tu de la jouissance ?... Ah... qu'est-ce que je disais ? Oui ! L'Egypte. 1948. Alors, les juifs ne sont pas égyptiens puisque juifs, pas européens non plus parce que pas tout à fait blancs. Alors, ils ne sont rien ! Et pourtant, ils étaient là depuis la naissance du monde — certains n'ayant même pas fait la sortie d'Egypte avec Moïse. Là depuis toujours, sans être personne pourtant, comme le sphinx, comme la poussière dans les rues du Caire, pâles et superbes, indispensables, myriades d'êtres incontournables, mémoires vivantes du Nil. Un jour de 1956, Nasser les a renvoyés... tous ! Ils étaient peut-être cent mille, peut-être cent cinquante mille, je ne sais, mais aussi nombreux que le sable du désert. Ils parlaient toutes les langues et les refusaient toutes. Tu aurais dû les connaître, ces gens qui changeaient de langue maternelle à chaque génération.

— Ils parlaient le langage des mains, peut-être ?

— Tu parles comme une *roumi,* en pensant que les mots ne signifient que ce qu'ils désignent. Derrière chaque mot, il y a une lettre, un nombre, une partie de notre corps...

Et Teresa Berganza se perchait dans les aigus du *Nisi Dominus*.

— Je suis profondément reconnaissant envers le rabbi Raphaël Aaron Ben Nahum et j'honore sa mémoire, lui qui a répandu la lumière sur la vie de mon arrière-grand-père, le grand rabbi

Nessim, dans son livre *le Souvenir d'Egypte*. Le rabbi Nessim ben Yitzhak Taïeb, dont je porte le nom, succéda à son père, maître Yitzhak-Israël Taïeb, de bienheureuse mémoire, en l'an 1873 et jugea Israël en Egypte. Il connaissait toutes les coutumes et les dirigeants de l'Etat ; il parlait couramment dix-sept langues et tous les dialectes des Arabes, des juifs, des caraïtes et des cophtes. Déjà, avant d'être nommé grand rabbin, il avait une fonction importante par l'étendue de ses connaissances et par sa constante préoccupation des besoins du petit peuple. Six ou sept ans avant son départ, accablé de travail et déçu de l'irrespect des juifs dans la grande ville du Caire, il annonça aux notables de la communauté sa décision de partir finir ses jours dans la très sainte ville de Jérusalem afin de se consacrer à l'étude et à l'amour des femmes qu'il considérait comme une véritable recherche talmudique. Il confia sa fonction à l'honorable rabbi Haïm Shlomo Eliahou Pacha que l'on a surnommé le rabbi l'Etoile, de bienheureuse mémoire. Mais il n'abandonna pas totalement sa responsabilité et la chaire du rabbinat d'Egypte continua à porter son nom. Ainsi, pour chaque problème difficile, les chefs de la communauté continuaient-ils à l'interroger, lui adressant sans cesse des courriers qui empruntaient le si beau chemin de fer Le Caire-Jérusalem. Et cet état de fait se poursuivit jusqu'en l'an 1893, au mois de Av durant lequel le rabbi l'Etoile nous quitta à son tour. Alors, le grand rabbi Nessim fut rappelé en Egypte pour ne pas laisser un troupeau sans berger. Mais, fidèle à son vœu, il ne conserva pas longtemps son ministère. Il manda un messager au cœur de l'Orient, dans la lointaine Chiraz, priant le rabbi Eliezer Ghilliardi de lui succéder sur sa chaire de son vivant. Le rabbi Eliezer Ghilliardi annonça lors de son discours public, le jour de sa nomination, le 25 Chevat 1893, qu'il sentait l'âme du grand rabbi Nessim s'infiltrer dans ses pensées et dans ses paroles et même dans les gestes de tendresse qu'il manifestait à ses proches. Au mois d'Adar, mon arrière-grand-père, le grand rabbi Nessim Taïeb, s'en retourna à Jérusalem pour terminer son bel ouvrage sur les mœurs et les coutumes des femmes juives d'Egypte, d'Iraq et de Syrie. Peu après la fête de Pessah, il trouva le repos éternel dans la Ville sainte. Que la paix l'accompagne dans sa dernière demeure. *Amen.*

Et Mathilde s'endormait un peu, se balançant au rythme syncopé des récits de Nessim. L'on aurait pu penser qu'elle faisait une de ces prières juives où la musique accompagne le corps dans l'amour de la parole.

— Lorsque ma mère fut enceinte de moi, au début de l'an 1948, vers le mois de février, les Ashkénazes dirigeaient leurs bateaux vers l'Orient et nous autres, *toshavim* — autochtones —, commencions à chercher Dieu au fond de la synagogue du Rab Moshe Maïmonide, au Caire, avant de nous décider au grand voyage d'Occident. Elle fit un rêve : le grand rabbi Nessim, vêtu de son long caftan brodé de fils d'or, venait lui demander de goûter sa confiture de dattes, celle que l'on confectionne rituellement tous les ans, à Pessah. Elle lui porta une coupe de confiture brune et un verre d'eau ainsi que deux ou trois petits gâteaux saupoudrés de sucre — des *meneinas* — sur un plateau. Il en mangea une cuillerée et en fut satisfait. Puis il lui demanda de la blanche, la confiture de noix de coco, en lui disant : « Je mangerai aussi de l'autre car j'ai décidé de rester dans ta demeure, même si elle est transportée au-delà des mers. » Ma mère se réveilla en sursaut, et resta perplexe sur la signification de ce rêve. Mais lorsque je naquis — un garçon —, elle sut qu'elle devait me prénommer Nessim. Elle comprit que c'était là le message de l'ancêtre. Mon père était alors déjà communiste, un peu illuminé et champion de basket-ball. Il disparut peu après ma naissance dans une geôle de Farouk. Tu t'en fiches, non ?

— Tu ne fais pas trop mal l'amour, pour un orphelin.

— Et ma mère est morte de tuberculose en 58, deux ans après notre arrivée en France. Le bacille de Koch. En arabe, *ko'h* signifie « tousser ». Elle a apprivoisé le bacille de « tousser » — et moi, j'ajoutais : Le bacille de tous ces... cons ! Tu crois que les orphelins ne font pas bien l'amour parce qu'ils ont peur de retrouver leur mère ?... Mais pour laisser passer la mort qui avait installé ses quartiers d'hiver dans notre famille, il fallait la médecine.

— Laisser passer la mort ?

— En naissant, j'apportais la guerre aux miens, en grandissant, la mort et maintenant, je suis là : Nessim — le faiseur de miracles, prophète au monde et parmi les siens. Je sens comme une dette...

— Vous autres, les juifs, vous êtes comme tout le monde : vous êtes obsédés par les juifs. Moi, je te trouve mignon. (L'air soudain sérieux :) Un peu agité, bien sûr, mais pour l'instant, j'aime bien.

— Je suis l'homme le plus intelligent de Paris. (Et Vivaldi reprenait maintenant : *Alléluia.*) Non ? (Elle sembla dénigrer.) Bon !

— Je t'accompagne au dîner chez les De-Dieu-Anglade ? Ou bien tu comptes aller draguer ?

— Je compte y aller drogué.

— Oh, t'as pas besoin de ça, va...

Mathilde devinait cette douleur qui partait des tripes du psychiatre, une douleur de tous les instants, celle des séparations — il devait sans doute être divorcé, séparé de ses enfants —, celle des morts dont il lui parlait si volontiers, mais aussi celle de toutes ces langues auxquelles il n'avait pu se fier. Mathilde savait cela et savait aussi qu'il fallait qu'elle ne désirât rien — non qu'elle tînt secrètes ses pensées, mais qu'elle n'éprouvât pas même l'ombre d'un désir propre — si elle voulait demeurer auprès de lui. Et rester auprès de lui, à cet instant, elle le voulait de tout son cœur ! Combien de temps encore pourrait-elle tenir ainsi ?

6. Y'a des jours où, franchement, faut pas sortir

Neuilly-sur-Marne, lundi 18 septembre 1989, 9 heures.

Bon, d'accord, il avait une grande gueule, le commissaire Simoune, mais c'était normal dans son métier, non ? Il s'en était d'abord pris à la glace de la salle de bains — brisée d'un coup de poing —, le verre à dents — par terre explosé en myriades (« Je t'avais dit de choisir une timbale en plastique... »), le café — renversé, et après l'avoir sucré en plus, si bien que ça collait partout...

— Merde et merde et merde ! qu'il tonitruait.

— Normal, normal, murmurait sa maîtresse, c'est à cause de ton rêve. Il y a des jours où il vaut mieux ne pas quitter son lit.

Il faut dire qu'elle ne le quittait jamais ; son lit, c'était son radeau dans l'océan de la grande ville. Sitôt le commissaire sorti, un autre venait prendre sa place, puis un troisième... c'était tout ! Les « trois-huit », qu'elle les appelait dans sa tête. Le commissaire Simoune, c'était « huit et demi » parce qu'il ressemblait à Mastroianni quand il était jeune, le docteur « huit moins le quart » parce qu'il éjaculait précocement et le chômeur, « huit cinquante » parce que c'est ce qu'il était payé à l'heure pour ne rien faire que des galipettes avec elle. Ça l'inquiétait un peu, « la Truite », de ne se sentir vraiment elle-même que durant cinq minutes après l'amour. Tout le reste du temps, c'était comme si elle flottait entre deux espaces. Elle pensait qu'il devait bien lui manquer un stabilisateur de vol : elle repiquait aussitôt. Elle s'était elle-même donné son surnom : « Une bouffée pour prendre mon souffle, et je replonge : une truite ! » Au début, son commissaire qui était si gentil, elle l'aimait bien. Elle avait même pensé que si ça continuait comme ça, elle n'en garderait que deux (elle s'était déjà débarrassée de son vieux conducteur d'autobus, lui aussi éjaculateur précoce : « raté-pépé »). Et puis, voilà qu'un jour elle était malade. Une grippe, ce n'était pas bien grave, mais ce jour-là, son commissaire n'avait vraiment pas le temps de faire un détour par son sixième étage, studio-kitchenette dans une tour de Neuilly-sur-Marne ; et Manuel, son chômeur, avait trouvé un boulot pour quelques jours : il repeignait les ascenseurs en noir, avec une peinture spéciale empêchant les graffiti de se fixer. Alors, elle avait appelé le docteur, normal non ? Comme elle était au lit, juste à la bonne hauteur, elle lorgnait constamment sur sa braguette. Le bon jeune docteur qui faisait un remplacement (déjà) s'était mis à bander, normal, non ? Elle lui a demandé si elle pouvait le soulager (elle savait ce qu'était la souffrance sexuelle). Et c'est comme ça qu'elle avait rétabli le plein-emploi sur son « radeau ».

Donc, Fred, de très mauvaise humeur, n'ayant pas réussi à retrouver le souvenir de son rêve, avait fini par enfiler son éternel jean délavé, son sweat marqué « Université de Paris-Sorbonne » et son vieux blouson de cuir. Fred Simoune, ce n'était pas de sa faute, non ? Pas de la faute de sa mère non plus puisque enfant naturel, elle lui avait donné son prénom avant d'épouser Adolphe Simoune, un respectable commerçant qui tenait une boutique d'animaux tropicaux. Alors, la faute à qui ? A personne, comme pour la glace, le verre à dents, le café et cette foutue fermeture Eclair de pantalon qui venait maintenant de se coincer.

— Tu veux que je m'en occupe, Fred ? murmura Simone. Elle avait pris l'habitude de parler à voix très basse depuis qu'elle apprenait la méditation avec un rasé tout jaune qui recevait en groupe à la maison de la culture et individuellement dans sa boutique du XIIIe. Fred, pensant qu'elle allait finir par lui proposer quelque gymnastique dont elle avait le secret alors qu'il était déjà en retard et n'avait toujours pas bu son café, refusa. Pas rasé, les cheveux en bataille, il explosa hors de l'appartement. En attendant l'ascenseur, un courant d'air envahit son pantalon et il se souvint qu'il n'avait pas pris le temps d'uriner. Au parking, les quatre pneus étaient crevés et, sur le pare-brise, la bande locale avait inscrit à la bombe : « Le Simoune à Simone ».

Alors, il se souvint de son rêve.

7. Bourbon blues à l'hôtel Scribe

Paris, XVIIIe arrondissement, vendredi 23 septembre 1983.

Septembre 1983. Lycée Jacques-Decour dans le XVIIIe. Il n'y avait pas deux semaines qu'on avait recommencé les cours et une femme demandait déjà à me voir au sujet d'une élève, une petite grincheuse du fond avec un tablier vichy et un imperméable en ciré vert militaire. Bien sûr que je leur avais un peu parlé de Nietzsche et de Freud, mais ce n'était plus comme au début — en 70 —, maintenant, je n'y croyais plus moi-même. La philo, ça rentre avec la vie, pas avec les mots — et ça faisait longtemps que je n'emmenais plus les mômes à l'école de ma vie ! Souvent le matin, durant les cinq cents mètres qui me séparaient du lycée, j'énumérais mentalement les sept — non peut-être huit — passions amoureuses dont aucune ne s'était vraiment cicatrisée. Chacune m'avait dévoré quelques livres de chair. Et lorsque l'amour était en panne, comme en ce moment, alors c'était l'ennui, la grisaille et le non-sens. Ça devait certainement être une maladie connue. Je me disais à chaque rentrée qu'un jour je me déciderais à consulter un psychanalyste, puis les choses reprenaient leur cours, et j'oubliais la souffrance : une femme en chassait une autre. Il y avait aussi quelques instants de bonheur lorsque nous nous retrouvions avec quelques copains pour faire un blues (je revivais quand mes doigts trouvaient un clavier) — et ce matin, celui de la veille me trottait dans la tête :

Le blues est triste, le blues est bon
avoir l'amour et faire le blues
Le blues est triste, le blues est bon
comme une femme dans un jour gris ...
Parfois profond, parfois ludique
par-fois so-leil, par-fois mu-sique.

Je lui avais accordé un rendez-vous à 8 heures du matin pour la décourager, et ça me faisait un peu sourire... *Le blues est triste, le blues est bon...* Je suis arrivé dans la salle des profs à 8 heures moins cinq. Elle était déjà là. Je ne l'ai pas tout de suite trouvée très belle ; j'aperçois les défauts en premier, mais je me souviens de tout, jusqu'au moindre détail, au jour du jugement dernier, c'est-à-dire au moment de les quitter. Une courte chevelure d'or, de grands yeux jaunes ou verts, des yeux grands ouverts sur le monde, de longues jambes tressées de noir, un nez intelligemment retroussé, un tailleur de cuir noir, mais les yeux étaient-ils jaunes ou verts ? Et puis ce ridicule pull rose avec un grand nœud sur le devant — comme si on avait pu la prendre pour une gamine avec cette bouche à la fois gourmande et méprisante et ce tailleur de cuir.

(Parfois le jour, parfois la nuit
dans le même verre de bourbon
Parfois la joie, parfois la pluie
le blues est triste, le blues est bon...
Accroche le rêve à ta musique
comme bijou d'or sur blonde en noir.)

Elle portait une simple chaîne d'or autour du cou.

— Je voulais vous parler de Bénédicte. Je sais qu'elle a des problèmes...

J'hésitai un moment :

— Vous êtes sa m..., euh sa sœur ?

— Non ! Seulement une cousine. Ses parents habitent en Moselle ; alors, vous comprenez, seule à Paris, elle est bien jeune, je voulais vous en prévenir...

Qu'est-ce que c'étaient que ces salades ? Je n'écoutais plus et lorgnais les longues jambes aux bas tressés. Et pourquoi ne pas jouer le va-tout ? Déjà, je me faisais une famille avec elle pour meubler mes ivresses solitaires :

— J'ai cours dans dix minutes. Voulez-vous que nous en parlions ce soir... en prenant un verre ? Disons 7 heures au salon de l'hôtel Scribe, au salon où joue le pianiste. Okay ?

Elle accepta...

Pourquoi faut-il qu'elle te connaisse
tu sais qu'elle t'aime et ça c'est bon
Pourquoi faut-il qu'elle te connaisse
le blues est triste, le blues est bon...
Avoir l'amour et faire le blues
dans le même verre de bourbon.

Lorsque j'arrivai, en retard de dix minutes,

elle était déjà installée devant un cocktail. Elle prétendit s'appeler Julia Rosenmeyer. Comme ils l'avaient sans doute prévu, je pensai qu'elle était juive, d'origine allemande, d'une famille de rescapés, certainement ! Et c'était une Lorraine, une foutue salope, une sorte d'Allemande avec Goethe et Ludwig Van en moins. Je commandai un Jack Daniel's. Elle vivait seule à Paris, était mannequin, c'est un métier très dur, disait-elle, très prenant. Ah oui : elle admirait Spinoza — comment avaient-ils pu deviner ? Suis-je donc prévisible à ce point ? Mais ils avaient fait des erreurs : elle avait aussi lu tous les livres de Marguerite Duras et adorait faire de la planche à voile.

— Partons ce soir à La Baule, voulez-vous ? Vous pourrez faire de la planche à voile en lisant Duras, la bande-son d'*India Song* dans votre walkman...

Elle s'est marrée. Je buvais du bourbon, verre après verre ; j'étais heureux : encore vivant, certainement sur le point de tomber amoureux. Je ne sais comment elle y est parvenue mais elle a amené la conversation sur les Maos, la période des commandos, les attaques de commissariats. Après le douzième bourbon, je n'étais plus capable de parler, à peine de chanter :

Viens ma toute belle, allons au lit
je me sens triste sur un fauteuil
viens ma toute belle, allons au lit
je me sens triste avec ma plume...
Je t'aime, tu sais, mais ce que je te dis
sonne com-me un blu-es dans une sy-na-gogue.

Elle hésita quelques minutes avant de m'emmener chez elle, mais il était clair que j'étais incapable de faire un pas dans cet état. Je n'étais pas très gaillard, mais elle a joui tout de suite... tout de suite, elle a joui, et elle s'est mise à pleurer. Elle pensait à un autre mec, c'était sûr ! Elle a joui, elle a joui, elle a pleuré, ça coulait de partout... Plus tard, elle m'avoua que cette jouissance avait duré une semaine entière, sans s'arrêter. C'est possible ça ? *Parfois le jour, parfois la nuit, dans le même verre de bourbon...* A la fin de la nuit, je dormais enfin, elle m'a réveillé, elle semblait folle d'angoisse. « Jean, je dois te dire que je ne m'appelle pas Julia Rosenmeyer mais Laure Trieb-Meymert. » Quelle importance ? En l'aimant, je l'avais appelée Julia. Pourquoi ne continuerait-elle pas à s'appeler Julia ? Oh, que n'ai-je réfléchi alors ? Lorsqu'une femme pleure la première fois, quittez-la sur-le-champ ! Laure Trieb-Meymert ? Mais qu'est-ce que ça me rappelait ?

Trompé de jour, trompé de porte,
trompé un jour, tombé de haut
Trompé de jour, trompé de porte
reste le blues, le blues est triste...
Il chauffe mes pieds, chatouille mes peurs,
ton goût de sel après l'amour.

Quinze jours plus tard, elle déménageait avec toute sa garde-robe dans le deux-pièces au sixième sans ascenseur que j'habitais avenue de Clichy. Je sais maintenant ce que ce nom me rappelait : Laure Trieb-Meymert — l'horrible mémère...

8. Tout songe est mensonge

Banlieue parisienne, coffre d'une Mercedes, dimanche 17 septembre 1989, 19 heures.

Quoi ? Ce n'est pas vrai que je n'aime rien, simplement, je n'ai jamais apprécié les Mercedes. Je les trouve trop dures, elles ne se tordent jamais, alors, c'est le passager qui sert d'amortisseur. Faut dire qu'un coffre n'est peut-être pas la meilleure façon d'apprécier une voiture. Ben ça n'empêche pas de penser, non ?

Alors un jour, il y a cinq ans — oh non : certainement plus que ça ! —, Laure avait ramené un Iranien à la maison. Moi, avec mon habitude de tout inverser, je prononçais *inarien* (je voulais dire « de plus que moi »). Ce n'était qu'une formule, bien sûr, parce que les dollars jaillissaient de sa poche comme le pétrole. Un Iranien, j'sais pas, mais ça fait toujours le contraire et j'exagère pas ! Le matin, avant même de prendre son café, il cherche La Mecque. Allez trouver La Mecque à 7 heures du matin dans un deux-pièces de Pigalle quand il y a là un petit prof de philo qui cherche son rasoir !

— Qu’est-ce que tu cherches ?

— La Mecque !

— J’ai jamais compris ça ; depuis le temps ! Moi, c’est mon rasoir que je cherche, mec...

— Allons, Jean, arrête tes farces ridicules ; rends le rasoir d’Ali...

Laure prétendait que, comme elle avait une petite tête, je m’ennuyais avec elle. Alors, elle m’avait fait un cadeau : un Iranien joueur d’échecs, comme on offre un ordinateur. Y’en a qui passent leur temps à faire des réussites, moi c’étaient les échecs.

Ils doivent être arrivés dans un chemin de terre parce que même pour une Mercedes, ça tape drôlement ! Et puis, je ne suis pas en très bonne compagnie : je pue. Et voilà que quelque chose se met à bouger sous mes pieds. Franchement, dans le coffre d’une Mercedes, d’habitude, il n’y a pas foule. Mentalement, j’énumère : ça ne peut pas être un cousin (j’en ai pas), ni un voisin (y’a longtemps que j’en ai plus), ni la concierge de l’immeuble de Pigalle que je n’habite plus depuis trois ans.

C’était quelqu’un, cette concierge. Elle avait plus de poils sur les bras que le gorille du Jardin des Plantes et d’ailleurs, elle souffrait du même symptôme : elle détestait se dédoubler. Etudiant, quand j’allais visiter le gorille du Jardin des Plantes, j’emmenais toujours avec moi deux petites glaces rectangulaires. Face à lui, je les assemblais. Au bout d’un moment, il se mettait à regarder son image. Alors, je les éloignais l’une de l’autre et il en voyait deux. Ah les colères qu’il piquait ! Une fois, il a même transformé son jouet — un pneu de camion — en une pluie de bracelets de caoutchouc. Mais il n'a jamais cassé les barreaux de sa cage. Dommage ! Moi qui voulais qu'il grimpe la tour Eiffel avec ma concierge dans les bras... Eh bien, ma concierge, elle supportait tout aussi mal le coup des deux glaces. Je les installais sur la vitre de sa loge.

— Oh, monsieur Jean, qu'elle me susurrait, laquelle préférez-vous des deux ?

Les femmes moches ont exactement les mêmes prétentions que les belles ; ça, je l'avais remarqué depuis longtemps.

— Celle du milieu ! que je lui répondais, et j'étais franc : son visage ressemblait exactement à un sexe de vieille femme, avec les poils, la fente en bec-de-lièvre et la peau par-dessus en tablier de boucher...

— Vous savez, reprenait-elle pleine d'envie — peut-être même de désir ? —, mademoiselle Laure, chitôt que vous êtes parti au vycée, che matin (au début, je croyais qu'elle parlait des W.-C.), elle a encore rechu le Perchan toute la matinée. Dieu ch'sait che qu'yvs tripotent tous les deux.

— Sa queue, madame Linger, il l'a touffue tout fou, comme tous les Persans. Chez lui, ce qu'elle aime, c'est la queue, chez moi, c'est la tête.

Justement, le truc qui me bouge sous les pieds, il a pas de poils du tout et me semble un peu visqueux. Je décide de m'endormir, pour voir. Et, bien sûr, je rêve de Laure. Comme chaque fois, comme tous mes rêves depuis cinq ans ! Et merde ! Elle est debout, dans son habit de commissaire du peuple taillé par Christian Dior, les jambes bizarrement croisées, comme ligotées, elle me regarde et, dans mon rêve, je pense : « Laure, ma Justine, ma Mélissa » et j'étends la main pour la toucher, la caresser...

Soudain, ils freinent. Ils ouvrent le coffre. Je cligne un peu des yeux sous le soleil, puis je constate qu'au moins quatre pythons gros comme des troncs de baobabs se sont enroulés autour de mes pieds. L'un des deux hommes, un Américain, tout droit sorti d'un film que j'aime, relax et propre comme un salon de l'hôtel Bristol à Vienne, dit :

— C'est vraiment dégueulasse ces bêtes-là. Ça s'intéresse à n'importe quelle saleté !

Il m'a sorti du coffre avec une seule main (je devais peser moins de cinquante kilos) et ils se sont mis tous les trois à me fixer : la fille et les deux malabars. Pour me donner une contenance, je mets les mains dans les poches du vieil imper poisseux, et il y a là deux vieux copains : Smith et Wesson. Ils n'auraient pas pensé une seconde qu'un loqueteux comme moi planquait un calibre. Ils m'avaient même pas fouillé.

La fille parle la première. Elle n'a même pas d'accent.

— De toute façon, on va te descendre. Alors, si tu ne veux pas goûter de la baignoire, dis-nous où est Ali.

Ils auraient pas dû parler de la baignoire. Mon père avait exercé son souffle dans celle de la Gestapo, en 44, à Budapest. Non ! Ils auraient pas dû parler comme ça. Et le grand blond de reprendre avec un accent américain :

— On sait qu'il est à Paris, mais on a besoin d'une adresse, alors grouille-toi.

Et il m'administre une gifle qui m'envoie éclater mon arcade sourcilière sur le rétro extérieur de la Mercedes 350. Ils sont dingues, ces mecs ! Mais ils ne voient pas que je suis malade, non ? Je sors le pétard et tire les trois balles coup sur coup. L'intérêt du 357 Magnum est qu'il assomme un adversaire même s'il n'est touché qu'au doigt. Justement, la fille a ramassé la balle dans une main, le grand blond dans la poitrine, et le plus grand encore, en plein centre de son visage brun, juste là où il avait dû y avoir un nez. C'est le recul de l'arme qui a fait grimper les impacts.

Je reste terrorisé dix minutes au moins. Puis, je fouille leurs poches et je rafle tout ce que je trouve. Enfin, je m'installe au volant de la Mercedes mais je ne sais plus où j'ai aperçu les clés ; si bien que je reviens dans le jardin et fouille les poches de la fille. Ses seins à travers la soie me donnent des frissons. Elle ouvre un œil pour me jeter : *Fuck off* ! L'étoile à trois branches entre les doigts, je lui fais un sourire, mais un chouette ! Et je file aussi vite que je peux. Au fond, ces trois Ricains n'étaient pas trop mal inspirés : j'avais besoin d'un bain !

9. Le rêve du p'tit pivert

Paris, boulevard périphérique, lundi 18 septembre 1989, 9 h 30.

Le commissaire Simoune était un bon policier, sérieux dans son métier qu'il prenait très à cœur, ayant des relations autant que nécessaire dans ce foutu boulot parmi les avocats et les canailles, les politiques, les juges d'instruction, les journalistes, mais aussi les indics, les trafiquants, les proxénètes. Dans la police, il était plutôt considéré comme un intellectuel parce qu'il avait fréquenté la fac de lettres au début des années 70 et obtenu (facilement mais sans gloire) une licence de socio. Il était devenu flic parce que, depuis l'enfance, il faisait régulièrement des rêves où il était poursuivi par des policiers véreux pour des raisons scabreuses. Peut-être dans la place se sentait-il quelque peu protégé de ses angoisses profondes. Il était plutôt libre-penseur et tentait de faire adopter à son équipe des techniques d'investigation plus scientifiques que par le passé. Mais il avait un talon d'Achille et tout le monde le connaissait : quoique beau garçon, il ne pouvait s'intéresser qu'à des femmes qui avaient des problèmes. Ce devait être une sorte de perversion sexuelle, pensaient ses collègues, qui avaient fini par remarquer ses fixettes. Jeune inspecteur, il s'était marié à vingt-cinq ans avec une femme qui paraissait normale, mais qu'il avait ramassée une nuit au cours d'un *flag*. Elle la lui avait jouée : « Je suis perdue, désemparée, ces gens ne sont rien pour moi, tu seras mon père et mon amant. » Il a foncé tête baissée. Par moments, commissaire, c'était presque... commissaire du peuple ... C'était un cas social mais tout de même en traitement avec un psy dans un dispensaire miteux. Pendant qu'elle faisait ses deux mois de préventive, il est allé demander au toubib s'il n'y avait aucune contre-indication à ce qu'il l'épouse — et ce faux derche qui voulait se faire sauter ses P.-V. lui avait accordé l'autorisation. Les premiers temps, ça avait été bien : elle ne se camait pas, ne volait plus, lui avait fait un garçon ; et tous les deux, ils baisaient comme des tigres. Mais elle entendait des voix — au début, ça ne faisait pas trop de bruit, elle arrivait à les colmater avec des boules Quiès. Mais quand elles ont commencé à gueuler des grossièretés dans ses oreilles (« Enculée »... « Tu ne baises qu'avec des dingues »...), Fred avait dû la restituer à son psy minable du dispensaire dégueulasse. Florence avait été internée à l'hôpital psychiatrique de Moisselles, où depuis quinze ans elle se faisait tirer par des débiles en chantant : *Je suis la demoiselle de Moisselles... de Moisselles, de Moisselles...*

C'était bien de sa femme que le commissaire avait rêvé cette nuit et il pensait que c'était là un bien mauvais présage ! Dans son rêve, il se rendait à Moisselles comme il le faisait tous les quinze jours depuis des années et, à l'entrée, des toubibs verdâtres comme le reste dans ce foutu trou pourri avaient exigé, dans un langage fait d'onomatopées incompréhensibles, qu'il leur égorgeât un agneau. Ils se jetaient avides sur le sang et le lapaient — ce qui semblait être la condition pour qu'il parlât à Florence. Lorsque enfin elle put s'approcher de lui, vêtue d'une longue robe noire, et qu'il était amoureux d'elle comme au premier soir, il sentit qu'il pissait dans son pantalon un liquide de couleur verte. Il se réveilla avec effroi. A côté de lui, la Truite bruissait régulièrement en laissant échapper de petites lampées de ronflements ; il vérifia : il était sec !

Les foutus embouteillages du matin, porte de Pantin (qu'allait-il donc s'envoyer en l'air deux jours par semaine dans ce studio sordide de Neuilly-sur-Marne alors qu'il s'était payé un superbe pavillon à Neuilly-sur-Seine et que son bureau était à peine à dix minutes de voiture, au commissariat d'Asnières ?) — les putains c'est mieux, ça perd moins de temps ! — et la radio qui grésillait (elle n'avait jamais réussi à fonctionner normalement), et ce rêve de pipi vert (mon petit pivert, l'appelait sa mère), et les pneus crevés (il les aurait ces cons !).

— Salut, commissaire ! Juste deux Amerloques en loques à Bécon-les-Bruyères. Je t'attends à la gare et on se siffle un jus ?

Il déboula place de la Gare, gyrophare palpitant, sirène hurlante.

— Sacré week-end, lui envoya tout de suite son adjoint, je te passe le relais. Trois Ricains agressés dans un pavillon de la rue du Bac, un mort et deux blessés — Ça m'a l'air coton, le Quai d'Orsay a déjà téléphoné trois fois depuis 7 heures ! Ils ont quadrillé les aérodromes et les gares et ont installé des barrages sur toutes les autoroutes. Il paraît que ça aurait rapport au prof de fac enlevé à Belleville. Je te passe les félicitations du même Quai d'Orsay et les questions de la presse. Et la petite juge aux yeux verts, tu sais, Gillibert, elle t'appelle toutes les demi-heures. Tu crois que c'est pour un rencard ? Je suis pas sûr ! A part ça, ça va ? T'as passé un bon dimanche ? Moi non ! Je pars me coucher ; je te retrouve à 2 heures au bureau. Merci pour le jus ! *Ciao* !

Et le vieil inspecteur principal Favreau, qui, bien qu'à deux ans de la retraite, acceptait encore de se taper des nuits de week-end pour éviter de les passer avec son petit copain de plus en plus jaloux, s'éloigna de sa même démarche triste. Le gyrophare palpitait toujours sur le toit de la R 25 et Fred fixa l'entrejambe de son adjoint. « Il manque un morceau, pensa-t-il, mon rêve n'est pas complet. »

10. Le silence de Laure si la parole est à Jean

Autoroute de l'Ouest en direction de Rouen, dimanche 17 septembre 1989, 20 h 30.

Inimitable mélange de cuir, de tabac blond et de luxueuse eau de Cologne. Huit en V, souple et puissant qui feule comme une panthère métallique, tendre chuintement du moteur électrique du toit ouvrant — trop grand le volant ! Boîte à gants : Dunhill bleues, longues, trois paquets. Les quais de la Seine ; on monte à cinq mille cinq pour voir. Où aller maintenant ? Feu rouge. Mais qu'est-ce qu'il y a derrière le siège, emballé dans ce chiffon crasseux ? Merde, un pistolet-mitrailleur ! Fais voir qu'est-ce qui est écrit dessus ? Uzi ! C'est israélien. Y'a pas mieux... et cinq chargeurs en plus. Ma parole, ils comptaient se faire une banque ou quoi, les Américains ? Rangeons ça sous le siège. Comment il est le poste ? Porte de Saint-Cloud, tunnel de l'autoroute ; dans le Sony, Barbara Hendricks chante *Nobody Knows the Trouble I've Seen*, à 180, y'a pas : c'est l'orgasme mécanique !

Mélange de cuir, de tabac blond scandé au rythme d'un clignotant gauche... *nobody knows...*

Personne ne savait ce désastre : Laure est partie pour San Francisco. C'est pas seulement qu'elle avait pris tout le fric... c'est pas du tout parce qu'elle avait pris tout le fric ! Et ce soir chez Philippe, lorsque je me suis mis au piano : « Si un jour vous partez pour lointain, si un jour vous voulez m'emmener, pour vibrer sur mes cordes de guitare, dans la soute, pour m'entendre chanter : j'ai envie de chanter, j'ai envie de chanter. La tristesse de la lune quand ma belle a dormi, la caresse sur la dune des vents chauds de midi et mes doigts sur son corps qui ont envie de danser. J'ai envie de chanter, j'ai envie de danser. »

Je n'ai aucun souvenir de mon enfance, ces huit premières années passées en Hongrie, seulement le yiddish, une langue, et rien dedans ! *Fishele*, petit poisson. Je sors à Rouen ? Mélange de cuir, de tabac blond et de bois sombre brillant comme un saxo. 220. Ça ne monte pas plus, cette charrette ? Et pourquoi je ne parle pas le hongrois, alors ? Le grand type, défiguré, je l'ai buté, c'est sûr ! Non, pas les infos, cherche de la musique ! L'Iranien, c'est foutu. Maintenant, il y a longtemps qu'il s'est envolé... Il y a deux mois, ils m'avaient retrouvé rue de Chalon, dans un boui-boui chinois : deux gros très bruns. Oui, je savais où Laure avait planqué les papiers qu'on avait ramenés d'Allemagne, mais il fallait que j'aille les chercher, c'était loin... Ben ouais, c'était loin ! Combien ? 500 000 ? Le double ! Pourtant dans mon souvenir, tout ce qu'elle avait planqué dans le garage de Nancy, c'était le Smith & Wesson.

Ça, j'étais sûr de le retrouver, derrière un carreau de céramique juste au-dessus de l'évier, dans l'atelier ; mais les papiers ? Quels papiers ? Il m'avait semblé qu'il n'y avait que du fric dans la sacoche. Je leur avais fixé le jour : dimanche parce que c'était plus facile à repérer pour un taré qui ne fout rien ; ils avaient fixé le lieu : à la sortie du T.G.V. de 17 h 16. *Sometimes I'm up, sometimes I'm down. Oh yes my Lord...*

« Quand le jour s'est couché dans la mer, parsemant des senteurs de jasmin ; quand un jour étendu sur le sable, silencieux, épanoui dans tes mains... J'ai envie de chanter, j'ai envie de danser. »

— Ce gars a l'air de quoi ? Ce gars a l'air d'une galère ! Je commençais ma descente, c'étaient mes premières nuits à la fraîche. Une nana, une espèce de malade, m'avait accosté comme ça, un soir de pluie, rien que parce que j'avais une bouteille de vin rouge, c'est sûr ! Son père était juif roumain — un fou ! Il avait voulu oublier le passé, recommencer tout à zéro. Il ne voulait pas savoir ce qu'était devenue sa famille, là-bas (peut-être Auschwitz ou le parti communiste ou, pire encore, personne ne savait), avait épousé une autre femme (la mère de ma copine d'un soir), avait eu un premier garçon qu'il avait placé à la D.A.S.S., Dieu sait pourquoi, un second qui était mort sans crier gare (« Il voulait pas de ce connard comme père ! ») et une fille qu'il avait gardée parce que ça l'excitait de la battre, et c'était elle ! Un jour, à quatorze ans, elle s'est tirée. Elle a erré, héroïne recherchant la plus fine mort — la morphine —, a fini par se réfugier chez un vieux curé homo qui l'a violée la première nuit. « Lui seul me comprenait... Après, on ne baisait pas ensemble mais il passait des nuits à me demander de lui pardonner. Nous allions nous marier. » Il s'est suicidé un matin d'été en avalant une bouteille de trichlo, place de la Trinité. Récuré, le récu !

— Cette fille a l'air de quoi, je lui ai répondu, cette fille a l'air de phylactères ! Avec une tête et rien que des filaments désarticulés à la place du corps.

Je lui ai chanté mon blues.

« Quand la rose a perdu ses pétales, qu'il ne reste qu'une goutte de rosée, son souvenir se lézarde et une mouche en vibrant s'est posée. J'ai envie de pleurer ; j'ai envie de pleurer. La tristesse de ma plume quand le charme est rompu, quelques taches sur la dune par les gouttes de pluie. Laure est partie et mes mots qui ne finissent pas de suinter. Si un jour vous partez pour lointain, si un jour vous voulez m'y jeter, je resterai pour écouter la mer et le soleil qui la fait frissonner. »

Senteurs de cuir, huit royal en V, effluves de Dunhill, légère touche de vétiver, et au moins trois cents sacs dans la poche arrière, rien ne peut m'arriver ! Un prince, je suis un prince ! Savoure ! Je ferme les yeux un instant. J'adore fermer les yeux un instant quand je conduis. Y a tellement longtemps que je n'ai pas touché un volant. Oh ! Pourquoi ça freine, devant ? Je pile ! Un barrage de flics sur l'autoroute, du jamais vu ! On roule au pas. L'huile monte à 130. Elle doit pas être toute neuve la caisse ! Je m'arrête sur le bas-côté, je fais semblant de pisser. Au moins dix cars de gendarmes mobiles ! Mais qu'est-ce que c'est que ce merdier ? Impossible de traverser un truc pareil. J'enveloppe l'Uzi et les chargeurs dans le sac plastique, jaune, aux couleurs d'Euromarché, et je file à travers champs, tout droit. Ça hurle derrière. Ils ont des chiens. J'atteins en haletant une petite départementale. Les clébards gueulent toujours. Au milieu de la chaussée, les jambes écartées et le P.-M. braqué, j'attends la première bagnole. Les chiens se rapprochent. C'est une vieille mob orange avec un sac de calva et un peu de peau autour. « Descends, tire-toi, tire-toi de là, connard ! » La mob démarre tout doucement quand débouche du fossé le premier doberman. Là, c'est quitte ou double ! J'arrête la bécane, ajuste l'Uzi et lui scie les pattes. Le berger allemand, juste derrière lui, s'est mis à lui lécher la blessure. Je redémarre. Ça y est ! Ça y est, bordel ! Se tirer maintenant. Pédale, mec, pédale !

Mais qu'est-ce qui m'a pris de me sentir comme un prince ? Chaque fois c'est pareil ! Je ne pouvais pas la fermer pour une fois ?

11. Prince de la vie et de la misère

Paris, XVIe arrondissement, dimanche 17 septembre 1989, 18 heures.

Et ce même dimanche de septembre 1989, dans ce même appartement plutôt cossu du XVIe, la même voix grave poursuivait, belle, sensuelle :

— J'ai parcouru les pensées endormies sous le poids des années, par des têtes engourdies. Fasciné par la vie, obsédé de mystères, j'ai labouré sans relâche les misères de la terre. Et une panique mêlée de joie, et cet attrait de la mort quand mon reflet se perdait au miroir de la mer. A qui dire cette peine, qui peut voir ma détresse : amoureux de la nuit, la folie pour maîtresse ?

— Dieu, que cet homme est joli... mon amant, sois bon prince, dis-moi ton nom, dis encore...

— Je m'appelle Nessim Taïeb, poète et psychanalyste, prince de la vie et de la misère, joyeux au bourbon « Quatre Roses », incarnant tantôt l'hystérie du diable, tantôt le fol espoir de la mort ; parfois prophète pour certains et parfois étourdi de bonheur au petit matin, je peux dire des paroles de lumière, mais je sais aimer et haïr.

12. Confitures amères

Neuilly-sur-Seine, lundi 18 septembre 1989, 7 heures.

Petites rues tranquilles. Jardins de douceur et d'harmonie. 7 heures du matin. Un vieil insomniaque qui attendait les premiers bruits de la ville va maintenant balader son chien. Lentement, le jour se lève. Belles maisons. Ici, grand jardin avec d'immenses acacias cachant la villa recouverte de vigne vierge ; là, sur la grille d'où l'on aperçoit un joli petit parc, un interphone. De la maison parviennent les premières mesures du concerto pour trois pianos de Bach. Une bonne sœur passe, traînant ses spartiates et exhibant son amour d'elle-même. Un bébé yougoslave tente désespérément de téter sa mère à travers un fichu de toile crasseuse ; elle, étendue sur le trottoir, se repose par avance de sa journée de mendicité. La sœur ne leur jette même pas un regard. Neuilly, pays de cons où les pauvres sont aussi méchants que les cathos. Sous le petit haut-parleur de l'interphone, une inscription en écriture gothique : Monsieur Bonnet, architecte — et dessous, au stylo à bille : et Madame.

Bruit aigu figeant l'espace d'un instant les quelques silhouettes indécises : MBK Rock, kittée, casque noir, visière noire. Petit moustique tourne le coin de la rue.

Cuisine américaine, entièrement peinte en blanc. Le mari trempe dans une belle tasse de café pisseux ses tartines de confiture anglaise, amère et sucrée comme s'annonçait ce lundi de septembre. A la radio, une pub est venue interrompre le concerto de Bach. Et s'ils croient que le monde pourra se poursuivre indéfiniment ainsi...

« — Le nouveau ministre de l'Intérieur... — Je pense aller au supermarché ce matin, il ne reste plus rien dans le frigo et... — Attends un instant, j'écoute... — ... a annoncé qu'il procédera à une restructuration complète des forces de police afin qu'elles accomplissent mieux leur mission... et rien que leur mission. Le ministre faisait sans doute allusion aux dernières bavures dues à l'énervement croissant des forces de police ces temps derniers... Liban : en plein milieu des combats, les Israéliens ont enlevé l'un des dirigeants les plus élevés dans la hiérarchie du Hezbollah : le cheikh Obez. Contre toute attente, le chargé d'affaires américain a vivement critiqué le coup d'éclat israélien qui, selon le porte-parole de la Maison-Blanche, risque de coûter la vie à plusieurs otages actuellement détenus par les forces pro-iraniennes au Liban... »

Dans sa cuisine blanche, Bonnet coupe la radio :

— On connaît la suite. Que disais-tu ?

— Oh rien ! Le supermarché, les courses, le dîner, penser à des rideaux présentables pour le salon, une visite à Delphine, chercher les enfants à l'école, mon émission de radio à 1 heure et demie, on n'a pas fait l'amour depuis trois jours... la vie, quoi !

— Et tout ça de bon matin ! Je ne sais pas si les femmes sont plus intelligentes que les hommes, mais en tout cas, leur esprit s'éveille plus tôt le matin.

— Les enfants ont déjà déjeuné. Ils t'attendent dans le jardin.

Il vide les poches du vieux blouson du dimanche... « Sois prudente. N'ouvre à personne en mon absence, même s'il t'offre une galette et un petit pot de beurre... », fourre dans les poches de son imper : cigarettes, clés, mouchoir... Elle lui répond : « Les loups d'autrefois avaient à offrir des nourritures plus charnelles que les jeunes loups d'aujourd'hui... »

Lancia Thema turbo bleu métal, le garçon et la fille se chamaillent déjà sur la banquette arrière, le moteur froufroute quelques touffes de fumée blanche. Bonnet roule doucement jusqu'à la grille du jardin, baisse sa vitre à commande électrique, sort son appareil de radiocommande et ordonne l'ouverture de la grille. Dernier signe de la main en direction de sa femme restée sur le perron dans une robe de chambre en satin jaune — et le monde semble en effet se poursuivre ainsi à l'infini...

Elle, petite déprime du lundi matin, range un bibelot de porcelaine, se prépare un nouveau café, passe le coup de fil quotidien à sa mère, se cherche une petite laine. Dolorès n'arrive qu'à 11 heures le lundi. Finalement, retrouve une vieille veste de coton d'un joli vert pastel, arrive à la porte, prend son appareil de radiocommande, ordonne l'ouverture de la grille, puis se ravise et retourne chercher la liste de ses achats qu'elle avait oubliée sur le guéridon du téléphone.

Au fond du jardin, une ombre toute vêtue de noir se faufile et saute, souple et furtive, entre les buissons de fusain.

Mme Bonnet traverse l'allée à petits pas, sa mèche blonde virevolte de bon goût et d'harmonie, cette fragile harmonie de ceux qui font ce qu'ils ont à faire et qui pensent que le monde sera toujours le monde. Epicier arabe, boulangerie de luxe, bavardage bien-pensant, traiteur et pots de confiture anglaise. Une heure a dû s'écouler et un beau soleil donne cette lumière exceptionnelle qu'on ne voit habituellement sur Paris que certains beaux jours d'hiver. Elle passe sans même un regard devant la mendiante yougoslave dont le bébé s'est amoureusement lové dans le giron puant (comme quoi on peut faire aimer n'importe quoi au meilleur bébé du monde), traverse à nouveau le jardin et grimpe vivement les marches du perron. Elle cherche un instant sa clé, l'introduit dans la serrure de la porte d'entrée et se rend compte qu'elle n'est pas fermée à clé. Elle hésite un moment, visiblement étonnée.

Le destin d'une vie se décide quelquefois en un instant...

Un merle siffle à perdre haleine tandis que dans une maison voisine, un long sanglot de violon...

13. Coupole et abbaye

Alentours de Rouen, dimanche 17 septembre 1989, 21 heures.

Deux heures de marche dans un foutu champ de maïs — au moins ici il y a à bouffer — des graines ! Abandonner la vieille mob à l'entrée du village, prendre le car au vol. En 56, on avait traversé la frontière autrichienne à pied, deux nuits et deux jours avec une petite blonde de quatorze ans qui se faisait passer pour ma sœur. On parlait hongrois, c'est sûr ! J'ai tout oublié. Je crois qu'elle s'appelait Hanna ; elle s'appelait Hanna ! Toujours courir ; j'ai jamais eu le temps de me dire que j'étais un paumé. Maintenant, il faut que je trouve le moyen de me raser et de me laver. C'est drôle comme de marcher ça donne envie de baiser… Un après-midi où j'avais enfin retrouvé le Mizrahi sur Spinoza égaré Dieu sait comment — Spinoza aussi me donnait envie de baiser — « …en raison de la faiblesse de notre nature, sans quelque chose dont nous jouissions, qui soit uni à nous et nous fortifie, nous ne pourrions pas exister », *Court traité sur Dieu, l'homme et son état bienheureux.* Laure m'invite à dîner, m'explique qu'elle souhaite me présenter ses parents, à Paris pour quelques jours. C'est naturel : on s'aime, non ? On a décidé d'aller à la Coupole, ça lui paraissait moins guindé pour l'occasion. Moi qu'elle supposait incorrigible nihiliste, j'avais accepté une façon de fiançailles. Elle s'est étendue sur le plumard dans son ensemble en cachemire. Déjà, je glissais le doigt contre son mollet pour retirer les petites chaussettes noires. En l'aimant ce jour-là, j'ai pensé que je lui faisais un enfant et j'ai décollé comme jamais. J'aurais voulu passer des jours à dormir dans ses entrailles. Deux heures plus tard, j'enfilais le costume sombre que je n'avais pas sorti depuis le jour où j'avais raté le CAPES de philo et l'on partait bras dessus bras dessous vers Montparnasse.

Ce soir, la Coupole ne m'inspirait pas confiance — oppression. J'allume un clope. « Garçon, un bourbon ! Non : un double. » C'était un antre, probablement un repaire ou le temple d'un dieu cavalier et secret ; j'y entrai. Du regard, elle cherche son père, le perd, repère sa mère, la mère me voit, esquisse un Ooooh... Quoi ? je pue de la gueule ? Je bois. Ils s'installent à notre table. Le père me toise ; cherche les yeux verts de sa fille, les trouve, se perd, se meurt d'amour dedans. Mais quoi ? Je bois. Je lève les yeux vers Laure. Qu'est-ce qu'il a, le vieux, à me mater comme ça ? Epié par sa présence distordue, je contemple sa servante, vestale parée d'un destin de souffrance. Je me rappelle l'une des phrases de Laure : « J'ai rencontré tant d'hommes, mais c'est parce que je te cherchais, toi : Jean ! » Je saurais quoi lui répondre aujourd'hui : transpercée de toutes parts, elle restait vierge cependant, conservant enfouie, comme en terre, l'âme du dieu : son père. Je parle. Ça sort tout seul : « Un autre apéro ? » Nous buvons, une coupole de bruit par-dessus la tête. C'est au dessert que le vieux con s'est mis à parler : « Vous ferez peut-être des enfants ensemble... — Oui, peut-être ; nous n'y avons pas vraiment réfléchi... » Il me coupe : « Mais vous êtes juif... » Laure n'a pas bronché. Au moins s'il m'avait dit que j'étais moche, que j'avais une sale gueule, que je foirais tout ce que j'entreprenais, que j'étais un malade mental... Je tousse, crache involontairement le contenu de ma tasse de café, réplique : « Ouais, c'est comme ça depuis toujours : les juifs s'intéressent à Laure ! » Je me lève, laisse un billet de cinq cents balles sur la table. Laure n'a pas esquissé un geste pour me suivre. Je marche sous la pluie et traverse Paris. Il y a tant d'eau que je ne sais si je pleure.

— Hanna, c'est loin Paris ?

— Tais-toi et nage, *fishele*, petit poisson.

Laure, elle semble toute vous, mais protège un lieu où elle est autre : la fille et le ministre d'un dieu sinistre : son père !

Deux heures de marche dans ce foutu champ de maïs et je débarque dans un village. Juste un car de gendarmes ; je me joins à un groupe de touristes qui visitent l'abbaye. J'entre dans la chapelle — angoisse blanche sur les murs et carrelage parsemé de petites merdes brunes avec des chapeaux pointus : des moines. Et tout recommence : c'était un antre, probablement un repaire ou le temple d'un dieu cavalier et secret ; j'y entrai. Du regard, je cherche le père... je m'avance pour lui demander de m'héberger. Il met son index devant les lèvres et me montre une pancarte : ils se sont voués au silence. Le soir, devant une soupe vert émeraude, il me prête une robe brune trop grande pour moi et m'avoue qu'ils hébergent aussi le collabo à l'origine du meurtre de deux mille juifs à Rouen début 44. Je promets que je ne resterai que deux jours. C'est aussi ce qu'avait prétendu le chef des miliciens, autrefois...

Le soir, sous la croix, au pied de Jésus-Triste, je surprends deux moines en train de se bécoter ; j'ai même cru les entendre se murmurer « je t'aime ». Putains de moine ! Putains de moines ! Ils ont tout ! L'interdit, la solitude, le silence, l'amour. Je me suis endormi en caressant l'Uzi entre mes jambes.

14. Exode

Paris, XVIe arrondissement, lundi 18 septembre 1989, 10 heures.

« La mort est le plus grand des orgasmes, c'est pourquoi on le garde pour la fin… »

Nessim contait encore ses juifs d'Egypte et Mathilde, nue, frémissait de son propre silence. Il y a un singulier plaisir à se taire en aimant, un plaisir périphérique, seulement comparable au haschisch qui donne une trémulation alternativement chaude et froide de la surface de la peau. Il y a un singulier plaisir à se savoir tout à l'autre. Elle ne souhaitait rien lui dire, rien lui raconter, et surtout pas lui demander qu'il l'écoutât à son tour.

— … Un jour, du temps des pharaons, c'était je crois au XIIIe siècle avant Jésus-Christ, une sorte de psychiatre spécialisé dans les trépanations avait été interpellé par la mort. Il en avait perforé des crânes, ceux des cadavres dans la « Maison de la Mort » et ceux des vivants qu'il enivrait avec du lait de chamelle fermenté avant de les soulager en libérant la puce grippée de leur Mac-intosh. Et la mort lui demanda : « Révèle-moi le nom de mon amant, que je trouve la paix à mon tour ; toi qui penses la pensée, aide la mort à mourir ! »...

« ... Un jour, le monde a découvert la loi en laissant partir les juifs d'Egypte et un autre jour le monde a perdu le sens en renvoyant les juifs d'Egypte ; et ça, c'était en 1956.

« ... Ils avaient perdu jusqu'au sens de leurs mots : le mot "chapeau", le mot "masque", et même des groupes de mots comme "couleur de la peau". Ils avaient soufflé sur leurs doigts brûlés par le soleil et il n'en restait que trois. Fumeux, perplexes, de nuit en réveil, ils étaient perdus entre des objets repus de sens et des mots tronqués.

« Ils étaient foutus ! »

Mme Bonnet cherche un instant sa clé, l'introduit dans la serrure de la porte d'entrée et se rend compte qu'elle n'est pas fermée à clé. Elle hésite un moment, visiblement étonnée, mais pense qu'elle a dû claquer trop vivement la porte en sortant. Elle pose son panier à provisions et sent soudain le métal acéré d'une lame sur son cou. Elle se soulève sur la pointe des pieds mais devine avec terreur que l'acier pénètre sa chair à moins d'un centimètre de sa carotide gonflée de frayeur...

Ils avaient encore un vague miroir ; peut-être un battant ouvert au milieu d'une armoire ou même un incompréhensible murmure pour nommer leurs parties et, avant qu'ils ne meurent, un dernier moulin à vent en guise de terreur. Le matin du départ, ils avaient démarré sur les chapeaux de roue, avaient laissé tomber quelques sous, avaient à peine défraîchi leur lit, puis franchi les portes de la ville en criant :

— Nous sommes foutus !

Putains de moine ! Putains de moines ! Ils ont tout ! L'interdit, la solitude, le silence, l'amour... Je m'étais endormi avec l'Uzi entre les jambes et ce con de patriarche était venu me faire les poches en pleine nuit. Putains de moines ! Ils ont tout et ils veulent encore le reste. Je bondis fou de haine et décharge tout le P.-M. à la volée. Le Corbusier n'avait pas pensé à ces taches rouges pour décorer ses saloperies de murs façon H.L.M...

Il avait perdu jusqu'au sens de leurs mots. Il grimpa sur la marée qui déferlait et l'emportait et il dit : « Ecoutez le prophète, le poète des temps perdus :

« Vous êtes foutus ! »

« ...La mort lui demanda : "Révèle-moi le nom de mon amant, que je trouve la paix à mon tour ; toi qui penses la pensée, aide la mort à mourir !" ... et il répondit : "Ton amant est toi-même et c'est pourquoi tu ne trouveras jamais le repos. Tu t'en repais à chaque capture et pourtant n'y rencontres que tes attributs. Va, ne connaissant la jouissance, tu es éternelle..." »

Ils couraient bruyants vers un monde silencieux où il n'y aurait plus que des choses sans nom et des noms harmonieux. Elle courait avec eux et elle dit au prophète :

« Ils te couperont la tête. Tu es foutu ! »

Il lui a parlé des choses perdues, lui a raconté comment naguère les êtres étaient éperdus, ils se sont mangés des yeux et sont allés se faire foutre avec eux.

15. Les Juges

Alentours de Rouen, dimanche 17 septembre 1989, 23 h 30.

Sur la petite place, devant l'église, en pleine nuit. Les pékins effrayés par les rafales de mitraillette se précipitent au secours des moines. A la lumière de la lune, je lis les noms inscrits sur les tombes autour de l'église et je pense qu'il existe peut-être un cimetière juif en Transylvanie où est inscrit mon vrai nom et pas celui des parents d'Hanna Zylberberg. Quel est-il ? Pas sorcier : Rosenblum, ou Katz ou Fraënkel ou peut-être Ferenczi ou Zempleni comme certains transfuges du XIXe siècle ? Qui sait, peut-être Rothschild ? 56, 56 ! Mirages de brume. « Hanna, c'est encore loin ? — ... toujours tout droit : la mer... » Vaguement, au loin, la silhouette d'une grosse, très grosse paysanne, avec de la chair flasque sous les bras, comme un oreiller qu'on caresse avant de s'endormir. Je suis envahi par une bouffée de désir. J'ai envie de la violer, la grosse, la vieille, comme de me coucher dans la terre et de dormir, de dormir toujours. Et je me tire à travers la campagne. Encore une fois, encore, je marche, je cours, je marche, je halète. Au petit matin, j'arrive dans la banlieue de Rouen. Et tandis que je marche toujours en rythmant mes pas sur ma respiration, il m'arrive un truc incroyable, quelque chose — je ne peux pas dire autrement — quelque chose de beau : j'entends au loin les notes d'une cora, notes de cristal, comme un chœur de vieux Mandingues qui claqueraient de l'ongle en cadence sur des flûtes de champagne.

6 h 30 ; je me rapproche de la musique et, au sommet de la petite butte, je le vois, le vieil Abdoulaye, assis sous son marronnier, serrant entre les jambes la calebasse de son immense harpe malienne ; il parle au soleil levant le langage des oiseaux. Epuisé, je tombe à genoux devant lui. Il garde les yeux fermés en marmonnant des trucs incompréhensibles. Derrière, immense sur un fond de verdure, la montagne grise du foyer Sonacotra.

— Que Dieu bénisse tes mains, le Vieux...

En 69, celui qu'on appelait le Vieux était à peine âgé de vingt-quatre ans. Il avait aussi de longues mains fines de pianiste de jazz. Je l'avais rencontré sur les barricades en mai 68. Obsédé de westerns, j'admirais sa grosse moustache à la mexicaine : « Ça va, *bandido* ? Eclat de rire : —J'espère que tu portes une coquille sous ton pantalon, minet, parce qu'ils frappent toujours dans les couilles ... » Durant le repli le long de la rue Claude-Bernard, il m'avait convaincu de militer à l'U.J.C.M.L.F. — l'Union des Jeunesses Communistes Marxistes Léninistes de France, les prochinois, quoi ! Dès le lendemain, nous ne nous sommes plus quittés durant plus de six mois. Servir le peuple, c'était partir des intérêts des masses et non de ceux d'un individu ou d'un petit groupe. Six mois pour comprendre que je ne pouvais pas comprendre ça. Mais ça devait être durant ces six mois qu'ils m'avaient repéré. Après les accords de Grenelle, certains avaient décidé de rejoindre le peuple dans les usines ou à la campagne ; d'autres, comme notre groupe, de s'engager dans la lutte armée, la lutte à mort contre l'ordre bourgeois. L'armée et le peuple ... l'armée du peuple ... l'armée dans le peuple « comme un poisson dans l'eau »... On était quatre mecs et deux nanas. Il y avait « Bandido » — c'était pas son pseudo, seulement le surnom que je lui avais donné et qu'il détestait —, c'était notre chef. Et « Crayon noir », que j'appelais ainsi parce qu'il avait un cou très mince de tortue sortant la tête de sa carapace et qu'il était blanc comme un vase d'opaline. D'ailleurs, Crayon noir, qui voulait intégrer la rue d'Ulm, passait des journées entières à souligner les livres de Kant, au crayon noir. Et puis, il y avait une espèce de serpent à sonnette dont je ne connaissais que le pseudo : Thorez (pour qu'on nous prenne pour des *stalopes*). C'était le genre de type qui passait son temps à balancer des couteaux dans les portes. « Un jour, il y aura ta nana juste derrière ; tu l'auras tringlée là où il fallait pas ! » Quant à moi, comme on n'avait pas voulu du pseudo que j'avais proposé, Bandido m'en avait imposé un autre : Léon. « Comme t'es juif, on croira que t'es trotskiste. » Il était obsédé par les pseudos. Les deux femmes représentaient ce qu'on faisait de mieux dans le genre révolutionnaire. Il y avait « poils aux pattes », gueule d'assistante sociale de lycée, féministe à la grosse voix qui était passée sans transition de la bande à Jésus à la bande à Mao. Son pseudo c'était Ursula (pas comme Andress, comme l'U.R.S.S. bien sûr...). Et enfin une merveille, un joyau, tout droit sortie du VIIe arrondissement, qui disait le mot « révolution » en shushurant le « tion » comme Delphine Seyrig. Pour la punir de son extraction, Bandido lui avait attribué le pseudo : Fatima. Et moi, déjà emporté par les mots, je voulais la main de Fatima. Sûr que si je l'avais épousée, elle, la première que j'ai aimée, je serais tranquillement chez moi aujourd'hui avec mes trois mômes, ma Citron BX GTI et la maison de campagne de beau-papa.

— Camarades, nous sommes l'armée du peuple. Notre premier devoir est de nous procurer des armes. Nous les prendrons à l'ennemi !

On avait décidé de se faire le commissariat du XIe, boulevard Voltaire, parce qu'un jour, dans son passé de jeune délinquant, Thorez s'y était fait un peu bousculer par les agents. Fatima attendait au volant de sa deux-pattes et moi au guidon de la Honda 125 de Bandido tandis que les quatre autres prétendaient déposer une plainte. Il faisait froid ce jour-là et j'abandonnai la moto pour me glisser sur le siège près de Fatima. Je lui avais pris la main. Elle avait accepté. Maintenant, nous nous caressions, à demi dévêtus sous la vieille couverture écossaise que sa grand-mère lui avait donnée pour recouvrir les sièges en skaï de sa belle Citron jaune. Bandido, n'apercevant aucune arme susceptible d'être

« expropriée » à l'ennemi, et ne voulant pas repartir bredouille, avait décidé de déposer une plainte en bonne et due forme contre la bourgeoisie et ses chiens de garde : les flics. Mais l'inspecteur ne l'entendait pas de cette oreille et voulut inculper dare-dare mes camarades pour injure à policier dans l'exercice de ses fonctions. Et voici mes quatre copains surgissant boulevard Voltaire avec une meute de flics aux fesses. Sans hésiter, l'instant suivant, je décidai de mettre les miennes à l'air. Le futal roulé sur les chaussettes, je me mis à faire des galipettes sur le trottoir, m'interposant entre la horde déchaînée et mes chers compagnons de « cellule ». Et je roulais, et je roulais... Ils purent se réfugier sans mal dans la première bouche de métro et Fatima interrompit le soir même sa récréation révolutionnaire. Quant à moi, je fus présenté au psychiatre de garde de l'infirmerie spéciale de la préfecture de police. Je n'eus pas grand mal à le convaincre que faire des galipettes en pleine rue, c'était montrer sa confiance dans le monde puisque j'acceptais ainsi de mettre les pieds où mes yeux ne pouvaient pas voir. Il me laissa sortir avec une ordonnance de neuroleptiques.

C'est seulement quatre mois plus tard que je fus jugé pour mon acte antirévolutionnaire. Les flics étaient venus nous cueillir tous les cinq à l'heure du laitier et, dans le panier à salade, avant même l'ombre du premier café, Bandido me demanda de faire mon autocritique. Avoir des attouchements sexuels avec une camarade alors qu'on était en pleine guerre du peuple dénotait une mentalité petite-bourgeoise, franchement assez irrécupérable, et comme ils n'étaient pas assez nombreux pour se charger de ma rééducation, en présence de policiers hilares, ils votèrent mon exclusion à l'unanimité. Que Dieu bénisse tes mains, Fatima !

Le vieux ouvre les yeux et, me regardant d'un air amusé, se met à chanter plus fort. « Un garçon n'avait pas de père, il n'avait pas de mère non plus. Il n'avait pas de sœur, pas de frère, pas de frère de sa mère et pas de fils ou de fille du frère de sa mère. Il n'avait pas d'ami, pas de fiancée ni d'épouse. Personne ne connaissait son nom… » Il se lève, ajuste sa cora à l'aide de sa bandoulière et se dirige vers le foyer Sonacotra. Je le suis.

On arrive en pleine réunion de village. Il y a là un groupe de Maliens. Ce sont des Soninké de la région de Kayes. Le vieil Abdoulaye parle longtemps dans leur langue. J'ai vraiment trop sommeil. Je m'écroule sur une chaise. Encore un jugement ! Y'en a marre !

16. Déchirure

Neuilly-sur-Seine, lundi 18 septembre 1989, 21 heures.

Jardin des Bonnet. Extérieur. Nuit. Il doit être aux alentours de 21 heures. M. Bonnet, tenant ses deux enfants par la main, s'avance lentement. La directrice de l'école a téléphoné à son cabinet d'architecte à 18 heures. Personne n'est venu chercher les enfants et le téléphone sonne indéfiniment à son domicile... Où avait pu passer Juliette ? Mais lui, il est comme ça : il préfère ne pas échafauder d'hypothèses. Il verra bien... La maison n'est pas éclairée sauf la petite fenêtre de la salle de bains. La porte d'entrée est entrebâillée. Une ambiance étrange, inhabituelle, et l'angoisse de M. Bonnet qui commence à infiltrer le paysage. Il s'arrête, retient ses enfants en arrière.

— Toi, Alexandre, tu vas être grand et garder ta sœur dans le jardin quelques instants... Attendez-moi ici.

— Mais, papa ! Il fait tout noir !

— Ne bougez pas d'ici ; je vais éclairer le jardin.

Il s'avance précautionneusement. Sa main qui actionne l'interrupteur. Le regard balaie la pièce. Le spectacle qui s'offre à lui : des traces de bataille... des chaises éventrées... des bouteilles ouvertes, d'autres brisées... des livres plein le plancher... des tapis retournés... et puis son visage rosi par le froid et l'abus de scotch (alcoolisme mondain), terrifié. Juliette Bonnet est pendue là, bleue, raide. La radio, « FIP au laser » — le *Magnificat* de Vivaldi. Le regard de Bonnet descend le long du corps de sa femme. Elle est nue, le ventre ouvert. Une poupée, ébouriffée et ensanglantée, sort en grimaçant de la plaie.

Il a un haut-le-cœur, se retourne pour aller vomir dans le jardin. Dans sa précipitation, il bouscule ses deux enfants qui s'étaient infiltrés dans l'embrasure de la porte. Ils étaient probablement déjà là, en train de contempler le spectacle. Ils tendent ensemble un regard vers lui, les yeux grands ouverts, interrogateurs...

Quelques heures plus tard, la maison est envahie par des policiers et des journalistes. Les techniciens relèvent les empreintes digitales. Les photographes de la P.J. font crépiter les flashes. M. Bonnet, effondré au creux d'un fauteuil, dans un demi-sommeil, perçoit des voix lointaines :

« Par ici. Enlevez-moi ça... Ne déplacez rien. Non, surtout pas ça. Tiens, voici le toubib... »

Au café du coin, un journaliste boit un demi et cherche à bavarder avec les habitués.

— Vous comprenez : c'est la septième en trois ans et toutes en plein jour. Bien sûr qu'on se dit que si on tenait cette espèce de... enfin ce sadique... on s'y mettrait à quelques-uns pour lui faire passer le goût des bonnes femmes. Hein ?

— Et vous la connaissiez cette femme, Mme Bonnet ?
— Oh, elle achetait un Peter Stuyvesant de temps à autre. Un peu « m'as-tu-vu », mais elles sont toutes comme ça par ici... Il y a quand même des drôles ; faut croire qu'ils ne savent pas faire l'amour sans couteau.
— Comme ça, ils sont sûrs de ne pas débander... ah...
— Allons, allons, des histoires de gros sous, tout ça !
— Ah, vous croyez ?
— Ouais, mais pourquoi toujours Neuilly ?
— C'est vrai, c'est bizarre, ça, non ?
Et le journaliste qui commence à avoir des idées pour son article :
— Peut-être les villes ont-elles une mémoire... tout comme les gens ? Et une conscience aussi peut-être ?
Puis, il jette une pièce de monnaie sur le comptoir et s'en va, plutôt content de sa phrase.
Mais un aveugle, assis au fond du café devant un petit blanc, se met à parler d'une voix forte :
« Demain, la ville aura grignoté les paroles nées de la terreur d'un jour et les ténèbres descendront à nouveau sur vos femmes et sur vos enfants, sur vos demeures et sur tous vos objets. La ville respire, mais parlent les dieux, et toujours, les hommes restent aveugles. »

Neuilly-sur-Seine, mardi 19 septembre 1989, 10 h 45.

Le lendemain, ce même aveugle laisse défiler sa canne sur les grilles en métal d'une rue de

Neuilly en sifflotant des mesures de Beethoven, et la musique lui emboîte le pas. Devant la grille des Bonnet, cohue et autos, flics et chaos. Une voiture de police arrive ; sirène hurlante. Le commissaire Simoune descend, beau gosse, jean, bottes de daim et blouson de cuir par-dessus son sweat ; un peu cow-boy, il s'adresse à l'inspecteur stagiaire Cahn :

— Faites dégager l'accès, je vous prie.

On lui ouvre la grille. Il pénètre avec sa grosse V6 R 25, la gare le long du perron de la maison où il est accueilli par l'inspecteur principal Favreau.

— Il était temps que tu quittes ton lit, monsieur le commissaire ; ici, ça commence à sentir drôlement.

— Putain de Dieu ! J'ai sommeil... Je me suis couché à 4 heures du mat' et réveil au clairon à 10. Alors, notre monstre a refait des siennes ? Je ne l'attendais pas de sitôt.

— Même que cette fois, il a mis le paquet, le salaud ! Il lui a ouvert le ventre et y a introduit une poupée de la gosse.

— Eh ben, on va voir ça de plus près. Vous n'avez rien déplacé ?

— Non ! Les gars du labo sont là depuis 8 heures. Je crois qu'ils t'attendent.

— Allons-y ! (et à voix basse, à Favreau :) Tu vois : d'abord un pot à Saint-Germain, tranquilles, comme prévu ! Puis : dîner chez Lipp. Ensuite, elle voulait aller au cinéma voir un polar ... tu comprends : dîner avec un flic ; il lui fallait le décor. Alors ça nous a menés à une heure du mat'. Bon ; allons-y ! (à haute voix, à l'inspecteur stagiaire Cahn :) Morte de quoi ?

— Strangulation, à ce qu'il semble. Elle a été pendue, puis saignée comme une bête à l'abattoir... finalement éventrée.

— Violée ?

— On ne sait pas encore...

— Et c'est quoi, tout ce chantier ? Ils se sont battus ?

— Je ne pense pas ! Il n'y a pas trace d'ecchymoses sur le corps de la victime. Mais la maison semble avoir été fouillée de la cave au grenier.

— Il y manque quelque chose ?

— On vous attendait pour entendre M. Bonnet.

Et Simoune, un peu grognon :

— ... Bon, d'accord, j'arrive ! Puis, s'adressant à son vieux complice Favreau : Et tu sais que ce n'est pas tout ! Je suis passé au bureau avant de venir. Nous avons toujours les Amerloques sur les bras — y paraît que ça aurait rapport aux Iraniens de la télé — plus Mme le juge qui m'a convoqué pour 14 heures : il paraît qu'elle a une idée pour nous faciliter l'enquête ; à tous les coups un truc impossible... et en plus je crève de faim. Soudain tonique : ...Réunion au bureau à 17 heures, les gars, et je veux voir tout le monde ! Ne prenez pas de rendez-vous à dîner pour ce soir... Je m'occupe des journalistes.

Dehors, un soleil vif éclaire une belle journée d'arrière-saison et on ne sait d'où parviennent ces mesures joyeuses des *Quatre Saisons*. Fred Simoune est sensible au charme de ce soleil inattendu et reste encore attendri par sa conquête de la nuit. A Favreau :

— Et comment s'ouvre la grille ?

— Que monsieur le commissaire s'avance avec son carrosse et, arrivé devant la grille, qu'il prononce la phrase suivante : « Putain de Dieu, j'ai sommeil ! »

Et, tandis que le vieil inspecteur homosexuel taquine son supérieur, il sort un appareil de télécommande de sa poche... *et la bobinette cherra*... Simoune lui arrache l'appareil des mains :

— Fais voir...

— Arrête ! Si tu ouvres la grille, nous allons être assaillis par les journalistes.

Fred semble saisir quelque chose :

— Assaillis... et saillis...

Quelques minutes plus tard, devant la grille des Bonnet, les journalistes se précipitent sur la voiture du commissaire qui, souriant, baisse la vitre électrique de sa limousine grise. La cohue. Les journalistes se précipitent. Flashes. Micros tendus :

— Pour Antenne 2, commissaire Simoune !

— Allons-y ; mais rapidement...

— D'après vous, est-ce bien le même assassin fou — celui que l'on a appelé le « monstre de Neuilly » — qui a commis ce nouveau meurtre ?

— Certes, nous pouvons relever quelques analogies avec les meurtres précédents, mais nous ne pouvons exclure *a priori* que ces concordances soient dues au hasard ou encore à des effets de contagion, bien compréhensibles dans ce type d'affaires...

— Etes-vous sur une piste ?

Et Simoune, encore plus souriant, jouant de son charme :

— Le travail de la police est une longue patience. Nous sommes avant tout des techniciens, pas des limiers de romans noirs : hypothèses, vérification, hypothèses, et ainsi de suite. La police est une machine, une immense machine. Elle est lente mais progresse régulièrement et le plus souvent de manière efficace. L'homme craque, finit par commettre des erreurs ; la machine, non ! Une enquête de police consiste à confronter un homme à une machine...

Le journaliste, l'interrompant à nouveau :

— Pensez-vous qu'il recommencera ?

— Tout sera mis en œuvre pour l'arrêter avant...

— Quels conseils donnez-vous aux habitants de Neuilly ?...

17. La « djinna »

Banlieue de Rouen, lundi 18 septembre 1989, 13 h 30.

J'ai dû dormir cinq ou six heures. J'ai faim. J'ouvre les yeux. Je me trouve dans une chambre minuscule de deux mètres sur trois. La petite fenêtre est masquée par une étoffe africaine laissant pénétrer une faible lueur verte. Dans la pénombre, je distingue un lavabo et, jetés çà et là : des vêtements de femme bon marché, une télé, des valises, une armoire ouverte, un réchaud monté sur une grosse bouteille de Butagaz, des casseroles, des casseroles partout. Ça sent les épices — comme dans ce boui-boui de Hong Kong où j'ai passé un après-midi à suçoter des mains de poulets rissolées dans un chaudron noir d'huile bouillante en compagnie d'une minette aux petits pieds. J'ai encore rêvé de Laure ! Je sors du duvet lourd de graisse séchée et vais goûter le contenu des marmites. Le poulet *yassa* est un peu trop relevé, je me plaindrai au chef ! Mais qu'est-ce que je fous là, bordel ? Dans la pièce à côté, j'entends les Touré Kunda qui bafouillent avec Toumani Diabaté et en arrière-fond la cora du vieil Abdoulaye. Maintenant je me souviens. Putain d'histoire lancinante qu'il m'a chantée, le vieux Noir :

« Un garçon n'avait pas de père, il n'avait pas de mère non plus. Il n'avait pas de sœur, pas de frère, pas de frère de sa mère et pas de fils ou de fille du frère de sa mère. Il n'avait pas d'ami, pas de fiancée ni d'épouse ; personne ne connaissait son nom... Et personne ne voulait lui parler. Du matin au soir, il promenait son pied de polio dans les nuages de latérite des allées du village. Et les enfants détournaient les yeux quand ils l'apercevaient ; et les hommes crachaient sur son passage, et les femmes fuyaient lorsqu'il s'introduisait dans la case pour quémander une boulette de mil. Seul le vieux griot continuait de chanter sur sa cora : "...Il n'avait pas d'ami, pas de fiancée ni d'épouse ; personne ne connaissait son nom." Une nuit, il décida de s'enfuir en brousse. Certes, il savait qu'on ne s'aventure pas ainsi dans le monde de la nuit, le monde des *djinna* — des génies — des esprits des arbres et des rivières, dans le monde des sorciers cannibales. Mais que pouvait-il, rejeté de tous, humilié et maudit ? Un soir, après que les chuchotements et les derniers soupirs de l'amour se furent fondus dans l'appel des hiboux, il enfila son vieux short kaki, emballa dans un chiffon crasseux un couteau de cuisine rouillé, une boîte d'allumettes, son petit violon à trois cordes, et franchit ainsi la lisière du village. Lorsqu'il s'enfonça dans la nuit, pour se donner du courage, il sifflota la chanson du vieux griot : "...personne ne connaissait son nom... personne ne voulait lui parler..."

« Dans la clairière, baignée d'une étrange lumière de lune, il y avait une femme, à la peau claire, fine et souple comme la panthère, les doigts brillant dans la nuit de mille joyaux, comme ceux d'un esclavagiste arabe. Belle comme un jour de pluie en forêt, elle s'affairait auprès d'une calebasse, mélangeant la sauce du *futu*. "Tu es en retard, j'ai failli brûler le repas"... il sut qu'il deviendrait bientôt riche et aveugle. »

On frappe doucement à la porte de la chambre. Je me fourre en vitesse sous le duvet crasseux. Les paupières entrebâillées, je la vois danser les fesses, balancier de justice. Dieu ! Des fesses pareilles, c'est l'incarnation du juste et du vrai ; c'est beau comme l'air de cora du vieil Abdoulaye — Aïïïaaah... Je cherche mes verres pochés qui avaient glissé sous l'oreiller. Elle me fixe d'un air timide :

— Salut ! Je m'appelle Foula !

En me marrant, je réponds :

— Moi, j'ai pas de père, pas de mère non plus... Je suis juif ! Nous sommes les Peuls du monde des Blancs.

— Je le sais ! Vous vous mariez toujours entre vous, comme les Peuls et comme eux vous n'aimez pas le pouvoir exercé en pleine lumière.

Tandis qu'elle sert une assiette de poulet au citron et prend délicatement place sur le rebord du lit, je pense à ma gueule décharnée et sale, à ma peau grise, à ce vieux pantalon de flanelle déterré dans une poubelle qui pend lamentablement comme le sexe de Daladier lorsque les Allemands sont entrés dans Paris. Gentiment, elle approche une cuillerée de ma bouche. Pourquoi sont-ils si délicats avec moi ? Ils doivent avoir peur que je clabote dans leur gourbi. J'ai faim mais la vue de la nourriture me révulse. J'essaie un sourire de vieux chicots pétés et détourne la tête. Une horrible douleur à l'épaule gauche me fait hurler.

— T'inquiète pas ! Tu dois avoir quarante de fièvre et une épaule cassée. Abdoulaye, mon grand-père, t'a fait un pansement.

— ...

— Tu es dans ma chambre, au foyer ! Je rentre de la fac. A Rouen, tout le monde parle de toi. Tu as tué deux moines et tu as blessé la moitié du village. Ils t'ont cogné dessus avec des bâtons ; c'est comme ça qu'ils ont dû te casser la clavicule...

En bas, le vieil Abdoulaye s'est associé à un joueur de tam-tam et une armée de mômes frappent dans les mains. Ils doivent fêter le retour de l'école ou peut-être la mort des moines fascistes et homos. C'est une musique comme la marche infinie du serpent au milieu du désert — une musique qui peut durer des heures, des nuits... toujours. Un jeune enfant à la voix de soprano entame un nouveau couplet et la voix éraillée et profonde du vieil Abdoulaye guide les gouttes de nectar qui clapotent entre ses longs doigts ailés. Je demande à Foula :

— Qu'est-ce que ça veut dire ?

— C'est du bambara. C'est un vieux conte du pays que mon grand-père a mis en musique. Il raconte l'histoire d'un garçon détesté de tous les habitants du village, un boiteux. Une nuit, il fugue en forêt et arrive au campement d'une femme *djinna*. C'était la plus belle des femmes qu'il fût donné à un homme d'apercevoir. Sa peau était comme la soie d'Orient et ses seins fermes comme le coton d'Egypte. Mais elle avait un défaut, ses yeux étaient blancs, ils ne voyaient pas le jour ; ses yeux étaient d'ivoire. Lui, l'humilié, rejeté de tous, chassé comme sorcier, elle lui proposa de l'épouser et d'en faire le plus riche des hommes mais à une condition : il lui faudrait toujours garder le secret, ne révéler à quiconque que ses yeux étaient d'ivoire...

Je ricane :

— Ouais... ses yeux étaient d'ivoire, sa bouche était dedans, son nez était nouveau...

— Ne te moque pas, étranger ! L'autre est tantôt l'être le plus désirable, tantôt l'objet des haines les plus folles.

Je le savais ! J'avais aimé Laure comme ma main gauche, comme l'éclat de mes yeux, comme mon gland. Laure ! Mon Ariane, ma princesse ! Et son sexe m'allait comme un gant, mon refuge, ma demeure ! Après la scène de la Coupole, j'avais erré la nuit, sur les trottoirs déserts, sous la pluie. 2 heures du mat', une vieille pute camée jusqu'aux oreilles. Je lui dis : « Tu veux mon fric, fais moi un truc ! » Boulevard du sexe, je chiale ! Et sous la peau un hurlement du fond des âges. J'ouvre ma braguette et sors ma chenille ; elle est triste, toute recroquevillée. La grosse pas chère, elle se trémousse sous une porte cochère. J'arrive même pas à bander. « Tire-toi, crétin, j'suis pas un travailleur de force, j'suis pas caissière chez Brico-Merlin ! » Penaud, le coq range sa crête — c'est de l'Aristote (ou presque) ! Toutes les deux secondes, pour marquer le tempo, une bagnole feule les pneus mouillés. Boulevard du sexe, je chiale, les mecs ! 3 heures du mat', deux boches en goguette grimpent en chœur le Sacré-Cœur, leur gros sac en bandoulière. Remarque, le Mark, ça monte, ça monte ! Je monte derrière. J'envoie le pied du premier au niveau des étoiles : il fracasse sa mémoire sur les marches centenaires. L'autre cuve de bière se retourne, c'est un gros blond immense et mort de trouille. Je hurle : « *Juden ! Juden !* », saisis ses couilles et les lui tords de toutes mes forces. Rage des ancêtres, rage des mille morts. Arrête, Jean, ils n'y sont pour rien... J'ai pas pris un coup, pas un ! Les boches sans mitraillette, c'est cloche, ça ne vaut rien. Il est allé casser sa mâchoire là où l'autre étalait sa mémoire : à la fraîche. Avale tes dents, pédé, ça fait sale au pied d'un monument ! Je rafle les sacs et me tire en vitesse. Réverbères pleureurs. Rues d'ombre, rues noires. Sirènes de flics, je vide les tiroirs : traveller's cheques, menue monnaie, Baume du Tigre, préservatifs. J'empoche le tout dans l'imper et fais cadeau des sacs au caniveau. Deux Allemands ont grimpé le ciel à cloche-pied. 4 heures du mat', les boches embrochés, ma rage grimpe dans les aigus. Je pourrais renverser une bagnole, casser un mur seulement d'un coup de poing, je décide de rentrer à la maison. Je grimpe les six étages quatre à quatre. Arrêt devant la porte. Des bruits de discussion animée. Si le père y est encore, je pourrai compléter ma collection d'Allemands. J'éclate dans l'appart'. Et il y avait Laure, Ali et encore trois Arabes discutant autour d'une véritable armurerie. Laure me dit avec le plus grand calme :

— Entre, Jean, on va te briefer. Cette nuit, on passe à l'action !

Foula me caresse doucement les jambes. « Tu ne dois pas être si vieux. Pourquoi tes cheveux sont-ils blancs ? » Je lui prends la main et la porte à mes lèvres. « Chez nous, les vieux épousent souvent les enfants, poursuit-elle. Tu ne devais pas être si moche autrefois. Je saurai m'occuper de toi. Veux-tu te marier avec moi, me faire des enfants ? »

Elle a vraiment pensé que j'étais un *djinna*, elle a vraiment pensé que de m'épouser lui donnerait le numéro gagnant du loto — oh merde !

18. Macchabées

Paris, XVIe arrondissement, lundi 18 septembre 1989, 19 h 30.

Tournant le dos, Mathilde enfilait un soutien-gorge de satin. Nu sur les couvertures, Nessim lui caressait nonchalamment les fesses, tremblant les mains d'un calme désir :

— La lune qui m'accompagne en secret les nuits de grand vent, se découvrant inopinément au détour d'une bourrasque, si triste, si loin, si seule sans moi, m'a demandé de fermer les yeux jusqu'à son retour.

Et sans se retourner, profitant de ces moments d'entre-deux où l'on avoue ses secrets, Mathilde dit à son miroir :

— Nessim, je dois te dire quelque chose...

Et lui qui poursuivait :

— Quelquefois, les paupières closes, apparaît un cercle lumineux ; il reste là un temps puis se dédouble, se diffracte, quelquefois même explose en myriades. Je jette alors un regard au-dehors : peut-être une louve m'appelle-t-elle dans le lointain... (et glissant un doigt entre les jambes de

Mathilde) ou bien n'est-ce que le vent qui crisse sur les rebords nacrés de la lune ?

De ses ongles, il striait délicatement l'intérieur de ses cuisses de quelques sillons ardents ; et l'onde se répercutait en cascades jusqu'à son cou pour repartir en un élégant soubresaut le long des épaules.

— Nessim, écoute-moi. Nous nous connaissons depuis une semaine et c'est comme si je me voyais dans une glace pour la première fois.

— *Oh Georgina, Oh Georgina, oh darling, I love you so, you are my angel, you are my darling, you are my love...*

— Ecoute-moi, Nessim...

— *Darling, you know I love you...*

— Mon ami, l'homme avec qui je vis, est en voyage à New York. Il rentre dans une semaine. Voilà, c'est tout ! Je voulais te le dire... c'est tout !

Salle à manger des De-Dieu-Anglade, la nuit. En sourdine : Mozart — *Messe du Couronnement*. Les deux dernières répliques entre le commissaire et le journaliste sont vues sur un écran de télé. Flashes. Micros tendus...

Bourgeois habiles, bourgeois débiles ; le monde est eux, l'univers est à eux et le silence est tombé sur la parole des ancêtres et celle des dieux — paillettes, poudres, parfums, bijoux, coiffures, chacun portait sans doute aussi, tout au fond de ses yeux, sa part d'explosifs et de bombes anarchistes ; mais aujourd'hui, seuls les vieux continuaient encore à le savoir.

Nessim se pencha en souriant vers Mathilde et lui murmura :

« Echoué sur ces rives,
adorateur de l'exil,
traversant les liens comme un passager,
triste pèlerin des idylles,
chaque pas m'est nostalgie. »

A la télé, la voiture du commissaire s'éloignait — *Messe du Couronnement* de Mozart, deuxième mouvement — et la tête du journaliste apparaissait maintenant en gros plan :

« Mais en attendant, comme vous pouvez le penser, les femmes de Neuilly s'enferment à double tour. Chacun, dans la rue, ne parle que du "monstre". Un fléau moyenâgeux semble s'être abattu sur cette commune tranquille et cossue : la peur... »

Gisèle De-Dieu-Anglade se leva de table et actionna l'interrupteur de la télé. Ils étaient six : les De-Dieu-Anglade, Juliette Gillibert (la jeune et jolie juge d'instruction), son mari, Nessim et Mathilde. Un long silence. Tout le monde regardait la juge Gillibert. Le plancher se mit à craquer. La vieille De-Dieu-Anglade, brûlant de curiosité, lui demanda :

— Alors, que comptez-vous faire maintenant, Juliette ?

— Il y a quinze jours, j'ai ordonné une opération « porte-à-porte ». Comme vous l'avez peut-être lu dans la presse, la police a reçu des renforts considérables. Ils ont visité plus de mille logements, demandant des renseignements, recherchant des indices. Jusqu'alors, ça n'a rien donné. Quant au commissaire Simoune, il « vérifie toujours ses hypothèses »... Ils ont ratissé le parc de Neuilly de fond en comble. Des indices, ils en ont trouvé à ne plus savoir qu'en faire : des dessous féminins, des valises abandonnées avec je ne vous dis pas quoi dedans… des armes… de l'héroïne à faire décoller un régiment de travestis brésiliens. Alors, mon commissaire méthodique a tout vérifié. Il m'a conduit cent dix suspects en garde à vue, mais pas un seul client sérieux. Vous savez que j'habite Neuilly ?

Et Mathilde, soudain intéressée :

— Et le monstre, le sait-il ?

— Allez donc savoir…

Le mari de la juge enchaîna, ironique :

— Tu sais bien, ma chérie, qu'il ne s'attaque qu'aux bourgeoises…

Et la juge de reprendre :

— On a eu droit à tous les exhibitionnistes…les homosexuels, les masochistes de Neuilly, je les ai tous vus défiler dans mon bureau. Maintenant, ils ne peuvent pas remuer une fesse sans que j'en sois avertie.

Mathilde, de plus en plus coquine :

— Et comment les policiers les ont-ils dénichés ?

— Les cinés pornos, les bistrots louches, les toilettes de gare, les annonces de *Libé*, peut-être… Ils ne m'informent pas de toutes leurs méthodes. Il y a même un projet de surveiller le Minitel…

Ce dîner mondain réveillait chez Nessim une tristesse insondable, creusait un nouveau cratère dans sa solitude. Il se pencha encore vers Mathilde et chantonna cet air de jazz qui n'arrêtait pas de trotter :

J'avais rendez-vous avec Lucy,

on devait se retrouver au Harry's
boire un scotch avec Jimmy
puis écouter Memphis à son piano
et j'ai trouvé une femme,
bonne pour moi,
douce pour moi,
douce à mon corps,
tendre à ma voix.
J'ai trouvé une femme,
folle de moi qui dit qu'elle m'aime
et je ne la crois pas ;
j'ai trouvé une femme,
bonne pour moi
qui file entre mes doigts,
qui file entre mes doigts,
qui file entre mes doigts...

— Le commissaire Simoune — Il est très bien, ce garçon ! — veut maintenant l'autorisation de consulter les fichiers des services psychiatriques et même les carnets de rendez-vous des psychanalystes de Neuilly et du XVIe arrondissement. On est partis pour un moment...

Et les voici qui rigolent en regardant Nessim qui chantonne par-devers lui son air de jazz :

Entre deux langues, entre deux âges,
sorcier virtuose de mondes sinistres,
chaque femme est une ville
où j'ai envie d'acheter une maison ;
parfois j'y bois un verre, parfois j'y passe la nuit
— souvent, j'ai envie de venir y mourir.

... Quand elle a franchi la porte du bar,
dans le juke, Johnny Lee éclatait sa guitare

et Jimmy ivre mort se levait
pour réciter Baudelaire
Lucy partait se refaire une beauté
dans l'arrière-salle du Harry's
et moi, j'ai trouvé une femme,
bonne pour moi,
douce pour moi,
douce à mon corps,
tendre à mes doigts.
C'est mon petit bout,
mon bébé, ma petite laine.
Elle dit qu'elle m'aime
et je ne la crois pas ;
elle aime un homme et c'est pas moi...
et c'est pas moi.

— C'est vrai, Nessim, vous qui êtes psychanalyste, que pensez-vous de cette idée du commissaire ?

— Rien ; enfin je ne sais pas...

Et Mathilde :

— Vous pouvez être sûrs qu'il ne sait même pas de quoi nous étions en train de parler...

Nessim continuait sa chanson dans sa tête :

Je l'ai prise par la main
et dans l'autre mon verre de bourbon,
dévalant l'asphalte sous la pluie,
on a couru jusqu'au Carlton
où je l'ai aimée jusqu'à demain.
J'ai trouvé une femme,
bonne pour moi,
douce pour moi,
douce à mon corps,
tendre à mes doigts.

Regardez-la,
regardez ma nana,
c'est mon bébé :
elle caresse mes larmes
de ses grands yeux verts ;
je me sens chaud quand je l'entoure,
dans ses bras, dans sa bouche, dans son ventre,
c'est mon bébé, ma petite laine
et j'ai froid ;
c'est mon bébé, c'est ma maison,
ma tendresse, ma tremblure, ma tristesse,
et je l'aime, je l'aime,
je l'aime, je me sens bien,
et je l'aime...

— Eh bien, Mathilde, que lui avez-vous fait ?

— ... Oh pardon ! Que disiez-vous déjà... (Et, quelques excuses plus tard :) Ah si, j'y suis : vous parliez d'un assassin que vous commenciez à croire fou. Savez-vous que les assassins recherchent la police tout autant que la police recherche les assassins ? Certains cependant, quelquefois poètes, ou simplement étrangers, ou bien encore créateurs de mode, certains, disais-je, ne font pas exactement ce que l'on attend d'eux. Les policiers les disent fous alors qu'on devrait simplement considérer qu'ils jouent avec un autre partenaire ; que ceux-là ne s'adressent pas aux policiers...

La juge, se sentant critiquée, se fit alors presque dure :

— Oh ! Nous avons fait ce à quoi vous pensez, cher docteur. Nous avons demandé une consultation à un psychiatre. Il nous a renvoyé une page sale, dactylographiée sur une vieille machine. Ça a failli étouffer de rire le commissaire

Simoune. L'assassin serait un homme (elle hésite) ... sensitif — c'est ça ? — oui, sensitif, paranoïaque, puritain, maniaque de la propreté, employé de bureau, ayant de petits conflits avec ses collègues ... Allez avec ces indications retrouver un homme dans une ville comme Neuilly — si tant est qu'il s'agisse d'un habitant de Neuilly ...

— Vous n'y êtes pas du tout ! Vous croyez chercher un homme qui se cache alors que voilà déjà quelque temps que vous dialoguez avec lui sans le savoir. Il s'agit simplement de décrypter la langue que vous utilisez à votre insu. (Puis, soudain professionnel :) Voulez-vous me rapporter exactement les faits ?

Comme à contrecœur, la juge releva le défi :

— Sept femmes mortes à Neuilly depuis trois ans... Toutes ont été assassinées en pleine journée, le matin vers 10 ou 11 heures : étranglées, pendues, égorgées, saignées — jamais de coups de feu ! Cinq ont été retrouvées chez elles mais deux ont été déposées dans le parc. Peu de points communs entre elles : certaines sont jeunes — l'une d'elles presque une enfant — dix-sept ans —, d'autres d'un âge plus mûr. La plus âgée avait cinquante-trois ans. Blondes, brunes ou rousses, vraies ou fausses, toute la gamme... On s'est livré sur leur corps à certaines — comment dire — certaines fantaisies. Deux ont été énucléées — oui, les yeux crevés, quoi ! Une autre les mamelons tranchés, une a été littéralement scalpée, celle d'hier : éventrée ! Attendez, je crois que j'oublie quelque chose...

— Oui...

— Ah oui ! Quelle horreur... — excusez-moi

— l'une a été empalée sur un manche à balai... heu... de part en part.

— A-t-on retrouvé des traces de sperme ?

— Je comprends que vous me posiez cette question. C'est un élément de l'enquête assez étrange. Les premiers examens médicaux ont été exécutés rapidement. Il y a eu quelques malentendus avec le laboratoire. Mais pour les deux derniers cas au moins, je suis formelle car j'ai moi-même veillé au bon déroulement des expertises : aucune trace de sperme !

— Etrange... étrange, en effet... Regardez-moi. Posez vos mains là, dans les miennes... Oui, là : le sentez-vous ?

— Vous voulez dire : l'assassin ?

— Oui, moi ou lui, c'est pareil !

Curieusement, elle acquiesça.

— Vous avez raison, Nessim. Durant ces longues instructions, il y a comme l'intuition d'un autre, comme la connaissance progressive d'un ami, ou d'un partenaire...

— ... ou d'un amant... C'est là le travail de la pensée. Mais dans le cas qui vous occupe actuellement, c'est comme si quelque chose venait entraver le cours de vos réflexions, n'est-ce pas ? Croyez-vous qu'il s'agisse de l'horreur des meurtres ?

— Peut-être... mais non... cette explication me paraît insuffisante (maintenant, la juge est comme hypnotisée), il y en a certainement une autre...

— Comme une incitation à l'action. Comme s'il vous fallait agir de suite, tout le temps ? Comme s'il était désormais devenu impossible de penser ?

La juge se ressaisit, et surgissant presque d'un rêve :

— ... Les crimes sexuels sont sans doute difficiles à comprendre pour nous, magistrats... Je m'adresse maintenant au psychiatre, à l'homme de l'art : pensez-vous qu'il puisse s'agir d'un fou ?

— D'un fou ? Non, et c'est bien ce que je m'évertue à vous dire. Mais d'un monstre, oui ! Un dragon, une sirène, un sphinx...

La nuit était froide. Mathilde et Nessim avançaient lentement vers l'auto et il hurlait sa tristesse à tue-tête :

Où trouver celle qui me rendra ma peine,
où rencontrer cette femme qui s'appelle Egypte ?
Viens... attends... viens... attends... viens,
viens à temps...

J'ai trouvé une femme,
qui n'est pas là,
je me sens bien
entre ses doigts
c'est ma nana ;
j'ai besoin d'elle tous les jours,
tous les soirs, toutes les nuits,
dans mon lit,
près de moi.
Elle est mon ami,
mon jumeau, mon double,
mon ombre, ma main,
mon bébé, ma petite laine
et j'ai froid...

— Arrête, Nessim. Je suis là.

— Viens... En un instant, on a traversé des langues, des frontières, des peurs, des souvenirs, des remords, des haines et ta timidité ; en un instant, on a recommencé la vie : tu es née hier.

Elle est le vent qui m'ébouriffe ;
je suis le volcan,
là dans son ventre.
Elle est née hier,
c'est mon bébé, c'est ma petite laine,
et j'ai froid ;
regarde-la, c'est ma nana ;
j'ai trouvé une femme qui n'est pas là...
Reste là, reste avec moi !

19. La môme

Neuilly-sur-Seine, mardi 19 septembre 1989, 8 heures.

« Je t'emmerde, connard ! Je suis née il y a trente ans. Si mes souvenirs sont bons, c'était un jeudi soir. Mes souvenirs sont très mauvais et en fait, je m'en contrefous du jour de ma naissance dans cet hôpital sordide en briques rouges de cette banlieue de béton sinistre. J'étais tellement attendue qu'on avait même oublié de me trouver un prénom. A ce jour, je m'appelle Véronique : "véro"... pour vrai et "nique" pour nique... une vraie nique, ma naissance... aucun commentaire sur l'abrutie de sage-femme qui a suggéré ce prénom à ma mère. Des marrants m'ont dit que ça aurait pu être pire... Et c'est avec trois kilogrammes six cents et des brouettes que j'ai pris la décision d'emmerder la terre entière pour ne pas m'avoir accueillie avec les honneurs que je méritais. On dit des grands hommes qu'ils ne sont reconnus qu'après leur mort, mais je tiens à vous avertir que je ne suis pas près de crever. Quant à moi, j'ai beaucoup de mal à imaginer la couleur et la forme du petit tuyau qui aurait été à l'origine de ma fécondation. Pour ne rien cacher de ce que je pense, je soupçonne maman de m'avoir fabriquée par l'opération du Saint-Esprit. Après tout, ça a un avantage : ça permet de voyager partout dans le monde sans s'acheter de billet. C'est bien plus drôle que de s'enliser dans la certitude du nom du père... »

Bruits de rue sur fond des premières mesures du *Concerto pour violon* de Mendelssohn, belles à être inquiétantes. Regard fugace sur Véronique, une agile brune aux yeux saphir tout de noir vêtue, belle comme un chat sauvage. Une rue de Neuilly — Mme Grunberger sort, tirant un chariot à provisions. On peut la suivre, de loin, la perdre entre des passants, la retrouver. Mme Grunberger s'arrête maintenant à la devanture d'une boutique. Elle entre dans une épicerie, en sort, choisit des pommes sur l'étalage, rentre pour payer l'épicier. Elle sort de la boutique, traverse la rue, s'arrête devant le marchand de journaux, regarde longuement la photographie de Mme Bonnet assassinée hier, se retourne et bouscule Véronique. Leurs regards se croisent l'espace d'un instant. Elle reste un moment glacée par la beauté saisissante des yeux de Véronique... à rendre homosexuelle Aphrodite elle-même.

Une montre d'homme entre un pardessus et le haut de gros gants de cuir : il est 10 heures sur une longue mélopée du violon de Mendelssohn.

20. Chroniques

Banlieue de Rouen, mardi 19 septembre 1989, 9 h 30.

Si les déesses ont des seins, ils doivent être comme ceux de Foula. Bordel, j'ai toujours aimé voyager la nuit en DS noire...

— Tu dois me trouver une tire, Djinna. Tu sais que je suis en cavale, non ?

— Ne m'appelle pas comme ça ! C'est toi qui es un djinna ! J'aurais jamais cru qu'un margouillat décérébré comme toi pouvait encore baiser...

Tu parles ! J'avais pas touché une femme depuis cette grosse pute vérolée rencontrée place Pigalle après le départ de Laure. « T'as un malheur, bébé ? T'as de la douleur ! » Durant ma foutue existence, les mots m'ont taraudé jusqu'à la moelle. « Viens, mon chaton. Je vais te montrer comme t'as une grosse bite. » Rien que pour ces mots, je l'avais emmenée chez moi — dingue ? Elle a pas sitôt commencé à me travailler les calebasses que deux macs tarés défoncent la porte et m'agrippent la muselière.

« Sors ton fric, le cave. T'as confondu les épiceries, c'est à côté les assistantes sociales... » Et il m'envoie une mandale... Les macs, c'est aussi con que n'importe qui — ceux-là, ils ont pas été foutus de voir que j'avais la rage depuis le fond des âges, jusqu'au fond des tripes. Et la sordide qui avait même pas eu le temps de me tailler une pipe... Je saisis la nounou en pierre d'Alaska fabriquée par les Esquimaux — tu sais, Laure, celle qui a un bébé accroché à ses mamelles et un autre dans le dos qui lui regarde par-dessus l'épaule, celle qu'on mettait toujours sur la deuxième étagère de la bibliothèque — et je cogne sur la tête du grand hideux qui ne veut pas lâcher mon veston. « La Gestapo, je l'emmerde ! (Et j'enfonce le clou)... T'entends connard ? Encore un geste et ta peau, je la découpe au chalumeau... » Et tandis que je gueule comme un Japonais, il s'étale sur le plancher dégueulasse et se met à glousser des bulles dans sa mare de sang. Rage des ancêtres, rage des mille morts. Arrête, Jean... L'autre tire son surin ; il se ramasse la nourrice inuit dans les gencives et j'entends les dominos qui dévalent l'escalier comme la craie crisse sur le tableau, ça me file des frissons dans le dos — inouï ! Le petit se tire avec la grosse danser Laurel et Hardy sur l'avenue de Clichy et le grand rejoint doucement le sommeil éternel dans son liquide originel. Je pense que je dois avoir un problème sexuel, toutes mes histoires de cul finissent tragiques. Je vide les fouilles du mac et je trouve un gros rouleau de fric, que des billets de cinq cents...

Ce jour-là, j'ai décidé de quitter l'Education nationale sans prévenir mon inspecteur.

En bas, dans la grande salle du foyer, Salif Keita chantait avec toutes ses femmes : *Si t'as pas d'argent, je ne perds pas mon temps. Si t'as pas de liquide, je ne perds pas mon temps. Et si j'ai trois cents, et si j'ai cinq cents...*

Je jette un œil par la meurtrière du Sonacotra : il pleut ; deux moines en panne, chaussés de rangers noirs ; la soutane de laine beige avec la capuche trempée comme un préservatif usé. Coupés au bol, le haut du crâne comme un prépuce, ils fourragent sous le capot d'une Ami 6 ou 8 ou 9 — le moteur fume sous la pluie. Merde, ils m'ont déja repéré !

— Regarde, Djinna...

Foula enfile sa minijupe et un col roulé moulé noir qui lui rase le nombril. Deux minutes plus tard, je la vois qui caresse les fesses d'un moine à travers sa robe. « Je peux toucher ta bure, Yvette ? » Tiens, ils causent sérieux maintenant. Salif Keita monte sa voix à l'extrémité des aigus de l'angoisse tandis que la cora tire de ses entrailles les sons qui apaisent.

L'angoisse m'avait pris aux tripes lorsque Laure m'avait dit que c'était pour ce soir. Qu'on allait vraiment le faire, ce coup... qu'on allait vraiment passer à l'action. Ali, Ahmed, Laure et moi, on embarque dans une Jaguar louée par les Arabes dans le XVIIe, à un garage spécialisé dans les voitures pour mariages. Ali et Laure s'étaient présentés comme fiancés. Pourquoi j'avais pas décliqué dès ce moment ? C'était un vendredi soir. Je m'installe au volant. Sur-le-champ, la tire me réconcilie avec son père : une XJ, bleu nuit métal avec des paillettes, douze cylindres en

V, intérieur en Conolly, fine fleur, couleur crème. Ils ont même pensé à l'essentiel : dans la boîte à gants, une bouteille de Jack Daniel's et, dans le poste, une cassette de Salif Keita. 1 heure du mat'. Je branche la sono à fond, je m'enfile une longue rasade et le vieux Malien qui me rend fou en entremêlant les violons, les orgues et la cora. D'abord le boulevard à 150, les injecteurs font un bruit de sucette et tous les instants, la lune vient imprimer des étoiles fluorescentes sur les étincelles incessantes du capot. Je dévale la rue du Rocher à 170. Une mob traverse avec dessus une sorte de fantôme en manteau d'un autre âge. Débrayage, frein à main, brusque coup de volant — la Jag part à la dérive et la cora allonge ses bras. Si je m'étais écouté, ce soir, je serais allé m'endormir dans son giron. Au lieu de quoi, j'arrive dans la rue Saint-Lazare en plein dérapage et je gueule :

— Laure, je tuerai ton père. Tu me feras un enfant, Laure ? Un petit garçon ? On l'appellera Reuben, comme l'aîné de Jacob…

Au feu rouge, une longue aspiration de bourbon. Place de l'Opéra traversée le cul devant, puis mes pneus sont allés pleurer à la Madeleine. J'entame la rue Royale à 150. Au carrefour de Saint-Honoré, une belle blonde en renard argenté, sortant d'un bistrot, laisse partir son yorkshire — eh ben, ça fait exactement le même bruit que lorsqu'on écrase un escargot avec le talon ! Arrivée en fanfare devant l'ambassade des U.S.A. juste pour la fin de la réception. Nous voyant débouler avec une telle autorité, les gendarmes mobiles nous prennent pour des invités royaux et présentent leur salut en rangées tirées au cordeau.

Putain ! Ce coup foireux n'aurait jamais dû marcher... un démon doit certainement veiller sur les tarés de mon espèce. Juste quand je pile devant le perron dans un hurlement délirant de moteur et de pneus brûlés, la petite Boukhobza sort au bras d'un vieux baron aux yeux délavés. Et c'est aussi le moment que choisit l'auto-reverse pour renoncer à Salif Keita et entamer un blues qui swingue pas mal :

...Quand elle a franchi la porte du bar,
dans le juke, Johnny Lee éclatait sa guitare
et Jimmy ivre mort se levait
pour réciter Baudelaire
Lucy partait se refaire une beauté
dans l'arrière-salle du Harry's
et moi, j'ai trouvé une femme,
bonne pour moi,
douce pour moi,
douce à mon corps,
tendre à mes doigts.

Les deux Arabes se sont mis à tirer en l'air avec leur sulfateuse et Laure, la blonde, la longue, la divine, est sortie seule pour rapter l'héritière... et moi qui, trois minutes avant, lui réclamais un héritier ! Je jure que lorsque j'ai vu de dos ses petites fesses rondes qui rebondissaient le parka militaire, et qu'elle se dandinait d'un pied sur l'autre en fixant de son 357 Magnum la princesse du loukoum, je jure que j'ai éjaculé dans mon bénard. Le baron se ramasse un vieux coup de godasse dans la rotule, Mélanie Boukhobza écarquille tout grands ses yeux noirs et ouvre la bouche, étonnée. Du coup, elle hérite du gros gland américain — « Suce », qu'elle hurlait ma douce amie, « suce, il est chargé ! » Ali sort pour couvrir sa retraite en tirant à la volée sur la rangée de gendarmes qui se jettent aussitôt à plat ventre. Laure pousse Mélanie sur la banquette arrière, près de l'autre Arabe et claque la portière. Ali jouit tellement des étincelles qu'il fourre un second chargeur dans l'appareil. Laure lui fait seulement un signe, et le voilà rigolant sur son siège, près de moi. Je l'aime pas, cet ayatollah — je ne sais pas pourquoi mais un jour je lui trancherai la gorge. Franchement, j'aurais préféré mettre la bombe au King David Hotel, en 47, mais problème : j'étais pas né. Ali augmente le son et le blues continue de swinguer :

Je l'ai prise par la main
et dans l'autre mon verre de bourbon,
dévalant l'asphalte sous la pluie,
on a couru jusqu'au Carlton
où je l'ai aimée jusqu'à demain.
J'ai trouvé une femme,
bonne pour moi,
douce pour moi,
douce à mon corps,
tendre à mes doigts.
Regardez-la,
regardez ma nana,
c'est mon bébé :
elle caresse mes larmes
de ses grands yeux verts ;
je me sens chaud quand je l'entoure,
dans ses bras, dans sa bouche, dans son ventre,
c'est mon bébé, ma petite laine
et j'ai froid ;

c'est mon bébé, c'est ma maison,
ma tendresse, ma tremblure, ma tristesse,
et je l'aime je l'aime,
je l'aime, je me sens bien,
et je l'aime...

La douze cylindres montait et descendait la gamme avec fureur ; on s'est embroché les quais de la Seine à 220...

Au Harry's, ils dansaient toujours
dans le juke, Django faisait pleurer sa guitare
la nuit commençait pour Rimbaud
et Lucy s'était trouvé un nouveau julot.
Ma nana s'est tirée avec le gardien de nuit du Carlton
et je suis resté seul avec mon verre de bourbon...

Pas une bagnole, pas un motard n'ont pu suivre le rythme endiablé du swing de la belle Jaguar.

Les Maliens sortent maintenant par grappes et entourent les deux moines qui commencent à baliser doucement. Il y a même le vieil Abdoulaye, serrant tendrement sa fidèle cora. Foula hurle des accusations en bambara et les Noirs repoussent fermement les deux apôtres jusqu'à la grande salle du foyer. Je me décide à descendre aux nouvelles. Foula m'aperçoit et me lance un clin d'œil. Se retournant vers les autres, elle se met à crier dans sa langue. Soudain, elle se précipite sur l'un des moines et lui retire brutalement sa capuche. Ali ! Ali s'est fait une tonsure... rabbinaille, prêtraille, ayatollaille, tout ça, c'est bien la même espèce de vers de terre, c'est bien la même racaille !

21. Cantique

Paris, XVIe arrondissement, mardi 19 septembre, 7 h 30.

Mardi matin. 7 h 30. Mathilde préparait le café, seulement chaussée des pantoufles de Nessim.

« Que tes pieds sont beaux
dans (mes) sandales, fille de noble ! »
(*Cantique des cantiques*, VII, 2.)

8 heures. Nessim commençait une nouvelle journée, Mathilde auprès de lui. Il aimait tellement son corps, il ressentait si intensément la douceur de sa peau que ses tremblements, ses chaleurs, sa soyure lui devenaient une demeure. Sans même la toucher, simplement en laissant glisser ses yeux, il devinait dans sa paume le contour de ses hanches. Un creux dans les draps, et son nez allait s'enivrer au calice de son nombril. Ses seins, il voulait à la fois les prendre, les pétrir, les peser, les téter, les caresser, en frémir jusqu'à les inscrire dans son propre corps. Son cou, il le frôlait de sa main crispée, long sexe d'ivoire, et y inscrivait de ses dents la puissance

et le vide de fugitifs moments d'extase. Ses yeux lui étaient tantôt miroirs, tantôt onde vagabonde éparpillant la lumière du soleil déclinant jusqu'aux rêves. Son odeur de lait un peu acide encensait ses vêtements, et jusqu'aux limites profondes de ses narines. Il avait longuement contemplé les replis roses et pulpeux de son sexe ; et il se surprit à penser que la fleur s'ouvrirait par la seule force de son regard.

« Nous verrons si la vigne a fleuri,
si le bouton s'est ouvert,
si les grenadiers ont des fleurs,
là je te donnerai mes caresses. »
(*Cantique des cantiques*, VII, 13.)

Et lui, si timide, si rentré, si fuyant dans les moments d'amour, s'était oublié cette nuit jusqu'à lui demander : « Écarte tes jambes. Ouvre ton sexe, plus grand, ouvre-le pour moi, jusqu'au fond, jusqu'au tréfonds ... »

8 h 30. Comme tous les mardis matin, il prit le chemin de la faculté de médecine. Elle le regarda partir dans sa petite décapotable. Les mesures du premier mouvement de la *Symphonie n° 2* de Brahms s'échappaient jusqu'au balcon du premier étage où elle s'était accoudée.

10 h 10. « ...Nous avons dépassé la période de ces longues descriptions externes de symptômes. C'est pourquoi nous nous intéresserons aujourd'hui au monde subjectif du malade. La psychose, vous disais-je, est avant tout un court-circuit du temps vécu où la pensée devient prémonitoire au lieu de décrire l'événement, où l'image perd sa qualité de voile et de brume, sa polysémie naturelle

pour devenir matière, presque immédiatement concrète. C'est un monde où la logique de l'instant qui vient était déjà imprimée dans l'instant qui passe, où je te reconnais seulement parce que je te vois, où je te vois seulement parce que je t'ai vu. Voulez-vous un exemple ? Eh bien, je vais vous rapporter l'histoire d'un épisode médico-légal aigu. Voici dans un train un jeune homme d'une vingtaine d'années ; il rentre dans sa ville natale. Quelque chose, au-dehors, attire son attention. Il regarde par la fenêtre et reste stupéfait : à travers les vitres s'abat un orage, une pluie de sang. Pris de terreur, il se précipite dans le couloir du wagon, bouscule les passagers, impatient. D'ailleurs, le train entre en gare. Il saute en marche et court sur le quai comme un dératé ... (Nessim possédait un véritable don de conteur. Ses étudiants le regardaient, passionnés, oubliant de prendre note, certains de retenir jusqu'à ses expressions les plus complexes). Il arrive devant la porte d'un appartement et sonne. C'est sa propre mère qui lui ouvre. Il brandit un couteau, se jette sur elle et lui lacère le visage, la poitrine, le ventre. Et voilà qu'il se retrouve maintenant réellement inondé par cette pluie de sang qu'il avait aperçue durant son voyage en train. Comprenez-vous maintenant ce que j'appelais court-circuit du temps vécu ? »

10 h 15. Regard interloqué des étudiants et, dans la tête de Nessim, mesures sévères de la même symphonie de Brahms... « Combien de malades ne vous ont-ils raconté avoir entendu des voix qui s'approchaient d'eux, menaçantes, jusqu'à les faire hurler : "ils arrivent, ils arrivent..." et les policiers avaient fini par arriver

effectivement pour les embarquer à l'hôpital psychiatrique... Vous n'avez toujours pas compris ? »

Neuilly-sur-Seine, une villa, mardi 19 septembre, 10 h 20.

10 h 20. La maison des Grunberger. Intérieur. Jour. Ruth Grunberger vaque à ses occupations, dépose les courses, les range dans le réfrigérateur, actionne le poste de radio — à nouveau les premières mesures de la même symphonie de Brahms... décidément ! Elle s'étend sur le lit de repos, allonge ses jambes, les admire, les caresse. On sonne. Elle soulève la tête, étonnée. On sonne à nouveau. Elle traverse le jardin pour ouvrir la grille. Un homme, plutôt joli garçon — un peu efféminé —, grande veste de cuir au col de fourrure relevé, jean en patchwork. Elle fait l'étonnée. Il regarde ses bottes, gêné ou peut-être faisant seulement semblant...

— Vous m'offrirez bien un verre ?

— Oui, Arthur, mais juste un... (mentant visiblement) je dois partir aux courses...

Ruth précède Arthur dans l'allée du jardin. Il donne un coup de pied négligent du talon de sa botte mais la porte, trop lourde, ne se referme pas. Dès le vestibule, il la prend par les épaules et l'embrasse avec ardeur. Elle se défend faiblement puis se retourne, minaudant. Tromper son mari avec un amant débile, c'est un double triomphe... toujours renouvelé !

« Oui ! Mais juste un. Je dois partir aux courses... »

Sur la commode de style, à la pendule de mauvais goût, au balancier circulaire, il est 10 h 25.

Ruth et son amant sont au lit. Rires, gloussements, au rythme de la musique de Brahms. Ils roulent sur le lit, enserrés, à moitié dévêtus.

Faculté de médecine, amphithéâtre Ambroise-Paré.

Réfléchissant à la façon d'expliquer l'étrange inversion du temps vécu, Nessim repensait au désir qu'il avait eu pour Mathilde avant de quitter son appartement. L'amour n'a pas la même saveur à chaque heure de la journée. La nuit, l'amour est langage. C'est même le seul langage du noir, celui qui est fait du son des gémissements et des contacts de la peau. C'est un langage-musique, un langage symphonique. L'après-midi, l'amour est comme le plaisir du sommeil de la sieste. On y entre par surprise, comme par effraction, et on se transporte en bavant aux confins du monde...

Neuilly-sur-Seine, une villa, mardi 19 septembre, 10 h 30.

Ruth et son amant dressent soudain l'oreille. Un bruit... Un autre. Elle sursaute au second. Son amant pense d'abord qu'il ne s'agit que d'une minauderie de plus. Mais les bruits se font insistants derrière la porte du salon. Arthur se lève enfin. Tous deux, de profil, restent pétrifiés, le visage crispé dans la peur. Soudain, la porte de la chambre vole littéralement en éclats. A la même pendule au balancier circulaire, il est 10 h 35. La symphonie de Brahms reprend, *fortissimo*, la même mélodie.

Faculté de médecine, amphithéâtre Ambroise Paré, 10 h 37.

Et Nessim poursuivait sa réflexion : en général, l'amour du matin est sinistre car dérobé à l'amour du rêve qui est taillé dans une autre matière. L'amour du matin est agité, fébrile ; c'est un amour comme un travail, un amour maudit. Est-ce seulement vrai ? Mathilde est aussi belle au réveil qu'en début de soirée... Il trouva enfin la manière de transmettre son idée à ses étudiants :

— Je vais vous expliquer autrement cette idée de court-circuit du temps vécu. Ecoutez donc cette blague... (puis, hésitant :) peut-être la connaissez-vous déjà ? Il s'agit d'un jeune homme qui arrive à la caserne pour effectuer son service militaire... (et Nessim se mit à mimer son discours.) Dès les premiers moments, il cherche un objet : par terre, dans la chambrée, sous les lits, au réfectoire, dans les tiroirs du bureau du sous-officier, dans les armoires, en demandant toujours : « Où est-il ? Où est-il ? » On l'adresse alors au médecin et le jeune homme recommence le même manège : « Où est-il ? Où est-il ? » Alors, le médecin lui dit : « Mon garçon, vous êtes fou ! Je dois vous réformer. » Le médecin rédige le certificat médical puis le lui tend. Le jeune homme s'empare vivement du papier et s'écrie, enfin soulagé : « Ah ! Le voici ! »

10 h 37. Les étudiants éclatèrent de rire. Comme chaque mardi, le docteur Taïeb avait fini son cours en retard. Une petite blonde à l'accent de Bordeaux suivait Nessim pour lui demander des références bibliographiques. Il l'écoutait à peine, à nouveau pris par des fragments poétiques : « Par un soir de banlieue, je déclame Baudelaire, constamment épié par un regard bordelais. Un beau soir le bon Dieu a créé la lumière pour apercevoir ce qu'ils traficotaient... » Dans le couloir, il vit Mathilde qui était venue l'attendre et, souriant, se dirigea vers elle. Il lui prit tendrement le bras. Les étudiants les suivirent un moment des yeux, devinant la belle voix grave de Nessim...

« Tu sais, je n'aime pas l'amour du matin... »

10 h 50. Au Café de la Faculté, Nessim et Mathilde s'attablèrent face à face. Dans les miroirs, ils surprirent quelques regards d'étudiants gouailleurs. Des pas inconnus et nerveux bavardaient la demi-journée. Les cafés crème, aux bruits de métal et de porcelaine, envahissaient les tables et, boulevard Saint-Germain, la vie poursuivait son monotone murmure. Rythmée des cliquetis de tasses et de cuillers, leur conversation poursuivait sa lente mélodie...

— J'aime que tu sois venue m'attendre à la sortie de mon cours. Tu sais, je consulte à midi ; nous ne pourrons pas déjeuner ensemble aujourd'hui. Et toi, que feras-tu de ta journée ?

— D'abord, quand tu es parti ce matin, j'ai commencé à t'attendre. Puis, je vais m'acheter un tailleur pour que tu aies envie de m'inviter à dîner, ce soir. Puis... je crois que je t'attendrai... mais tu n'auras pas le temps parce que, à 3 heures, c'est la présentation de malades à l'hôpital. Alors, je pense que j'irai au cinéma voir un polar ; oui... sans doute un polar. Je t'appellerai à ton cabinet après la séance de cinéma pour que tu me proposes de dîner avec moi. Malheureusement, tu viendras de te rappeler que tu avais promis depuis plusieurs semaines déjà à je ne sais qui d'assister à son séminaire. Je me ferai un sandwich aux vermicelles chinois et me coucherai dans ton lit avec un livre de psychanalyse pour te plaire. Tu rentreras vers minuit, l'œil brillant, des idées plein la tête. Tu m'expliqueras combien il est indispensable que tu termines ce soir même le papier que tu as promis pour la revue. Alors, je te regarderai écrire, te lever, penser, fumer et boire du café. A 4 heures du matin, tu viendras me rejoindre au lit et nous passerons, comme chaque nuit depuis une semaine, une nuit magnifique... mais un peu courte. Et demain... demain, tu me diras : « Mathilde, il faut que nous parlions... »

Nessim souriait, ignorant les doux reproches :

— Les paroles se déroulent, se modifient, se fignolent comme une onde, toujours changeante et toujours la même. Apprends la patience de ne pas les écouter.

Puis, je ne sais comment ils vinrent à parler de leur soirée chez les De-Dieu-Anglade...

— Pense un instant à cette horrible série de meurtres de Neuilly. La police croit rechercher un meurtrier ; elle ne sait pas que c'est la signification qui lui fait défaut.

— Après des siècles de fonctionnement imbécile et obtus, par une belle journée de septembre

— j'aimerais partir au soleil, au bord de la Méditerranée, avec toi —, la police française comprend enfin qu'il lui manquait son âme : le docteur Nessim Taïeb, poète et psychanalyste, doux rêveur et penseur de la violence, intellectuel de charme et bourreau des cœurs — surtout celui des juges d'instruction ...

— Dans cette affaire, le sens est discret, diffus, caché dans les méandres des faits. Il était naturel, et même inévitable, que pour combattre la négativité insupportable du non-sens, l'on fît appel à un professionnel de la signification.

A la pendule du café, il était 11 heures.

Neuilly-sur-Seine, une villa, mardi 19 septembre, 11 h 10.

Maison des Grunberger. Extérieur. Jour. Malgré le soleil, le vent qui plie les arbustes devant les grilles du jardin donne un air sinistre au tableau. Le même aveugle repasse en laissant cliqueter sa canne blanche sur les grilles. Il siffle dans les aigus l'air de violon du second mouvement du *Concerto pour violon* de Beethoven, en *ré*. Arrivé devant la grille des Grunberger, il s'étonne de la trouver ouverte, s'arrête un instant, perplexe, et poursuit son chemin. Un car de police, sirène hurlante, traverse la scène. Quand il disparaît dans le lointain, un chien se met à aboyer. Une Porsche noire stoppe devant la maison des Grunberger. Une belle bourgeoise, riche et snob, pas vraiment ridicule, seulement un peu raide, sort de la voiture et sonne à la grille. Elle insiste, s'impatiente puis, trouvant la porte ouverte, pénètre dans le jardin.

11 h 10. Intérieur. Rideaux tirés. On entend un bruit de fouille. On ouvre et referme bruyamment des tiroirs, des portes d'armoire. Les bruits s'interrompent soudain. Quelqu'un coupe le poste de radio. Maintenant, des pas crissent distinctement sur le gravier de l'allée. Un temps d'hésitation, puis on distingue à peine une silhouette noire qui s'élance et disparaît par la fenêtre de la cuisine. Un silence qui dure. La porte s'ouvre avec hésitation et projette dans le salon un triangle de lumière. On entend encore des pas indécis et, enfin, un long hurlement.

« Fuis donc mon bien-aimé,
et sois semblable à la gazelle. »
(*Cantique des cantiques*, VIII, 14.)

Arrêté au feu rouge, dans sa petite Donkervoort décapotable violet métal, Nessim eut un sursaut de rêve. « Pourra-t-elle laisser tout cet univers qu'il avait mis tant de patience à lui construire pour repartir avec son ancien ami ? » Il passa fugitivement la main entre ses jambes... un creux dans les draps, et son nez allait s'enivrer au calice de son nombril. Ses seins, il voulait à la fois les prendre, les pétrir, les peser, les téter, les caresser, en frémir jusqu'à les inscrire dans son propre corps. Son cou, il le frôlait de sa main crispée, long sexe d'ivoire, et y inscrivait de ses dents la puissance et le vide des fugitifs moments d'extase...

22. Psaumes

Banlieue de Rouen, mardi 19 septembre 1989, 11 heures.

Entourés par les Maliens criant en bambara, Ali et l'autre bronzé commencent à pisser dans leur froc. C'est drôle les langues, quelquefois, ça rend fou ! Ne comprenant rien à ce qu'ils lui veulent, Ali se met à hurler en persan. A côté de moi, un énorme Malien de 2 m réajuste son bonnet de laine.

L'émigrant, dans le vent frais du petit matin, regarde le monde comme au jour de sa naissance. Naître avec des paroles d'ancêtres qui encombrent le gosier, tel est le lot de chacun, au premier jour comme chaque matin, au sortir du rêve. Mais naître sans mère, sans sage-femme, sans commères, sans rituel, c'est être condamné à l'errance éternelle dans un ventre aussi grand que la terre ; c'est réapprendre à parler tous les jours.

En arrivant de Hongrie, en 56, Hanna m'a fourgué devant la première D.A.S.S. venue, là-haut dans le XIVe — ça s'appelait l'Assistance, ou bien : « le dépôt » — et elle m'a dit (en hongrois ? en yiddish ? non, sûrement en hongrois !) : « T'as qu'à pleurer, il y aura bien quelqu'un qui finira par venir... » J'ai appris vingt ans plus tard qu'à dix-huit ans elle avait épousé un vieux Cohen qui, après la guerre, avait transformé son nom en Colin. Normal, il n'était pas de la même ethnie que nous ; c'était pas un juif, c'était un « israélite » — de Strasbourg, naturellement ! Même ethnie ou pas, il paraît que ça sent exactement la même odeur quand ça brûle ! Il avait soixante balais lors de leur mariage mais a tout de même tenu vingt ans. Elle avait même fini par l'aimer, du coup il lui avait laissé une cirrhose en héritage. Maintenant, elle se terminait à la vodka. Je n'avais jamais osé la revoir, le passé de Hongrie est trop sérieux pour le laisser aux petits.

Hanna, Hanna,
souviens-toi la Hongrie
Hanna, Hanna,
là, tous les juifs sont gris.

En 56, Hanna m'avait seulement laissé un papier autour du cou, avec écrit dessus « Zylberberg ». Les bonnes sœurs avaient commencé par me donner un prénom — Jean — puis, tout de suite après, à me parler de la Vierge.

Incroyable ! Mais quand j'ai reconnu Ali, sous son burnous de bure, je n'ai pensé qu'à une seule chose : que je pourrai revoir Laure. Ah Laure, ma cavale, ma bandite, mon amazone blanche aux seins de marbre... Lui ne m'a pas reconnu — faut dire que le vieux futal de flanelle en accordéon, et ce pull à ras du cou en vieux tricot gris chiné, et ces cheveux jaune sale, et mes yeux pochés aux verres pilés, et mes cinquante kilos maxi, et mon bras en écharpe, faut dire que tout ça ne me donne pas vraiment l'air d'un ministre socialiste.

Bordel ! Je hais Dieu ! Tous les dieux, les déesses, et leurs façons de s'accoupler dans tous les sens : par surprise, par le conduit de l'oreille. Je hais même le dieu des juifs qui a commencé par s'accoupler tout seul parce que, au début, il y avait Yahvé, c'est-à-dire qu'il y avait rien et même personne pour savoir qu'il y avait rien. Je hais Dieu, et même je le hais depuis ma première enfance. Je hais Dieu en yiddish, en hongrois, en latin. Alors, avec les pingouines, je me suis tu... tu... oui tu : totalement tu — silence du début des temps, d'avant la création. Elles me causaient, les cornettes, et moi : rien ! Elles m'ont pensé sourd, ou débile, plus exactement : autiste ; mais dans ma tête, il y avait une chanson qui se poursuivait, toujours la même, sans arrêt et qui m'empêchait de parler.

J'ai oublié les paroles, l'air et même la langue de cette chanson. Peut-être était-ce :

Femme aux yeux tristes
Un prophète est descendu
des montagnes pour t'annoncer
que nul homme ne viendra jamais...

ou bien :

Enfant de la mort,
viens parmi les serpents
jette les œufs aux orties

l'amour est un meurtre banal...

ou bien encore :

Père, descends,
père des mille,
descends dans les villes
apprends leur indécence...

Ho là là, Lenny, tu vas trop vite !

Et durant un an et demi, je n'ai pas ouvert la bouche, pas même en image, pas même dans ma tête. La première fois, c'était à la petite Lenny, une Hélène hollandaise abandonnée par ses parents, c'est-à-dire donnée à un banc, dans un restaurant sur la Nationale 7. Un jour, dans la cour, on tournoyait comme des vautours autour d'un oiseau mort : « Ho là là, Lenny, tu vas trop vite ! » C'est le premier mot que j'ai prononcé après dix-huit mois de silence.

J'ai compris longtemps après son départ pour Frisco que Laure m'avait repéré sur la liste que lui avait fournie un taré de la Gauche prolétarienne en stage de formation dans un bunker sous un hôtel de Berlin-Est. Ils avaient sûrement là-bas une fiche sur moi : sympathisant mao (c'est les plus cons), juif ashkénaze (c'est les plus dingues !), famille disparue à Auschwitz (ils ont une violence dans les tripes dont ils ne connaissent même pas l'origine), prof de philo (encore plus schizos !), réinséré en France dans ce Centre d'Aide par le Travail qu'est l'Education nationale — *à contacter*. Au cours d'une partie d'échecs, Ali m'avait parlé un jour, en toute innocence, de leur instructeur en Allemagne de l'Est, un psychiatre russe, génial — un juif d'ailleurs : Sergueï Bogoraz —

qui leur avait expliqué que pour l'action terroriste, il fallait recruter des hommes qui étaient affiliés au vide. « Qu'est-ce que c'est, "affilié au vide ?" — Facile : on les reconnaît à leur propension à tomber amoureux et à transformer toute leur existence en un jour ; on les reconnaît aussi à leur aisance à manier les théories abstraites, surtout politiques ou psychologiques... généralement, ils ont eu plusieurs ruptures dans leur enfance, du genre : abandon ou émigration. » Le psychiatre leur avait aussi expliqué que si les trois conditions étaient réunies, ils pouvaient y mettre le paquet... c'était un homme mûr pour la cause...

Ali commence vraiment à pisser dans son froc. Il se met à hurler en persan. Issa, l'énorme éboueur à l'étrange bonnet vert en forme de prépuce, vêtu d'un jean et d'une djellaba bleu ciel, lui envoie une torgnole à renverser facile un petit éléphant des savanes. Il s'effondre, les jambes en l'air. Le vieil Abdoulaye marque son excitation en croquant un petit morceau de noix de kola. La robe de bure part à la renverse et tout le monde peut apercevoir deux choses horribles : il porte un 7,65 automatique collé sur la poitrine avec des bandes de sparadrap et son slip est vraiment dégueulasse. Issa se précipite dare-dare sur le second apôtre et — pas de jaloux ! — lui en colle une aussi, mais deux fois plus forte. L'œil du moine éclate en sang. Ils sont vraiment pourris : ils fuient de partout, ces mecs, t'appuies quelque part et ça dégouline. Foula, maintenant près de moi, me serre le bras. Je hurle : c'est comme si on m'enfonçait un poignard dans la clavicule. Le vieil Abdoulaye donne deux ou trois ordres brefs. Des ados aux longues jambes, beaux comme des antilopes, ont déjà fait disparaître les flingues. Issa et trois autres éboueurs emmènent les deux ordures dans la cave. Ce coup-là, je sais que je vais me les faire ! Je regarde Foula et, dans ses yeux affolés, je comprends pourquoi les bonnes sœurs m'ont prénommé Jean — c'est à cause de l'Apocalypse !

Cinq minutes après, la grande salle du foyer est nickel. Le vieil Abdoulaye, tout en mâchonnant sa noix de kola, raconte comment, au début des temps, les humains ne parvenaient pas à procréer. Près de lui, des femmes s'affairent à la cuisine en rythmant son récit de petits gloussements de gorge approbateurs qui transforment le dialogue en une sorte de prière joyeuse. Les mômes se sont assis autour et moi, j'ai envie de chialer. Je suis prêt à parier que parmi tous ceux qui sont réunis aujourd'hui dans ce foyer Sonacotra, il n'y a pas un seul tox, pas un seul dealer, pas un seul marxiste révolutionnaire ! Il faut peut-être cinq mille ans pour fabriquer un seul vieil Abdoulaye, mais quelle économie ! Alors, le Grand Créateur est descendu des montagnes du Nord (le Haut-Atlas ?) et a partagé les tâches. A la femme il a confié le jardin, à l'homme il a attribué le sperme, et aux *djinna* les noms. Certes, désormais les hommes peuvent se reproduire mais à condition de quémander aux *djinna*, par des sacrifices et des prières, le prénom de l'enfant. Et le vieil Abdoulaye reprend sa cora et la lumière éclate du cristal de ses doigts. « Ho là là, Lenny, tu vas trop vite ! » Je descends le petit escalier de pierre.

Dans la cave, Issa les a solidement attachés

contre un pilier de béton aux arêtes vives. Je lui dis : « Pousse-toi de là, je m'en occupe. » Les stals ne m'avaient pas appris grand-chose, mais au moins une : que la violence absurde, à condition qu'elle soit vraiment absurde, déliait toutes les langues. Je commence par me faire reconnaître d'Ali — putain, la tronche qu'il tire quand il revoit son petit prof juif débile ! Et illico, je lui roule un patin. Ils sont tous un peu pédés dans cette région, ça ne l'étonne qu'à moitié. Mais pendant que je tourne ma langue dans sa bouche, avec le vieux couteau de cuisine rouillé de la grosse Khadidjatou, je lui fais une petite entaille dans la carotide. Le sang commence à gicler. « Tu veux que je rebouche le trou, Ali ? dis-moi que tu m'aimes... »

Enfant de la mort,
viens parmi les serpents
jette les œufs aux orties
l'amour est un meurtre banal...

Il me regarde comme si j'étais le Sheïtan en personne. Je répète :

« Dis-moi que tu m'aimes... » et même je hurle... « dis-moi que tu m'aimes... » Et il me répond, ce con, en baissant les yeux : « Je t'aime », j'écarte un peu plus les bords de l'entaille d'où pulse en cadence un incroyable sang éjaculatoire. « Alors, putain, puisque tu m'aimes, tu vas me raconter, tu vas tout me raconter, hein... » et presque tendrement, je lui caresse le sexe. Je dois encore avoir du charme, il bande un peu. « Pourquoi êtes-vous sortis de Beyrouth ? Qu'est-ce que vous foutez en

France ? » Et j'agrandis encore un peu l'entaille. Il gueule : « Pédé ! » Il est dingue ou quoi, ce type ? Je lui descends son calebard et, avec le sang resté sur le couteau, pour bien lui montrer que je suis tout de même resté marxiste-léniniste, je lui badigeonne gentiment le gland en rouge.

C'est du copain Ahmed, mort de trouille en voyant son compagnon éjaculer de la carotide, qu'ont commencé à surgir les confidences. A eux deux, ils ont fini par tout raconter, tout : la destruction du mur de Berlin, la découverte par les Ricains des archives du réseau, depuis le coup de l'enlèvement à l'ambassade des U.S.A. jusqu'à la filière de déstructuration idéologique mise au point par le docteur Sergueï Bogoraz. Ils sont à Paris pour effacer les traces, nettoyer les planques, faire disparaître les témoins et récupérer le trésor de guerre — la valise aux dollars.

— Où est-elle ?

— Je ne sais pas... A Paris !

— Où ? je te demande !

Maintenant, Ali est recouvert d'un bel habit de sang, comme s'il venait d'offrir un cabri aux esprits de la brousse. Ça fait marrer Issa, cette idée qu'un terroriste persan sacrifie aux génies de la brousse bambaras. Ça lui semble un juste retour des choses. Du coup, pour me faire plaisir, il décolle l'autre œil d'Ahmed, qui finit par avouer : « Dans l'appartement d'Asnières, celui du chef palestinien que deux cars de police protègent nuit et jour. » Simple ! Et le professeur de psychologie ? Au même endroit !

L'adresse ? T'as pas entendu ? Je t'ai demandé l'adresse...

Je suis resté chez les bonnes sœurs jusqu'à onze ans. Maintenant, je parlais et même je chantais des psaumes, mais je ne savais ni lire ni écrire. Un jour est arrivée une nouvelle institutrice. Elle était toute petite ; peut-être qu'elle ne mesurait même pas 1,45 m, mais si belle avec son visage en demi-lune. Elle m'a offert la compassion chrétienne ; je lui ai donné tout l'amour que j'avais réussi à sortir en fraude de Hongrie. Elle m'a offert le monde des livres ; et je lui ai donné le plaisir d'accomplir un miracle. Elle m'a recueilli chez elle.

Ali commence à tourner de l'œil. Je lui pose enfin la question qui me brûle les lèvres depuis le premier instant où je l'ai reconnu :

— Où est Laure ? Où est Laure ?

— A San Francisco...

— T'as pas pigé ? Tu te fous encore de moi ? Où est Laure ?

Et c'est ce moment qu'il choisit pour aller déflorer perpétuellement les vierges éternelles — les *houris* — au jardin d'Alamout...

Je savais que je finirais par l'égorger, ce fils d'Ibrahim...

23. Bébé

« Aussi quand l'être pressé d'enfanter s'approche du beau, il devient joyeux, et, dans son allégresse, il se dilate et enfante et produit ; quand au contraire, il s'approche du laid, renfrogné et chagrin, il se resserre sur lui-même, se détourne, se replie et n'engendre pas ; il garde son germe et il souffre. »

PLATON : *Le Banquet,* 206 c.

Neuilly-sur-Seine, nuit du mardi 19 au mercredi 20 septembre 1989...

Petit studio sous les toits. Gros poêle occupant le centre de la pièce posé sur un lino vert aux trois quarts décollé. Petite table en bois blanc, laquée de plusieurs couches écaillées de peinture noire, et une chaise rouge, presque correcte. Posé à même le sol, un sommier au socle déchiqueté par des griffes de chat. Chaleur étouffante du poêle à charbon. Faible lueur de lune au travers d'une lucarne. Sur une table, un miroir bon marché, envahi de moisissure, un grand coin cassé. Des ciseaux découpent grossièrement des articles de journaux, puis une main, fine et élégante, range les coupures dans les pochettes en celluloïd d'un classeur de bureau. Le gros chat roux tigré ne transpire même pas, collé au poêle, un petit morceau de langue rose entre les babines assoiffées.

— Maman s'est fabriqué sept polichinelles, avec des pères différents, et aucun avec son mari. La vierge à répétition, quoi ! J'étais la première. Dire que sans moi elle aurait peut-être pas pu en pondre un seul autre ! Elle allait faire le ménage chez des Arabes pourris qui avaient laissé leur mousmé en dépôt en Algérie, en même temps que leur troupeau de moutons puants — deux pattes de plus, qu'est-ce que ça pouvait faire ? Elle leur récurait tout : la vaisselle, le plancher, les poches et même quelquefois les couilles ! Elle m'emmenait avec elle et me posait dans un coin, j'étais son alibi. Quand elle me disait : « Pt'ibout, va donc te reposer un peu par là... », je savais qu'on aurait un petit supplément. Mais comme elle détestait les capotes, tous les ans y avait une nouvelle couleur qui sortait à la loterie. Lorsqu'elle m'a fabriquée, papa était en prison. Il avait avoué un vol, mais c'était elle qui l'avait commis. Il avait avoué comme ça... pour rien... pour elle... Il devait l'aimer, ce con !

« Dès le début, je me suis accrochée à elle. Un jour — je crois même que c'était le jour où papa est sorti de prison — j'étais encore dans son ventre et j'avais déjà commencé à la sucer de l'intérieur, à la griffer, à la mordre, à lui ressembler comme deux gouttes d'eau —, elle a piqué une mobylette qu'un livreur de journaux avait laissée tourner à la porte d'une librairie. C'était une bleue, une grosse avec suspension arrière et sacoches de cuir ! Elle s'est tirée avec, comme ça, pour rien, parce qu'il fallait chaparder, parce qu'elle ne pouvait pas se retenir de piquer chaque fois que ça se présentait. Elle était sûre que le monde nous devait la vie, parce qu'il nous manquait l'essentiel. Et l'essentiel, c'était de savoir pourquoi, tout d'un coup, en plein milieu d'une phrase, maman se mettait à chialer à gros sanglots. Dure, la vie, folle la rage, sinistres ses colères rouges dans ses robes à fleurs ! Elle s'est viandée, la conne, dans un virage, elle est allée biller son crâne sur un trottoir, puis à saigner du cul. Son mari s'est fait engueuler par les flics pour avoir tiré la meule et puis par le toubib pour avoir failli niquer Véro. J'aurais pu ne pas naître du tout, mais j'étais déjà bien accrochée... Je t'emmerde, connard ! »

Neuilly, la rue. Nuit. Une froidure d'avant saison. Le bruit suraigu d'un moteur de mobylette et l'on parcourt avec effroi les rues d'une ville déserte et terrorisée. Restez là, sans bouger et la mobylette vous dépasse, noire avec quelques flammes orange peintes sur le réservoir. Vous apercevrez une silhouette floue, emmitouflée et casquée, négociant sur son engin un virage audacieux, glissant un peu, se rattrapant brutalement du pied... Mais d'où provient cette terreur ?

24. La maison des premiers jours

Asnières-sur-Seine, commissariat, mardi 19 septembre 1989, 19 heures.

Le commissaire Simoune commençait à se dire que la Truite avait raison : hier matin, il aurait dû rester sous l'édredon, ne même pas ouvrir un œil, se faire porter pâle pour huit jours. Putain de semaine : tout commençait à tourner vinaigre ! Devant l'entrée du parking, Sempé, le gardien de la paix antillais, voulut lui glisser qu'il avait vu entrer sa voiture personnelle — un coupé Toyota jaune, une « Célica », gonflée par des malfrats qui tapait facile le 220, une bagnole reconnaissable entre toutes avec ses énormes pneus de dragster — et qu'il avait été étonné d'apercevoir une femme un peu vulgaire à son volant. Le voyant courir dans le rétro, Fred pensa que le nègre allait encore lui demander de témoigner de sa moralité dans son jugement de divorce. Il fonça dans la descente et craqua la tôle au premier virage. Merde ! Merde ! Et merde !

Quoique petit de taille, Sempé était bel homme, avec sa peau toute douce, couleur de bronze frais.

Il aimait raconter ses problèmes à Fred en qui il trouvait généralement une oreille complaisante. Lorsque sa première femme (une Martiniquaise) l'avait quitté, il avait erré ses nuits dans des bars et des discothèques. Un soir de bourre au « rhum arrangé », il s'était levé une Haïtienne, horrible, énorme — au moins deux cent cinquante livres et près de 2 m. Dès la première baise, il avait fini la nuit chez elle et rêvé sans arrêt du bruit des tambours. Le matin, son slip avait disparu (« je vous jure, commissaire ! ''T'en avais pas, débile !'' qu'elle m'a répondu. »). Comment pouvait-elle penser un seul instant qu'un type aussi coquet que Sempé, avec ses costumes de velours vert d'eau et ses pompes croco, pouvait ne pas porter de slip ? « Je veux, mon cousin ! Un boxer rouge à pois blancs, s't'plaît ! Disparu... » Dès le lendemain, il ne pouvait plus se passer d'elle ; et pourtant, il ne la désirait pas (— tu parles !). Il y revenait tous les jours, furieux mais soumis, à quatre pattes comme un cercopithèque en rut. Le désir n'est peut-être rien d'autre que l'appel des ancêtres... Et puis, comme elle avait besoin d'une carte de séjour, il l'avait épousée. Et c'est comme ça qu'elle s'était procuré un passeport bleu outremer. En Haïti, la magie mène à tout...

A l'étage, il y avait une foutue cohue ! De loin, le vieil inspecteur Favreau reconnut le claquement des bottes du commissaire. Devant lui, Simone, « la Truite », faisait un esclandre épouvantable.

— Le commissaire Simoune est mon ami. Je veux porter plainte pour viol !

Les loubards de la cité avaient voulu se la faire dans l'ascenseur. Et elle qui ne pouvait jouir que dans son lit, avec autour la touffeur de sa couette à fleurs... C'est criminel, ça, non ?

— ... Enfin, quoi ! C'est une histoire à dormir debout...

De loin, Fred aperçut « la Truite » et arrondit sa bouche d'épouvante, et Sempé qui le poursuivait toujours... Alors ça, c'était le bouquet ! Merde ! Merde ! Et merde !

Pensant qu'il ne l'avait pas vu, Sempé avait emboîté le pas au commissaire. Durant ses crises, la grosse Haïtienne le giflait et le matraquait de coups de poing — elle était possédée par Ogún, un dieu de la guerre originaire du Dahomey, parti en esclavage en Haïti. Un jour, n'en pouvant plus, le pauvre gars s'était avalé une pleine bouteille d'alcali — de l'ammoniaque ou de la soude caustique, je ne sais plus... — « ... se suicider pour fuir la mort... » avait dit le psychiatre (ils sont incroyables, ces cons !). Elle aurait certainement fini par lui couper le sexe durant son sommeil et le filer à bouffer au chat. Il paraît que les femmes adorent faire ça dans les îles ! Après son suicide, il s'était fait récupérer à l'hôpital par une aide-soignante beur qui avait déjà un môme asiate, et ils s'étaient installés tous les deux dans une tour de Gennevilliers. Il voulait divorcer de la Noire pour épouser la presque Blanche. Mais l'Haïtienne guerrière ne l'entendait pas ainsi et venait régulièrement leur défoncer la porte à coups de hache...

Fred prit Simone par le bras et l'entraîna vivement dans un bureau. « T'es tombée sur la tête ou quoi ? » Pour toute réponse, elle lui mit la main au pantalon. Il y a un plaisir tout particulier à jouir dans des lieux d'angoisse, comme l'église ou l'école et naturellement plus encore dans son bureau, surtout quand il s'agit d'un commissariat de police ! Et puis cette dingue, plus il s'efforçait de penser à une autre, plus il ressentait une excitation folle rien qu'en évoquant son image. Puisqu'ils s'entendaient si bien au lit, quelquefois, il avait pensé à l'installer chez lui... Ah non ! Il n'allait pas recommencer la même erreur qu'avec Florence... Mais la Truite avait déjà plongé : à quatre pattes, elle commençait à défaire la fermeture Eclair de son jean. L'interphone se mit à grésiller. C'était Sempé qui demandait :

— Commissaire, l'inspecteur Favreau voudrait savoir si la réunion aura bien lieu dans votre bureau...

Lui, l'Antillais, il s'était bien débrouillé. N'en pouvant plus, il était allé consulter un guérisseur guadeloupéen qui avait allumé deux cierges : l'un rouge et l'autre noir, l'avait immergé dans un bain de sang de poulets fraîchement égorgés, s'était mis à parler dans une langue incompréhensible, dans un demi-sommeil, et tout ça pour dix mille francs payables en trois fois. Et ça avait marché ! Depuis, Sempé n'était presque plus anxieux, avait réussi à se débarrasser de son amazone satanique et ne cessait de parler de sa grosse Arabe placide. Mais franchement, il était fatigant, ce type — comme si Fred n'avait pas assez de soucis avec sa propre sexualité...

Evidemment, Simone ne manquait pas d'expérience, et en plus elle aimait ça : elle crachait dans ses mains pour mieux le caresser ; et Fred s'en allait à la dérive, fermant les yeux — il ne savait pas résister à ce genre de friandises. C'était comme lorsqu'il était enfant et que sa mère lui donnait le bain après avoir changé l'eau des poissons.

— Dis-leur qu'ils aillent chercher les bières et les sandwiches, j'en ai encore pour cinq minutes...

Même pas ! En deux minutes, elle l'avait terminé. Encore dans son plaisir, en demi-rêve, il pensa : le désir sexuel, c'est la recherche de la première maison qu'on a habitée...

Autant dire qu'après ces péripéties l'humeur du commissaire s'était encore assombrie. Cahn le vit reconduire Simone à travers la vitre sale de la porte du bureau et murmura : « Pas mal roulée, sa grosse... mais il devrait tout de même mettre une muselière à sa roussette... Vu la tête qu'il tire, je parie que nous terminerons la réunion à minuit. » Cinq secondes plus tard, Fred surgissait dans le bureau. Il retira son vieux blouson d'aviateur, le balança sur une chaise et s'adressa aux membres de son équipe en leur tournant le dos :

— Téléphone de la juge ce matin, chez moi, et aux aurores s'il vous plaît... Naturellement, elle m'a parlé des crimes de Neuilly. Il paraît que nous n'y connaissons rien en psychiatrie et que ça peut servir dans une enquête de police.

Poliment, Cahn émit un borborygme interrogateur. Quoi « alors » ?

— Alors, elle a nommé un psychiatre !

Favreau demanda :

— Mais pour expertiser qui ? On n'a inculpé personne !

— Pas pour l'expertise, bande d'arriérés ! Pour nous aider dans notre enquête.

— Ça ne s'est jamais vu ! Les experts c'est pour les non-lieux et les procès d'assises...

— Excuse, ça s'est vu ! Les Anglais et les Américains pratiquent ce genre de sport depuis longtemps. C'est seulement en France qu'il s'agit d'une première. Et elle veut se faire remarquer, la petite juge !

— Et alors ?

— Alors, nous allons commencer par fournir au docteur une copie de tous les rapports du légiste et le mettre régulièrement au courant du déroulement de notre enquête. Et celui qui me cherche encore, je l'envoie faire une sieste sur son divan.

— Qu'est-ce qui est prévu ? demanda Favreau. Il va nous ramener lui-même le monstre ou seulement nous refiler son nom et son adresse ?

— Moi, elle m'a convaincu, reprit Fred. Est-ce que l'un de vous serait capable de me dire pourquoi on désire telle femme ou tel homme, pourquoi on a du plaisir dans telle position et pas dans une autre ? Hein ? Eh bien, lui, le psychiatre, il paraît qu'il le sait ! Parce que ce qui fait agir notre assassin, bande d'illettrés, c'est ça ! C'est le désir ! Alors Cahn ira le trouver demain à la sortie de sa consultation à l'hôpital et lui remettra tous les documents demandés. Vu ? Bon, maintenant, passons aux Américains. Barande, t'as du nouveau ?

L'interphone se remit à grésiller. La grosse blondasse de l'accueil avec sa voix de Gauloises et de vin rouge se mit à hurler :

— ... double meurtre rue du Château ! C'est une femme évanouie qui a donné l'alerte...

L'inspecteur Cahn pensa qu'il aurait bien de

la chance si aujourd'hui il parvenait à quitter le commissariat à minuit.

Asnières-sur-Seine, commissariat, mardi 19 septembre 1989, 23 h 30.

Tandis qu'on entendait sur un lointain transistor le *Gloria* de Vivaldi, la grosse blondasse tapait sur son écran : « L'homme, Arthur Stein, un play-boy plus ou moins gigolo, était affalé sur le canapé avec un regard d'effroi. Son visage présentait un gros trou dans la tempe droite : une balle de 7,65 à bout portant. Le bas du corps était dénudé. Il présentait une entaille sanglante à la base du sexe faite à l'aide d'un instrument très effilé — peut-être un rasoir. La femme, Ruth Grunberger, était pendue nue à l'anneau du lustre à l'aide d'un fil électrique. Bâillonnée, elle avait certainement été fouettée, puis violée car son sexe présentait de nombreuses ecchymoses. Les premiers prélèvements n'ont pas révélé de trace de sperme. La maison a été rapidement fouillée par l'agresseur qui semble avoir été dérangé. D'après leurs proches, les victimes ont été soulagées de leur argent liquide — au maximum deux mille cinq cents francs. Le meurtrier a également dérobé un fusil de chasse, calibre 12, à pompe. Parmi les voisins interrogés, personne n'a aperçu d'homme rôdant aux alentours...

« C'est une amie de la victime, une certaine Mme Jeanne Guillaumin, quarante-deux ans, sans profession, qui a découvert les corps. Elle a fait devant nous la déposition suivante :

« ''Nous étions convenues avec Ruth d'aller à

Paris faire quelques emplettes. Je devais passer la prendre chez elle car sa voiture était au garage. Je sonne. Personne ne vient ouvrir. (Quatrième mouvement du *Gloria*.) Je remarque que la grille du jardin est ouverte — ce qui est tout à fait inhabituel. Je crois même qu'en dix ans cela ne s'est jamais produit. Et avec tout ce qui se passe à Neuilly en ce moment, je prends peur. Donc : j'entre. Nous sommes suffisamment liées pour que mes surprises soient agréables à Ruth...''

« A nos invitations à être aussi claire que possible et à nous rapporter les moindres détails, Mme Guillaumin a fourni les précisions suivantes :

« ''Eh bien, puisque vous me le demandez, commissaire, et au risque de vous étonner, je vous dirai que j'ai surtout été surprise par le parfum qui flottait dans l'entrée.

— Le parfum ?

— Oui : *Amazone* de chez Hermès.

— Et alors ?

— Vous aimez ? Moi, pas tellement. Je suis absolument certaine que Ruth n'en mettait jamais et malgré son mauvais goût bien connu, ce n'est certainement pas ce play-boy de Prisunic qu'était Arthur qui...'' (Mais d'où proviennent ces mesures du quatrième mouvement du *Gloria* ?)

« Devant un indice aussi important, nous avons demandé au témoin s'il était certain de la marque du parfum...

« ''Absolument certaine ! Et j'ai immédiatement compris qu'il y avait quelqu'un avec Ruth.

— Vous êtes tout de même entrée dans la maison ?

— J'ai d'abord appelé. Mais, n'obtenant

aucune réponse, je me suis inquiétée. Il régnait dans l'entrée un désordre... pour le moins surprenant et, cher monsieur, les volets étaient tirés. Et puis, du salon, j'ai entendu les pas de quelqu'un qui courait. Il s'agissait de pas très légers, un peu comme ceux d'un danseur... La fenêtre de la cuisine a claqué. Je me suis avancée, j'ai actionné l'électricité et j'ai hurlé. Puis je me suis évanouie ; n'est-ce pas ? Et j'ai dormi là... des heures..."

« A son réveil, environ à 21 heures, le témoin a appelé le commissariat de police de Neuilly qui nous a immédiatement prévenus... »

25. Initiations

> « Tous les fils d'Israël murmurèrent contre Moïse et Aaron[...] : que ne sommes-nous morts, au pays d'Egypte ou que ne sommes-nous morts dans ce désert ! Pourquoi Iahvé nous mène-t-il en ce pays-là pour y tomber sous l'épée, tandis que nos femmes et nos petits enfants feront partie du butin ? Ne serait-ce pas mieux pour nous de retourner en Egypte ? »
>
> *Nombres,* XIV, 1-3.

Paris, XVIe arrondissement, mercredi 20 septembre, 8 heures.

Il y eut une nuit et il y eut un matin. Aube du quatrième jour. 8 heures. Mathilde faisait frire des œufs et Nessim, attendri d'effluves, se prélassait dans un demi-sommeil, tâchant de ne pas laisser filer son rêve. Ça revenait doucement : il avait encore passé une frontière — ou une rivière, ou peut-être était-ce la mer —, apercevant des panneaux de signalisation en trois langues (la pierre de Rosette lui vint tout naturellement à l'esprit). Sans transition, il pensa que s'il arrivait à un homme de penser qu'une femme lui appartenait, à lui, rien qu'à lui, il la perdrait sur-le-champ. Et il poursuivait : « S'il arrivait à un agriculteur de penser que la récolte lui appartenait, à lui, rien qu'à lui, elle serait certainement détruite... »

Par la large fenêtre, le soleil baignait la chambre. Nessim s'enroulait dans les draps, se délectant des senteurs imprégnées dans la toile durant la nuit. On devinait en transparence son mince corps délié par le sommeil. « ...C'est sans doute pourquoi les juifs n'approchent pas leur femme quatorze jours durant le mois... pour bien signifier qu'elle ne leur est pas donnée, seulement prêtée... » Mathilde posa le plateau sur le bureau, laissa glisser à terre le peignoir et s'enchatonna contre le dos de Nessim. Impénitent pèlerin des âmes, comment si vite ? Pourquoi autant ? Il aimait son poids qui pesait sur tout son dos, il voyait dans la profondeur vibrante du coton lissé des sueurs de l'amour, la clarté de ses yeux verts du matin. Il récita de mémoire :

« Tu as pris mon cœur [...] par un coup d'œil,
qu'elles sont belles tes caresses, ma sœur, ma fiancée,
qu'elles sont bonnes tes caresses, meilleures que le vin,
et l'odeur de tes parfums, meilleure que tous les baumes !
C'est du miel que tes lèvres distillent,
du miel et du lait sous ta langue
et l'odeur de tes robes est comme l'odeur du Liban. »

Cantique des cantiques, IV, 9-11.

Mathilde pensa que c'était la jalousie qui aiguillonnait ainsi les sentiments de l'homme mûr, habitué à soumettre les esprits les plus rétifs ; elle s'attendrit à cette pensée. Pour la première fois, elle vit simplement en lui un enfant. 8 h 30. Le radio-réveil se déclencha, et sur une langueur de blues qui était comme le soubresaut des entrailles du monde, ils écoutèrent distraitement :

Mon homme est entouré de paillettes,
mais derrière, son âme est de pierre ;
mon homme est doux comme le velours,
comme le duvet de l'oisillon,
mais dans son cœur, la rage est profonde
et sa haine sans recours...
Mon homme !
Mon homme est entouré de paillettes,
mais derrière, son âme est de pierre ;
Mon homme parle d'une voix de miel
mais sa tendresse est une tombe.
Mon homme !
S'il renonce à me tuer,
s'il refuse de me saisir,
s'il se contente de mon regard,
je serai sa femme,
Mon homme...

Et encore une fois, ce matin, ils s'aimèrent.

9 h 30. Comme tous les mercredis, il prit le chemin de l'hôpital. Cette nuit, il avait longuement expliqué à Mathilde : Colin Chapman, le créateur des Lotus, un ingénieur de talent, avait pensé une merveille, la septième ; il l'avait prénommée « Seven ». Un jour, il avait cessé de

la fabriquer. Un petit artisan hollandais, Joop Donkervoort, avait repris les plans, amélioré le châssis, y avait installé un plus gros moteur, un V8 de 200 chevaux, d'origine Oldsmobile. Cette voiture était un véritable pur-sang, longue, ronde, au nez busqué, basse, métissée, les flancs galbés ; elle était légère, très légère, agressive, puissante, pure. « On ne conduit pas une telle voiture, on la pilote ! C'est mon plaisir du matin... » Rêvassant à ses descriptions énamourées, Mathilde le regardait démarrer sa petite décapotable. Il engagea sa cassette préférée. Comme hier, les mesures du premier mouvement de la *Symphonie n° 2* de Brahms s'échappèrent jusqu'au balcon du premier étage où elle s'était accoudée. Et tandis qu'elle apercevait encore les cheveux gris de Nessim voltigeant en bataille, elle se retourna et saisit le téléphone pour appeler New York.

Le mercredi, Nessim accueillait à sa consultation les internes et les jeunes psychiatres fraîchement diplômés. Il aimait à proclamer que la psychiatrie n'était pas une science, seulement un art de faire qui ne pouvait se transmettre que par initiation. Ce matin, il se réjouissait de revoir un malade malien pour qui il éprouvait une certaine affection. Djadjé avait une quarantaine d'années. Troisième garçon, à l'âge de quatre ans, il avait été donné à son oncle dont la femme était stérile. Pour ne pas humilier son frère qui aurait pu croire qu'elle doutait des soins qu'il prodiguait à l'enfant, la mère de Djadjé ne remit jamais les pieds dans son village natal. Elle mourut dix ans plus tard sans revoir son fils. Entre-temps, l'oncle avait pris une seconde épouse et en avait déja obtenu trois fils. Si bien que Djadjé n'avait de place ni dans la maison de son père ni dans celle de son oncle. A dix-huit ans, à l'âge où, selon la tradition, on commence l'initiation des jeunes gens bambara, il décida d'émigrer.

Djadjé était intelligent, habile à la rhétorique et courageux au travail. De plus, bâti comme un athlète, la peau souple et plissée comme le satin, les yeux pleins de rire et de lumière, il plaisait aux femmes. Au début, il s'enivra de ses succès parisiens, habita chez une blonde, s'offrit une automobile d'occasion — blanche, naturellement — et commença à s'imaginer prince. Lui qui n'avait même pas été initié à la première classe — *le komo* — lorsqu'il rentrait au village, se comportait comme un vieux chef, détenteur des secrets ancestraux. Mais au Mali, nul ne dessille les yeux de celui qui grimpe seul la colline du Président, nul n'explique à qui ne veut comprendre... Et puis, même les vieux aiment les cadeaux — les montres achetées dix sous boulevard Barbès, les casseroles de faux aluminium brillant qu'on trouve dans les bazars arabes, les maillots de corps fluorescents de chez Tati... Seuls les Blancs et les émigrés peuvent imaginer que la sagesse d'un vieux Bambara peut se diluer, ou se vendre contre quelque billet de banque. Il faut le leur dire : c'est impossible ! Non parce que les vieux sont sages ou honnêtes, mais simplement parce qu'ils ignorent la véritable nature de ce qu'ils transmettent. Ils ne font qu'introduire une graine dans le jeune initié sans aucune idée de la plante qui en poussera un jour...

Nessim arriva légèrement en avance. Il gara le petit bolide à l'emplacement qui lui était réservé et emprunta les longs couloirs laqués de peinture jaunâtre, rythmant à son pas nonchalant de complexes pensées sans cesse interrompues. Il en avait de trois sortes : les premières concernaient Mathilde — au fond, il se doutait que tant de vérités si vite et si explicitement révélées ne pouvaient qu'effrayer la jeune femme. Qu'avait-il immédiatement reconnu en elle ? Pourquoi l'avait-il aimée si fort, si vite ? Il n'aurait pas dû s'en étonner, lui qui savait que, tout comme les animaux, nous identifions l'autre au premier regard ; ensuite seulement survient la parole, toujours pour nous mentir. La seconde série de pensées tournoyait autour de son rêve de la nuit. En passant dans une rue commerçante, il s'était soudain rappelé qu'une femme lui avait offert un morceau de viande et qu'avant de l'accepter, il s'était demandé si elle était cuite ou crue, rôtie ou bouillie. Drôle d'image de rêve dont il ne savait que faire — il pensa qu'elle renvoyait à la mort ou à la métamorphose. Enfin, il y avait toutes ces préoccupations concernant la psychothérapie de son patient malien.

Il y a de cela sept ans, Djadjé avait eu un accident de travail. Il était alors manutentionnaire et déchargeait des camions bourrés d'énormes barres d'acier destinées à la fabrication de rails de chemin de fer. Il suspendait le crochet de la grue aux longues tiges, puis les guidait doucement jusqu'à leur emplacement dans le hangar. Ce jour-là, le grutier avait accéléré la manœuvre. Djadjé avait été projeté par l'énorme masse à plus de vingt mètres et était tombé, sans connaissance. A son réveil, couché dans le brancard de l'ambulance, durant plusieurs minutes, il s'était cru mort. Hospitalisé une semaine, il avait subi quantité d'examens radiographiques, tous négatifs, puis avait été invité à reprendre son travail. Quinze jours après sa sortie de l'hôpital, une douleur intolérable s'était installée derrière son bras, là même où la mort était venue l'appeler, en lui tapant sur l'épaule. Par la suite, chaque intervention médicale avait occasionné une nouvelle douleur. Les infiltrations de cortisone avaient été à l'origine d'un abcès, puis d'une crise de furonculose ; et les comprimés d'anti-inflammatoires, de complications intestinales infinies, si bien qu'il eut bientôt mal à tout son corps : aux bras, au dos, à la tête. Puis, Djadjé avait commencé à perdre la mémoire et l'envie des femmes. Il ne travaillait plus, n'habitait plus nulle part ; loque médicale errant sa souffrance de service de Rhumato en service d'Orthopédie jusqu'à ce qu'un médecin de la Sécurité sociale, excédé, décrétât qu'il s'agissait « d'un syndrome dépressif ». Alors, ça avait été le tour des psychiatres, et Nessim devait bien être le dixième. Mais lui savait que, comme dans son propre rêve de la nuit, Djadjé n'avait pas encore réussi à franchir la frontière. Quel émigrant peut se douter, un pas sur la passerelle de l'avion, que d'ici quelques années il perdra sa langue par fragments entiers, les odeurs d'oignons pimentés de son enfance, la rassurante présence perverse des ancêtres et des esprits de la brousse ? Voilà pourquoi un simple accident se transforme en début d'un monde qui n'en finit jamais de commencer. Telles sont les « névroses traumatiques »: des mythes de début du monde...

Au bout de l'interminable couloir, Nessim

arriva enfin à l'ascenseur. La pharmacienne avait déjà enfilé sa blouse à même la peau et, comme chaque matin, elle avait oublié d'agrafer le troisième bouton. Une fugace et légère excitation rassura Nessim.

— Je suis content que vous ne vous soyez pas encore ralliée à cette détestable coutume du soutien-gorge...

Elle avait de petits seins naissants de jeune fille, et les ascenseurs étaient comme le désir : lorsqu'ils commençaient de monter, on ne savait plus comment les arrêter...

Dans le service, la secrétaire annonça à Nessim que le commissariat de police d'Asnières avait déjà téléphoné à trois reprises.

— La prochaine fois, dites-leur de rappeler à 13 heures précises...

Il installa son groupe de stagiaires en cercle, et leur conta l'histoire de Djadjé.

— Les migrants sont des héros de tragédie, mus par un destin qu'ils ignorent. Ils ont survolé quelques milliers de kilomètres et pensent avoir enjambé un millénaire — pourtant, de l'autre côté du grand fleuve, il n'y a rien, rien d'autre que ce qu'ils ont essayé de quitter : leurs ancêtres. Les Bambara que nous recevons parfois dans le service ont été autrefois les enfants de la joie et de la faim, issus du grand peuple des nourrissons qui voltigent entre les mains des mères, des tantes et des grandes sœurs. Se doutent-ils seulement que dans ce pays, ils atteindront le bout de la nuit ? Ils se sont comportés comme s'ils étaient indépendants de leur bain de langue, sourds à l'appel des démons, insensibles à l'action des fétiches — ils ont imaginé qu'ils étaient libres,

libres d'attaches, libres d'émigrer (à ces mots, il repensa à Mathilde). Mais un jour ils ont aperçu dans le sourire de leur fils l'expression d'un père trop tôt disparu, la sollicitude d'un frère pour lequel il est trop douloureux d'éprouver de la nostalgie, dans la voix de leur fille telle parole d'une mère qui leur manque tant et qui revient chaque nuit en rêve. Mille fois, une fulgurante pointe de douleur a chassé le vague moment d'illusion, transformant aussitôt leur enfant en un étranger qui répond effrontément dans la langue des hôtes. Puis, lorsqu'ils se sont demandé que transmettre, voici que le trésor qu'ils croyaient avoir emporté en partant s'était métamorphosé en poussière... C'est alors, à la mille et unième tentative, qu'un banal accident se transforme en névrose. Si, par la brèche du symptôme, vous ne savez leur restituer l'Afrique, ils erreront à jamais, répercutant sur les murs de vos banlieues l'écho de votre silence ; leurs enfants, fantômes de l'intermonde, attaqueront vos certitudes à coups de pierre, et ces gens resteront pour vous, médecins, le visage même de votre remords...

Djadjé éprouvait manifestement à cette rencontre autant de plaisir que son médecin, mais il l'exprimait à sa façon :

— Docteur, j'ai mal à la tête, au dos, à l'épaule. Ce qui ne va pas, c'est ce que je t'ai dit : c'est la douleur. Tu sais que je perds la mémoire... Dans le couloir, lorsque je t'ai vu, je me suis dit ho là là, celui-là, je le connais, celui-là... Mais je n'arrive pas à me souvenir de son nom. D'habitude, je ne pense pas à toi.

— Moi il m'arrive de penser à vous, pourtant...

— Eh bien moi je ne pense plus, docteur, je ne rêve même plus ! D'ailleurs, je ne dors presque pas. Je me couche et je ne dors pas. J'ai la tête sèche avec tous ces médicaments. Et pourquoi toi tu ne me donnes pas de médicaments, toi ?

— Ce n'est pas comme ça que je travaille ; ce n'est pas mon métier.

— Ah bon, d'accord ! Parce que moi, j'aime beaucoup les médicaments...

Nessim s'adressa alors aux stagiaires :

— Ça fait longtemps que Djadjé est malade : ... cinq ans... six ans... ? Et Djadjé le corrigea :

— Je ne peux pas dire, il faut que je regarde les papiers... ça fait sept ans.

— Avant l'accident, Djadjé était fort, même très fort. Durant sa vie, il a traversé de très dures épreuves qu'il a toutes vaillamment surmontées... des pertes aussi, des séparations, et son enfance a été dure ; et là aussi il s'est montré courageux, peut-être un peu plus que ne peut l'être un enfant. Mais après l'accident, il a eu mal, très mal ; par la suite, il était furieux contre tous ces médecins qui ne croyaient pas à sa douleur...

— Le médecin qui a dit que ce n'était pas vrai que j'avais mal, j'ai failli le tuer !

La médecine blanche est obtuse. Les migrants africains lui réclament du sens et elle ne sait leur fournir que des causes. Ils lui demandent : « Pourquoi est-ce moi qui suis tombé ce jour et non mon frère ? » Ils lui demandent : « Pourquoi est-ce ce jour-là que je suis tombé et non un autre jour ? » C'est à ce type de questions qu'ils souhaitent obtenir une réponse ; et la médecine blanche leur répond : « Je ne décèle aucune fracture à la radio, tu n'as rien... »

Nessim s'adressa maintenant à Djadjé :

— Djadjé, je vais vous raconter une histoire. Est-ce qu'au pays vous avez vu les masques, les *sika* ?

— Quels masques ?

— De grands masques faits de feuilles d'arbres qui rentrent au village certains matins ? Les avez-vous déjà vus ?

— Je ne me souviens pas !

— Eh bien, je vais vous en raconter l'histoire. Savez-vous que chez vous, les vieux disent : « Que chacun fasse son soleil » ? Comprenez-vous le sens de cette phrase ?

— Je crois que je comprends quelque chose à cela.

— Lorsque l'enfant sort du ventre de sa mère, son soleil est tout jeune, il est froid. Puis, l'enfant grandit, son soleil se réchauffe. Et l'enfant devient un adulte, il chevauche les belles montures, il conquiert les femmes aux larges fesses, il poursuit le gibier et la fortune. Son soleil se réchauffe. Puis, il s'installe en homme, avec ses épouses, ses enfants, son bétail. Son soleil est au zénith. Mais aussitôt, son soleil se refroidit. Bientôt, sa tête se met à blanchir, il n'entend plus aussi bien les bruits du monde, il ne voit plus distinctement les objets et les personnes qui l'entourent. Bientôt, il se couchera dans sa case et devra emprunter la voie intérieure. Et lorsque son soleil sera froid, il rejoindra les ancêtres. C'est pourquoi on dit : « Que chacun fasse son soleil » !

— Oui, je comprends cela, mais quel rapport avec les masques ?

— Le matin d'un certain jour, lorsque l'enfant dort encore, les adultes partent en pleine nuit dans la brousse. A son réveil, il prend peur car il pense qu'ils ont disparu. Lorsque apparaît le soleil, les grands reviennent au village. L'enfant n'est pas idiot : il constate que certains adultes ont disparu, et que ceux qui reviennent sont accompagnés des masques. Il demande au vieux : « Que sont ces masques ? » et le vieux répond : « Ce sont nos ancêtres qui reviennent au village. Ils ont longtemps voyagé pour arriver jusqu'à nous. Lorsque le soleil s'est levé, ils se sont mis en route, lorsqu'il a commencé à réchauffer la peau, ils ont pénétré dans notre village et lorsqu'il refroidira, ils retourneront dans leur univers. Quand tu seras vieux, toi aussi tu voyageras longtemps. » Puis, l'enfant grandit, il chevauche les belles montures, il conquiert les femmes aux larges fesses, il poursuit le gibier et la fortune. Son soleil se réchauffe. Encore plus tard, il s'installe en homme, avec ses épouses, ses enfants, son bétail. Et c'est son tour de se mettre derrière les masques et d'arriver au village au petit matin. Et, tout comme lorsqu'il était enfant, sans doute un autre enfant prendra-t-il peur et questionnera : « Que sont ces masques ? » Et il répondra — car il ne sait que dire d'autre : « Ce sont nos ancêtres qui reviennent au village. Ils ont longtemps voyagé pour arriver jusqu'à nous. Lorsque le soleil s'est levé, ils se sont mis en route, lorsqu'il a commencé à réchauffer la peau, ils ont pénétré dans notre village et lorsqu'il refroidira, ils retourneront dans leur univers. Quand tu seras vieux, toi aussi tu voyageras longtemps. » Et puis l'enfant est devenu très vieux, son soleil est devenu froid, un peu inquiet, il s'est engagé dans la voie intérieure. Il se revoit enfant, surpris par l'apparition des masques ; lui reviennent maintenant les paroles du vieux, alors, il se voit lui-même sous le masque. Car il a pris le chemin pour devenir ancêtre...[1]

— Je comprends un peu ce que tu dis ; mais je ne sais pourquoi tu me le dis.

— Croyez-vous que l'enfant devenu vieillard aurait pu se « sentir sous le masque » sans cette parole que le vieux lui a un jour adressée lorsqu'il était enfant ? Cette parole, nous devons l'appeler « parole-graine ». Un jour, un vieux l'a plantée dans l'esprit de l'enfant et, longtemps après, elle a germé...

Djadjé, savez-vous ce que signifie *bambara* ?

— Tu peux me l'apprendre, toi tu as beaucoup étudié. Je croyais que Bambara était seulement le nom d'un peuple. Je ne sais pas comment ça se traduit en français.

— Bambara signifie « les insoumis ». Je crois que les vieux de chez vous ont bien du mal. Ils disent : « Les jeunes, ils tournent le dos, ils s'en vont dans un monde que nous ne connaissons pas. » Mais un jour, ce jeune tombe malade. S'il revient alors au village, il ne sait rien de ce que connaissaient les vieux, et il est trop tard pour qu'il reçoive la parole-graine. Si j'étais un vieux de chez vous, je lui dirais de s'asseoir par terre. Vous comprenez ce que je dis, Djadjé ?

— Peut-être que je comprends. Et lorsqu'il est assis par terre, que peut-il faire ?

— Quand on enseigne aux petits, dans la brousse, on les fait asseoir par terre. Mais lorsqu'ils

1. Sory Camara, *Paroles très anciennes*, Grenoble, éditions de la Pensée sauvage, 1982.

sont grands, ils ont le dos raide, ils ne veulent plus s'asseoir par terre. Un adulte doit pouvoir courber le dos s'il veut encore apprendre…

Djadjé plaisanta un petit moment avec Nessim puis, après de longues salutations, il sortit sans boiter du cabinet de consultation. Un jeune psychiatre, de formation classique, à qui l'on avait enseigné que la vérité ne pouvait naître que de la parole du malade, demanda avec véhémence pourquoi Nessim n'avait pas laissé parler Djadjé. Il prétendit même que le maître usait de suggestion, voire de « séduction » ; il estimait de son devoir de dénoncer cette sorte de violence exercée à l'encontre du malade. Alors revint à l'esprit de Nessim le blues du matin :

Mon homme est entouré de paillettes,
mais derrière, son âme est de pierre ;
mon homme est doux comme le velours,
comme le duvet de l'oisillon,
mais dans son cœur, la rage est profonde
et sa haine sans recours…
Mon homme !
Mon homme est entouré de paillettes,
mais derrière, son âme est de pierre ;
Il parle d'une voix de miel
mais sa tendresse est une tombe.
Mon homme !
S'il renonce à me tuer,
s'il refuse de me saisir,
s'il se contente de mon regard,
je serai sa femme,
Mon homme…

Lorsqu'il avait intégré l'école républicaine, à

l'âge de neuf ans, Nessim avait déjà changé de langue maternelle à deux reprises. Jusqu'à l'âge de quatre ans, il avait parlé l'arabe ; puis, frappé de sa précocité, son grand-père ne s'était plus adressé à lui qu'en hébreu. Si bien qu'à l'âge de huit ans, juste avant de quitter l'Egypte, il lisait déjà couramment certains textes talmudiques. A l'école française, il avait vite compris qu'ici on n'aimait pas les différences, que dans son nouveau pays, les droits de l'homme étaient « universels » et donc, pas « singuliers ». Alors, comme tous les enfants de la migration, il fit semblant de parler le français — la seule langue universelle, naturellement — et, durant ses études, il resta un très brillant élève. Mais une profonde ravine ne cessait de creuser son âme : il ne parvenait pas à croire à la permanence du monde, à adhérer à la nature des choses. Puisque les mots ne parvenaient pas à être confondus avec les choses, il pouvait exercer sans remords toute sa violence à modifier l'être des humains, ses semblables. C'est ce qu'au fond de lui il appelait sa « position de meurtrier », la seule qui lui fût vraiment permise.

13 h 15. Nessim quitta à son tour le cabinet de consultation, entouré d'un essaim de jeunes gens qui continuaient à lui poser des questions. Au secrétariat, les inspecteurs Favreau et Cahn l'attendaient.

26. Double arbre

Banlieue de Rouen, mercredi 20 septembre 1989, 9 heures.

Bordel, ce matin, j'ai encore plus mal à l'épaule qu'hier ! Foula m'a tenu contre ses seins toute la nuit, et je n'ai réussi qu'à pleurer — de douleur ? de rage ? de tendresse ?

C'est seulement en 44 que les Allemands ont envoyé leurs escadrons de la mort en Hongrie. Pour capturer leurs juifs, à Budapest, les hordes errantes de crapoussins S.S. formaient soudain cercle autour d'un groupe de passants qu'ils tenaient en joue avec leurs mitraillettes. Ils vérifiaient les papiers d'identité de chacun : vieillard, homme, femme ou enfant. Ce jour-là, mon père était du lot. Il a bêtement prétendu avoir oublié son portefeuille. Ils lui ont baissé son calebard et l'ont emmené construire des V2 à Dora au seul vu de son braquemard circoncis. C'est quoi cette histoire ? Le souvenir d'un récit de mon père qui surgirait enfin du gouffre de la langue oubliée, ou simplement mon rêve de la nuit ?

J'ouvre un œil. Foula a disparu du plumard. Pris de panique, je plonge la main sous l'oreiller. Le seul contact de la crosse du 357 m'apaise, comme autrefois, à l'Assistance, lorsque je me frottais le sexe à plat ventre par terre pour me soulager de l'angoisse. Depuis quatre jours, j'en ai buté des types (un Ricain et deux Persans, au moins deux moines, sans compter ceux que j'ai blessés). Cette nuit, comme je n'arrêtais pas de pleurer, pour m'endormir, Foula m'a chanté une chanson sénégalaise, en ouolof. Elle disait : « Si tu ne manges pas assez, tu seras léger, léger, et l'ange de la mort viendra t'emporter. » J'ai pas faim ! J'ai l'impression d'un goût de sang au fond de la gorge. On frappe à la porte. Je me lève d'un bond et brandis le Magnum. C'est le bon vieil Abdoulaye, vêtu d'une djellaba jaune paille, sortant juste de la machine à laver, immaculée. Le bonnet de dentelle, blanc sale, tissé d'étoiles à six branches, laisse échapper des touffes laineuses de cheveux blancs. Ses yeux sont immenses, presque rouges. Il tient sa haute stature dressée dans l'encadrement de la porte et me regarde un long moment, en silence. J'ai envie de m'écrier : « Attends, je viens, je n'ai pas peur de mourir, le Vieux, je viens... »

— Il faut que tu partes, *Toubab*, la police va arriver d'une minute à l'autre. Quelqu'un a aperçu la Citroën des moines dans les parages et a prévenu la gendarmerie...

— Où est passée Foula ?

— Si tu acceptes de t'installer au village pour creuser des puits, je te la donnerai comme épouse. Maintenant, va-t'en ! J'ai lu dans le sable qu'après avoir beaucoup voyagé, tu pourras devenir un vieux Soninké tranquille. Mais si tu restes ici, tu seras un jeune toubab mort !

— Abdoulaye, cette nuit, j'ai vu mon ombre...

— C'est bon ! Tu as bien rêvé, c'est bon ! Sache que nul ne peut se connaître s'il n'a vu son ombre. A quarante ans, ceux qui sont destinés à devenir des vieux aperçoivent toujours leur ombre... Pas au soleil, bien sûr ! L'ombre que tu aperçois au soleil n'est que l'ombre de ton ombre. Ton ombre véritable est une personne. Elle peut prendre l'apparence de ton père, elle peut même me ressembler. Mais c'est une autre personne... Va-t'en, maintenant !

— Que fais-tu là, Abdoulaye, que fais-tu en France ?

— S'il n'y a pas de vieux avec eux, comment resteront-ils soninkés ? Ceux qui n'ont pas appris à voyager risquent de perdre leur âme en chemin... Pars, vite ; va-t'en, maintenant !

C'est lorsqu'ils l'ont transporté de Dora à Auschwitz que mon père a sauté du train. Un boche de dix-neuf ans lui a couru après dans la forêt glacée. Mon père l'a étranglé avec ses lacets. Dix ans plus tard, il racontait que cette scène le réveillait encore toutes les nuits. En 45, il était sorti tuberculeux d'Auschwitz. Il a survécu onze ans, toussant, crachant, nous battant jusqu'au sang. Mais d'où proviennent tous ces souvenirs ?

Je me rappelle, il y a cinq ans, cette ferme, dans le Vexin, près de Gisors. On y gardait la princesse aux fruits secs, Mélanie Boukhobza. Sa famille, d'origine juive tunisienne, vivait au Maroc depuis trois générations. Son père tenait une affaire d'import-export de produits exotiques — dattes, raisins secs, noix de cajou, loukoums... En vérité, il se livrait au trafic d'armes pour le compte d'un général véreux de l'armée du roi. En France, il possédait deux étages d'un immeuble du XVIe arrondissement, gardés comme une forteresse. Il circulait en Mercedes, plus blindée qu'un Panzer, constamment protégé par trois gorilles à la gueule de boxeurs, et fréquentait les ministres et les ambassadeurs. Mélanie, sa fille, n'était pas très jolie, hormis ces grands yeux noirs qui sont comme des cratères enflammés bordant toute la Méditerranée. Elle avait terminé une licence de droit et poursuivait de bonnes études de sciences politiques ; elle tenait rang dans les soirées mondaines, amoureuse de son père par toutes les fibres de sa peau. C'était pas une mauvaise fille, pourtant. Laure la fouettait jusqu'au sang, Ali et Ahmed estimaient de leur devoir de militants de la violer régulièrement — tu parles, violer une juive, c'était Austerlitz, Verdun... —, quant à moi, j'étais le pire : je lui faisais sa rééducation politique. Et c'était vraiment pas une mauvaise fille, et moi, un assez bon pédagogue... Diable, c'était mon métier, après tout ! Elle avait presque fini par devenir une vraie « stalope »... comme nous. Au début, on la tenait, les yeux bandés, à quatre pattes, dans un placard dont l'ouverture était planquée par une énorme armoire normande. On la sortait un peu le soir pour se distraire. Puis, elle avait collaboré. Elle avait d'abord accepté d'enregistrer des sermons politiques pour *Europe 1* (« ... quarante-troisième jour de la guerre totale de libération, septième communiqué du *commando sinistre* » — sinistre pour gauche, bien sûr), commencé à éructer de son plein gré contre les « colonialistes débiles, ces fouteurs de guerre, ces pilleurs du tiers-monde, ces destructeurs des petits peuples, fossoyeurs du sel de la terre »... Peu à peu, elle avait participé à nos coups de main contre les banques. Faut dire qu'on commençait à bien se marrer. On exigeait dix millions de dollars pour la restituer à son père. C'est moi qui avais fini par traiter avec lui, par téléphone. Il devait me remettre la somme, en petites coupures, dans un sac à dos de cuir fauve — j'avais bien insisté : un sac à dos ! — posé près de la poubelle, sur un quai de Conflans-Sainte-Honorine.

Matin du mois d'août 1984, ces matins ensommeillés où la chaleur se lève avant le soleil. Mélanie et moi déjeunons de bonne heure, seuls dans le jardin, et là, nous bavardons pour la dernière fois. Puis, j'enfourche la grosse moto, une Honda VF 1 000 R, quatre cylindres en V, double arbre, toute neuve, qu'on avait tirée la veille boulevard Saint-Germain. Putain de machine ! Le moulin tourne à 12 000 tours et développe plus de 120 chevaux — un monstre ! Elle pétarade un gros bruit rauque à la première sollicitation du démarreur. Je la laisse un peu chauffer tandis que mon regard caresse un moment la chevelure cuivrée de la reine des cacahuètes. Lentement, j'enfile un léger blouson de cuir, sans manches. Et puis je pense : et si... et si... Et si j'avais poursuivi la fac, et si j'avais passé ma thèse, et si j'avais rencontré Mélanie dans une soirée mondaine, et si elle m'avait présenté son père, et si j'avais fini par l'épouser... ces dix millions de dollars m'auraient appartenu vraiment... Mais y'en a qui naissent avec la mort dans les baskets...

Sur la route à trois voies, j'essore un peu la poignée, pour voir. A chaque accélération, le pneu arrière arrache de force au bitume une âcre transpiration fumante. Dans un bruit de tracteur qui aurait pris une bourre aux amphétamines, la patinette de feu explose la chaussée. 270... Et dans les courbes, je racle mon jean à 240 sous la calandre d'une R 18 au calebard sans élastique. Piloter entre les bagnoles, c'est un sport à part ; faudrait en faire un championnat. Moi, j'ai appris ça dans la rue, sur des mobs, en stage dans une cité de transit de Nanterre. Mais alors, chevaucher un tel pur-sang, c'est jouir un instant de l'ordre parfait du monde. Déjà Conflans... je n'en finis pas de balancer la belle en frottant mes genoux à la série de lacets qui conduisent au port. Je freine à l'entrée de la ville. Je me fais discret, gare l'engin sur la place et m'installe à la terrasse du bistrot. Tout de suite, j'aperçois la Mercedes du pyromane du tiers-monde. Tout le long du trajet, je me suis répété que pour réussir ce coup, il me fallait surtout être le plus rapide. Une camionnette se gare derrière la limousine et commence à débarquer des hommes qui se postent comme des ombres dans chaque recoin de la place. Un énorme gorille basané, à la gueule grêlée, se dirige vers la poubelle, un sac à dos de couleur fauve à la main. Je me dis que c'est le moment, que c'est maintenant qu'il faut agir, avant qu'ils ne soient prêts à me recevoir. Une caractéristique m'est restée de mon émigration de Hongrie : je n'ai jamais peur... jamais peur des gens, je veux dire — seulement de leur absence ! J'ai pas le temps de payer le petit blanc, bougnat, mille excuses ! J'enfile mon casque, abaisse la visière noire, saute sur la bécane et fais hurler le gros V4. Les décibels vont percuter les murailles de la petite place et déferlent dans les tympans comme l'insupportable cri de rage d'un lion blessé. Le Marocain obèse a sursauté ; il interrompt sa marche un instant. Je passe la première et démarre sur la roue arrière. Je me le prends sur le flanc et l'envoie se faire une pollution du matin, dans la Seine ! Ça doit le changer de ses pollutions nocturnes, le gras-double ! Je me penche juste un peu pour attraper le sac au vol ; une seconde pour me le fixer aux épaules et je décolle littéralement ma motocyclette au napalm. Le bruit est tellement démoniaque que j'entends à peine les mitraillettes, derrière moi. Mais je fonce plus vite que les balles ! Ils peuvent toujours s'aligner avec leur Mercedes, cette grosse allemande de deux tonnes ! Conflans-Gisors : treize minutes trente. Record battu. Rapide coup d'œil aux rétros : rien à l'horizon — le Sahel sur le bitume de l'Oise. Petite balade dans la campagne à la fraîcheur du matin. J'amorce le virage pour emprunter le chemin de terre qui mène à la ferme lorsque je vois surgir Mustapha d'un fourré. Il me prévient de ne pas aller plus loin. Les pédés du G.I.G.N. ont donné l'assaut au lever du jour. Ils ont seulement réussi à descendre ma reine des dattes fourrées à la pâte d'amande ; les autres Arabes se sont tirés des flûtes.

— Laure t'attend dans l'appartement de l'avenue de Clichy. Pars, vite ; va-t'en, maintenant !

Je ne sais pas ce qui me prend mais je pense : « ... ils ont descendu la seule juive... et ils ont épargné les Arabes et les boches... j'sais pas... mais je trouve pas ça juste... » Pourtant Mustapha était le plus tranquille des trois bronzés... et tandis que du fond de son fossé, il me répète : « Pars, vite ; va-t'en, maintenant ! », dressé sur mon cheval d'acier, me revient un vieux poème romantique :

Et c'était, étendu sur le sol, un lépreux,
une immondice humaine, un monstre, un être affreux
...
Mais du haut de son cheval, cabré comme d'un trône
... *Que pouvait-il penser sous le grillage d'or de son casque en rubis*
...
Mais il fixa longtemps le lépreux, et soudain,
il arracha son gant et lui donna la main.

Barbey d'Aurevilly : *le Cid Campeador.*

Je retire lentement mon gant, plonge la main dans la poche du blouson, arme le Magnum et tire une balle entre les deux yeux de Mustapha, là où ses gros sourcils font une série d'arabesques, genre pont de Bamako.

Et dire qu'après, je suis tout de même retourné avenue de Clichy !

Au bas de la colline où trône le château Sonacotra, on entend déjà les sirènes des voitures de police. Le vieil Abdoulaye me répète : « Pars, vite ; va-t'en, maintenant ! » et sa voix résonne jusqu'au fond de mes tripes. Je lui demande :

— Donne-moi un rendez-vous. Il faut que je

te revoie ; il faut que tu me guides dans la voie intérieure...

— Je serai samedi à 10 heures au métro Château-Rouge, à la terrasse du bistrot. Je boirai un café jusqu'à midi. Si tu n'es pas là, qu'Allah t'accompagne pour le restant de ta vie.

— Abdoulaye, je crois que c'est le moment de penser aux ancêtres...

Dans ses rares moments de lucidité, mon père me disait : « N'oublie pas, fils, *fishele*, petit poisson, Heidegger est le seul à avoir pensé l'existence de l'autre... » Ma passion pour la philosophie ? Mon rêve de la nuit ?

Je découvre dans un amas d'affaires de mômes un vieux sac à dos en nylon noir dans lequel je range mon armurerie : le Magnum de Laure, l'Uzi des Américains, les deux 7,65 des ayatollahs. Abdoulaye me tend un billet de deux cents francs. Je te le rendrai, Abdoulaye, je te le jure, au centuple ! Il m'accompagne jusqu'à la porte de la cave et, dans un souffle, me murmure :

— Pars sans crainte, Foula t'attendra, là-bas, dans notre village de Kharta, près de Kayes... Lorsqu'il sera temps, tu viendras...

Je me retrouve à nouveau sur la petite départementale. Au premier carrefour, je pose mon baluchon et commence à réfléchir. Foncer jusqu'à Asnières, récupérer la valise aux dollars... régler leur compte aux quelques laveurs de cerveaux restants... revoir Laure, peut-être... Laure, ma douce, ma Chloë, ma limpide... Laure, mais pour quoi faire ? Derrière la colline, j'entends une bagnole qui se pointe. Je sors l'Uzi et me plante au milieu du carrefour. La voici ! Superbe, c'est une XM ! Je ne l'ai jamais essayée, cette tire...

27. Meurtre sur le Nil

Paris, XVIe arrondissement, mercredi 20 septembre, 14 heures.

Parking de l'hôpital. Le V8 de la Donkervoort, de couleur violet métal, se mit à grogner de son bruit rauque. Sur le côté de la voiture, au ras du bitume, l'énorme cache chromé de l'échappement palpitait comme une artère fémorale. Nessim laissa chauffer le moteur quelques instants, discutant encore avec l'un de ses étudiants, le bras sur la portière, à trente centimètres du sol, à peine. Il possédait un sens subtil de la parade : il mariait avec bonheur le classicisme absolu de l'apparence physique et des vêtements — toujours de couleur neutre — et l'originalité la plus effrénée dans la pensée et dans les actes. Cette automobile était à l'image de sa carrière : funambulesque. Il avait failli être recalé à plusieurs examens, ses professeurs ayant du mal à distinguer le dérisoire du grandiose. A trente ans, il avait écrit une thèse remarquée, remettant en question l'ensemble du système conceptuel de la psychiatrie universitaire et avait proposé une nouvelle théorie qu'il prétendait issue des philosophies traditionnelles africaines. Son vieux professeur ne s'y était pas trompé. Après la soutenance, il lui avait dit :

— Vous savez que les bizarreries sont un signe de schizophrénie ? Nessim, vous marchez sur un fil ! Je vous souhaite seulement de ne jamais perdre cette capacité à séduire par votre adresse intellectuelle. Vous vous doutez que vos idées sont inacceptables en médecine, dans un milieu aussi conservateur...

— Chez les Bassa, au Cameroun, certains enfants exceptionnels sont appelés *m'bet singa*. Savez-vous ce que cela signifie ?

— Non...

— On peut traduire ce mot par « marche sur un fil »... Mais si, un jour, ils deviennent comme les autres, s'ils se résignent à marcher simplement sur terre, alors ces enfants meurent...

Nessim se savait condamné au sublime ; et il se doutait des liens, qu'il n'arrivait pourtant pas à décrire — pas même à penser — entre ce destin et le changement de langue maternelle qu'il avait traversé à deux reprises, comme on passe la douane, toujours avec cette même culpabilité diffuse.

Refusant de discuter des meurtres dans l'enceinte de l'hôpital, il avait invité les deux inspecteurs dans son cabinet. Là, enfoncé dans son profond fauteuil de cuir, il les écoutait, les yeux mi-clos, la tête au creux de sa main. Des récits, il en avait entendu jusqu'à satiété dans ce fauteuil, jusqu'au malaise, même. Il savait que les paroles étaient indispensables mais que, pourtant, elles ne contenaient que du vide.

— ... D'après nos informations, Mme Grunberger appréciait assez les services des jeunes gens et aimait en changer fréquemment. Nous ne pouvons d'emblée écarter l'hypothèse d'une vengeance du mari ou même d'un amant jaloux et éconduit...

— Pourtant, inspecteur, vous savez que ce meurtre est lié aux autres, n'est-ce pas ?

— Il nous semble en effet, mais sans trop savoir pourquoi...

— Je pense que c'est parce qu'il est suffisamment semblable aux précédents tout en marquant une progression vers un but que nous ne percevons pas encore mais que nous pressentons ; cette série de morts se présente un peu comme un mouvement musical...

Dans une pièce éloignée, on entendait *l'Italienne* de Mendelssohn.

— Que voulez-vous dire, docteur ?

— En quoi ce crime ressemble-t-il aux précédents ? A nouveau, il s'agit d'une femme aisée, mariée, habitant Neuilly. Elle a été sauvagement assassinée, mais plutôt moins sauvagement que les précédentes. Pendue, comme Mme Bonnet, violée mais pas mutilée... Vous aviez déjà noté, n'est-ce pas, que chaque meurtre, quoique inspiré d'un même scénario, ne répétait jamais le précédent de manière identique. Qu'y a-t-il de nouveau dans celui de Mme Grunberger ? D'abord, un homme est trouvé à ses côtés. Mais, comme vous l'avez sans doute noté, il n'a pas reçu le même traitement que les femmes.

— Le hasard, sans doute ! Le meurtrier s'attendait certainement à trouver sa victime seule.

— Vous n'y étiez pas... moi non plus d'ailleurs ! Ne commençons pas à raisonner, voulez-vous ? Nous devons considérer tous les éléments dont vous disposez comme s'ils étaient les fragments, apparemment semblables, d'un même puzzle ; nous abstraire du contenu, ne contempler que la forme...

Nessim tira une longue bouffée de sa cigarette anglaise. Au loin, *l'Italienne* de Mendelssohn reprenait la cavalcade du premier mouvement. Il poursuivit :

— Deuxième élément nouveau : le meurtrier souhaite maintenant être perçu. Quelqu'un surprend son parfum et le reconnaît. Il peut même décrire le bruit de son pas.

— A nouveau le hasard, docteur. Sans doute a-t-il été surpris avant d'avoir pu terminer sa besogne...

Nessim contempla un long moment l'inspecteur Cahn avec une légère moue de mépris et, se recroquevillant davantage encore dans son fauteuil, pensa que ces Ashkénazes étaient trop germaniques pour lui : ils pensaient réellement que la parole signifie seulement ce qu'elle dit. Intérieurement, il hocha la tête...

— C'est encore vous qui le dites ! M'avez-vous bien remis tous les rapports des légistes sur les meurtres précédents ? J'ai besoin d'aliments pour mon imaginaire...

Favreau était intrigué par l'étrange scène qui se déroulait devant lui. Il ne comprenait pas comment des policiers sérieux et expérimentés parvenaient à accorder quelque crédit à cette espèce de dandy, ce vulgaire manipulateur d'illusions...

— Comment comptez-vous travailler, docteur ? Habituellement vous avez un malade en face de vous et là... personne...

— Si... Vous !

— Euh... je voulais dire : à partir de quels indices allez-vous orienter vos recherches ? Des classifications scientifiques... des archives personnelles ? Et... comment comptez-vous collaborer avec nous ? Allez-vous nous fournir des pistes ? Une sorte de portrait-robot psychologique ? Ou bien voulez-vous interroger des suspects avec nous ?

— Il me faut deux jours, plutôt deux nuits... et quelques rêves... Ensuite, me permettrez-vous de vous inviter dans ce même cabinet ? Disons : samedi à 10 heures...

Et Nessim inscrivit sur son carnet de rendez-vous, à la date du samedi 23 septembre 1989, en style sibyllin, comme il aimait à le faire : « Enquête par la voie intérieure ».

Paris, XVIe arrondissement, mercredi 20 septembre, 22 heures.

Nessim était chez lui. Pour la première fois depuis une dizaine de jours, il avait trouvé l'appartement vide. Mathilde, à qui il avait remis un jeu de clés le matin même, n'était pas encore rentrée. Machinalement, il avait enclenché le lecteur laser : le second mouvement, romantique, de *l'Italienne* de Mendelssohn. Son regard balayait machinalement les titres des journaux posés sur la table : « Le monstre de Neuilly a tué sa neuvième victime. La police s'avoue vaincue »...

« Les neuf victimes du sadique de Neuilly »... « Le tueur du petit matin »...

Dehors, il s'était mis à pleuvoir doucement. A cent mètres de l'immeuble, l'autobus s'arrêta en dérapant sur la chaussée mouillée. Il ne contenait que deux ou trois passagers. On vit l'élégante silhouette de Mathilde, emmitouflée dans un imperméable clair, se presser, trébucher sur le trottoir... Elle sortit difficilement une clé de son sac, actionna la sécurité de la porte de l'immeuble et s'ébroua jusqu'à l'ascenseur. Elle s'impatientait devant le voyant rouge, une drôle d'inquiétude la saisissant maintenant à la gorge. Que faire de cet homme qui était à la fois le monde et la parole sur le monde, qui lui faisait miroiter l'éclaircissement de son destin ? Y avait-il une place pour elle dans cette vie pleine comme un œuf ? A New York, son compagnon, l'homme avec qui elle vivait depuis huit ans, l'avait à nouveau assurée de son amour, évoqué avec elle des projets de voyage... Elle n'avait pas eu le cœur de lui avouer sa nouvelle liaison. Devant la porte de l'appartement, elle chercha la bonne clé, hésita... Tandis qu'elle essayait d'ouvrir, un voisin la frôla en s'excusant. Elle sursauta vivement. Qu'avait-elle à s'effrayer d'un rien ? Jamais elle n'avait connu une telle incertitude dans ses désirs...

Depuis sa plus tendre enfance, Mathilde sentait qu'il planait un mystère autour de sa naissance, mais elle refusait d'y penser. Sa mère, seule fille d'une famille de la grande bourgeoisie lyonnaise, avait été élevée dans les institutions catholiques. A vingt ans, elle se destinait à être religieuse. Un jour, chez sa tante, dans le salon, le valet de chambre russe embrassa soudain la jeune femme sur la bouche et, d'un seul mouvement, glissa sa main sous sa jupe plissée, jusqu'aux sources du Tendre. Toute la scène dura peut-être cinq minutes, mais la jeune fille en fut si troublée qu'elle repoussa définitivement ses vœux. Son père lui trouva un mari, un jeune homme de vingt-deux ans, ni beau ni moche, pas très malin, pas très bête, mais riche. Elle l'épousa. C'était en 1960. La nuit de noces, elle n'éprouva aucune sensation, s'étonna un peu, mais n'eut pas le temps d'approfondir la question : la semaine suivante, son jeune mari partait pour l'Algérie. Elle s'installa chez ses beaux-parents. Dès le premier soir, son beau-père se glissa dans son lit et lui fit éprouver les mêmes émois que le valet russe. Mathilde naissait neuf mois plus tard... de ça ! Par la suite, et jusqu'à sa mort, le beau-père resta le seul homme capable d'éveiller l'érotisme de cette mère de famille modèle. Mathilde ignorait tout cela... elle ignorait ce qui la poussait irrésistiblement vers Nessim... elle ignorait sans doute aussi ce que le vieil Abdoulaye savait si bien énoncer : que, souvent, on est manipulé par ses ancêtres, à son insu...

Enfin, elle trouva la bonne clé. Elle fut accueillie par des mesures de fanfare de la même *Italienne* de Mendelssohn. Nessim portait une longue djellaba blanche lui donnant l'air d'un prophète antique. Il était étendu sur le lit, tenant entre les mains la *Théogonie* d'Hésiode. Tout autour étaient jetés pêle-mêle rapports de police et livres de mythologie grecque. Mathilde s'approcha de lui, l'embrassa. Il n'y accorda qu'une attention distraite. Elle partit dans la salle de bains. La musique jouait toujours aussi fort. Elle revint, nue, se brossant vigoureusement les dents, pour baisser le son de la chaîne hi-fi, et repartit dans la salle de bains d'où elle s'adressa à Nessim :

— Je reviens du cinéma.

— ... Hum...

— J'ai vu *Meurtre sur le Nil*...

— Et alors ?

— L'Egypte et le crime, ça me fait rêver.

Elle réapparut, seulement vêtue du peignoir de bain de Nessim. Il ne semblait même pas s'apercevoir de sa présence. Devant l'amoncellement de papiers, elle renonça au lit et se laissa glisser sur le tapis.

— Puisque le monstre a envahi le lit, il me reste la descente. N'obtenant pas de réponse, elle insista : Foule-moi aux pieds et je te serai aussi douce qu'un pétale de rose ; fouette-moi, j'admirerai la beauté de tes doigts saisissant la cravache ; injurie-moi et je chanterai la pureté de ta langue ; mais occupe-toi de moi, un peu !

— Ne vois-tu pas que j'enquête ?

Mais déjà, il se laissait prendre au jeu : « L'espace est mon esprit et je le parcours dans chaque recoin ; le temps a adopté mes rythmes intimes et mes nuits sonnent au sablier du monde comme le sang bat dans mes veines. »

— Il paraît qu'ils jouent *l'Etrangleur de Boston*.

— ... Où ça ?

— Pas loin d'ici...

Il bondit hors du lit et commença à s'habiller.

— On y va !

28. Le Livre de Tobie

Dakar, N'gor, jeudi 13 septembre 1984, 8 heures.

Dakar, à N'gor, petit quartier populaire, près de l'aéroport, en pays Lébou. Depuis trois mois, Aminata est là, prostrée sur sa chaise. A nouveau, après l'accouchement, elle a été prise des mêmes symptômes : profondément triste, elle semble ne pouvoir regarder qu'à l'intérieur d'elle-même. Elle refuse de se nourrir, de parler ; même de jeter un regard sur celui qui passe. Les yeux rivés au sol, elle laisse bruisser l'animation de la maison sans ciller — les enfants qui courent en tous sens, sa vieille coépouse qui prépare le couscous de mil… Aminata est âgée de trente-sept ans. Grande, fine, les hanches galbées et généreuses, le visage à la peau très noire et aux dents éclatantes, le petit nez mince et légèrement busqué, et ces yeux couleur de miel… des yeux pareils, nul n'a pu en contempler par ici depuis l'origine du monde. De temps à autre, elle dit quelques mots, toujours les mêmes : « Je ne parviens pas à uriner » ; puis se lève soudain et se jette au-dehors. Immanquablement, une vieille la rattrape. Alors Aminata s'écrie : « Ils veulent ma vie ; ils déplacent mes pieds, il y a des cadavres dans mon corps, ils vont me tuer... » Elle a accouché cinq fois avant de donner naissance à Sylla, la petite dernière qui sommeille là, devant elle, au dos de sa sœur aînée. Pour le premier, le garçon, tout s'est déroulé sans encombre. Mais après la naissance de sa première fille, elle a attrapé cette maladie, la maladie des accouchées — ici, on dit, en langue ouolof : *merret* — « la maladie du mauvais sang ». Naturellement, on l'a conduite chez des guérisseurs, des *borom kham kham* (des « maîtres du savoir »). Les uns ont parlé d'ensorcellement — *ligey* — sans doute commandité par la vieille coépouse, d'autres d'une attaque par les sorciers de la nuit, les sorciers cannibales — les *döm*. Les uns ont donné des poudres de racines afin qu'elle en fît des décoctions à boire ou avec lesquelles se laver, se frictionner le ventre, le dos... les autres ont offert des protections : des ceintures fourrées d'écritures coraniques avec, en breloques, de jolies enveloppes de cuir, à suspendre à la taille, en bandoulière, des bracelets pour les chevilles, les poignets. Mais la maladie a poursuivi son cours. La première fois, ça n'a duré que quinze jours, la seconde plus d'un mois. Cette fois, ça n'en finit plus ! L'an dernier, son mari, Ousmane, l'a accompagnée à Fann, l'hôpital psychiatrique. Elle y a été reçue par un psychiatre sénégalais longuement blanchi — récuré même — dans les universités françaises. Lui, un Djola, sans doute descendant d'esclave, s'est permis de leur reprocher, à eux, des Lébou, de croire à de vieilles superstitions. Et Ousmane, qui admirait la réussite sociale du médecin, en fut impressionné. Il laissa le jeune psychiatre administrer des neuroleptiques et interner Aminata. Pouvait-il savoir que l'ambitieux espérait seulement se faire payer un voyage en Europe par une firme pharmaceutique française ? Trois mois plus tard, elle était devenue pareille aux vieilles folles, errant nue dans les couloirs de l'hôpital, hurlant à tue-tête sa peur de la mort. Ousmane n'en pouvait plus de voir ainsi se dégrader sa favorite. Un soir, aidé de deux de ses frères, il l'enleva de l'hôpital et la ramena dans le village de son père, tout là-bas, au bord du fleuve. Elle s'y rétablit en quinze jours et bientôt revint prendre sa place à Dakar, auprès de ses enfants, de ses coépouses et des enfants de ses coépouses. Et voilà que depuis la naissance de Sylla, tout recommençait ! Les vieilles femmes avaient pourtant prévenu Ousmane à plusieurs reprises : « Elle est suivie (*top*) par un *rab*. Il faut faire pratiquer un *n'dœp*. » Elles l'ont même plaisanté : « As-tu donc si peur de dépenser ton argent, Ousmane ? Tu verras, ça te coûtera beaucoup plus cher si tu attends ! » Oh, il ne s'agissait pas d'un problème d'argent ! Ousmane était simplement musulman, trop pieux pour négocier avec les *rab*, les esprits tutélaires, les ancêtres païens des Lébou. Mais il aime tant son Aminata, sa troisième épouse, sa passion du couchant. Aujourd'hui, il a enfin autorisé le rituel, visité les familles, rassemblé l'énorme somme nécessaire à payer les officiants, les joueurs de tambour, la nourriture d'une semaine pour tout le quartier.

Tout avait déjà commencé hier au soir : les

matrones avaient installé Aminata dans sa chambre, assise nue, à même la terre battue. Elles l'avaient frottée avec de l'huile rouge, l'huile de palme, et aussi avec de l'huile d'olive. La plus experte avait craché du lait à profusion, sur son dos, sur ses seins. Elles avaient ensuite posé sur son corps toutes sortes d'objets étranges : des racines médicinales, des cornes d'antilope-cheval « travaillées », versé sans discontinuer des mesures de mil sur ses bras, sur ses jambes. Elles l'avaient caressée longuement, tendrement, avec des gestes langoureux, et elles chantaient, toutes ensemble, à la cadence des tambours : « Je te caresse, mon maître, viens, saisis le corps de ta promise... » Plus tard dans la nuit, les tambours s'étaient réunis autour de la maison, certains même s'étaient installés dans la chambre, avec les joueurs de clochettes et de hochets. Ils avaient ainsi rythmé toute la nuit leur désir de voir se révéler l'ancêtre mythique, d'écouter ses paroles sibyllines, ses commandements fourbes. Au petit matin, ils avaient senti que c'était le moment et s'étaient mis à jouer de plus en plus fort. Soudain, Aminata s'était dressée de toute sa hauteur puis s'était effondrée en tremblant comme si elle avait été saisie par le froid. Tétanisée dans une attitude de violence, cambrée comme saillie par un gigantesque serpent, grognant, râlant, crachant. La plus vieille matrone questionna violemment : « Qui est-il ? Quel est son nom ? Qui est son épouse ? Qui est-il ? Dis-moi son nom... » Tantôt suppliante, tantôt menaçante, la vieille faisait mine de battre la malade. Aminata s'était mise à baver. Au bout d'une bonne demi-heure de résistance forcenée, elle révéla le nom du *rab* :

Jérémiah — les vieux dirent entre eux qu'il s'agissait d'un marchand juif portugais venu finir ses jours à Dakar dans les années 1900. Alors, les femmes l'avaient lavée, à nouveau entourée, caressée. Puis, elles l'avaient laissée dormir un peu...

Ce matin, dès le lever du soleil, débarquent les musiciens, avec toutes sortes de tambours, de tambourins et de petits violons à trois cordes. Ils font un vacarme épouvantable, là sur la place, à essayer leurs instruments. Puis sont arrivées les matrones, des femmes fortes, à la voix virile, qui ont immédiatement commencé à orchestrer la mise en scène. Voici maintenant Sar, le maître de cérémonie, le grand *borom kham kham,* accompagné d'une horde d'anciens malades guéris. Il est recouvert des pieds à la tête de colliers de cauris. Vêtu de lambeaux d'étoffes cousues avec des peaux de bêtes, il porte sur la tête un ridicule chapeau de femme blanche. Dès qu'il met un pied sur le sable au centre de la place aménagée comme une piste de danse, les tambours s'accordent instantanément pour jouer le rythme de son propre *rab* : Borom Mahamadou. Avec un large sourire, Sar se soumet au pas de danse qui se saisit soudain de lui. Le *n'dœp* commence ! Sar s'est retiré du centre. Les tambours jouent de plus belle. Une ancienne malade s'avance, amorce autour de la piste une course au rythme subtil, puis tombe sur le sol, se débat, bave quantité de mousse rosâtre, se contorsionne, comme électrifiée, puis se soulève doucement. Elle a changé de pas. Debout, elle mime le rythme d'un reptile qui avancerait au ralenti pour saisir sa proie. Les spectateurs sont giflés par la peur. C'est maintenant au tour d'une seconde...

Ousmane se tient à l'écart, bavardant du monde qui va avec deux vieux, buvant à toutes petites gorgées les quatre verres de thé, plus noir que du café, brûlant mais sucré comme le miel. Au fond de lui, il pense que le Prophète lui-même aurait accepté un tel rituel pour sauver une épouse bien-aimée. Il cache son anxiété, mais il sait, il est sûr qu'Aminata lui reviendra bientôt.

Au centre de la piste, on a maintenant amené un cabri noir, les pattes ligotées. On installe Aminata tout contre l'animal, son ventre venant épouser le corps de la bête, et on l'incite à en tenir fermement les cornes. Les officiants passent en dansant devant le couple contre nature et le recouvrent de couches successives de pagnes multicolores. Durant ce temps, les tambours poursuivent la scansion assourdissante de l'univers de l'entre-deux. Les *rab* ne cessent d'apparaître, de danser, de parler, de chanter, d'insulter, de révéler des vérités cachées, par les corps déchaînés des anciens malades en état de transe. Sar prend un poulet par les pattes, s'approche de l'amas d'étoffes et l'égorge d'un coup sec au-dessus de la tête d'Aminata. Les femmes chantent : « Caresse, je te caresse... viens mon maître... » tandis que le sang purifié du sacrifice ruisselle sur les cheveux d'Aminata... « Lave, je te lave... viens mon maître... » Enfin, on aide Aminata à enfourcher le cabri dont elle tient toujours les cornes à se blanchir les doigts. Sar danse maintenant tout près, un immense sourire aux lèvres. Il soulève ostensiblement son gilet de toutes les étoffes et en extrait une sorte de machette. D'un coup, il tranche la gorge du cabri qui est pris de soubresauts diaboliques. Le sang éclabousse les jambes d'Aminata, son ventre. Les femmes l'aident à rester sur sa monture jusqu'à ce que l'animal s'effondre au sol, s'accouplant à la terre, la fertilisant de son sang en un spasme gigantesque.

L'un des vieux dit à Ousmane :

— Voilà ta femme libérée. Son *rab*, celui qu'on appelle Jérémiah, je le connais ; il lui vient de sa grand-mère. Elle aussi, la vieille, il la faisait danser, mais il lui soufflait aussi à l'oreille les secrets de la fortune. Quelquefois, nous sommes les esclaves de nos ancêtres, c'est à les servir que l'on doit de jouir des biens du monde. Tu devras veiller à ce qu'elle lui élève un autel (*xamb*). Mais prends garde : le lundi et le jeudi, tu devras la laisser dormir seule, toute vêtue de blanc. Prends garde, Ousmane, accepte les exigences des *rab,* et tu resteras un homme de sagesse.

Le rituel dura encore sept jours durant lesquels tout un quartier vécut à honorer ses ancêtres et à faire renaître au plaisir l'une des meilleures parmi les siens. L'année suivante — Dieu seul sait quelle mouche l'avait piqué —, Ousmane, espérant dans le *rab* d'Aminata, émigra en France, pour chercher fortune.

*Paris, XVI*e *arrondissement, jeudi 21 septembre 1989, 10 heures.*

Aminata venait d'accoucher d'un septième enfant. Le soir même, elle fugua de la maternité, courant à travers les rues de Paris, hurlant en ouolof qu'« ils voulaient sa vie, qu'ils déplaçaient ses pieds, qu'ils allaient la tuer ». Elle s'était perdue dans le métro et avait été admise d'urgence à l'hôpital, dans le service de psychiatrie. Ce matin, Nessim faisait sa « visite », suivi d'une dizaine d'attachés, d'internes, d'externes. Assis auprès d'Aminata, Ousmane, en complet-veston, les traits marqués par sa nuit de veille, la chemise défaite, pleurait doucement. Nessim vint s'asseoir auprès de lui. Après s'être longuement fait raconter l'histoire de la malade, il resta silencieux un très long moment. Il pensait : « Les *rab* n'aiment pas que ceux qui les servent désertent leur terre. Comment quitter son monde en respectant le lien qui nous unit aux ancêtres ? » Une incompréhensible tristesse se saisit de lui et il sentit des larmes centenaires lui gonfler les yeux tandis qu'il se murmurait à lui-même : « Ousmane, mon frère, comment quitter sa terre... ? »

29. La descente aux amphés

Neuilly-sur-Seine, nuit du mercredi 20 au jeudi 21 septembre 1989.

Par la petite lucarne bordée d'aluminium, le soleil a surchauffé la chambre mansardée, toute la journée durant. Maintenant, les gouttes de pluie n'en finissent plus de clapoter et le poêle brûle sans cesse, collant aux parois une chaleur de couveuse. Sur la vitre, une épaisse buée dessine un rideau d'ouate étouffante. Ronflement inquiétant du silence de la nuit. De temps à autre, le gros chat roux déambule à travers la pièce minuscule, hurlant soudain des miauleries lancinantes. Sur les murs, la peinture scarlatineuse se dépiaute par pans entiers. Dans ce trou à rat, ce placard d'Anne Frank, le long de cordes rêches tendues entre des espagnolettes écaillées, pendent des dessous précieux, des culottes de femmes en satin et en soie, une guêpière noire, un kimono doré... A l'étage inférieur, on entend la longue effusion du violon du *Concerto* de Tchaïkovski. Incompréhensible terreur. Rangés sur un plateau comme des instruments de chirurgien, un couteau dont la lame presque filiforme brille comme un miroir, un pistolet automatique et un rasoir. Dans cette pénombre, on distingue à peine les mêmes mains fines astiquant longuement, amoureusement, un deuxième couteau — un poignard de commando. Plus loin, sur la table : ce même classeur de plastique rouge dans lequel on a vu ranger les coupures de journaux. Les mains posent le poignard et fouillent fébrilement la poche d'un long manteau d'homme. Elles en retirent un petit sachet de nylon transparent contenant une dizaine de pilules de Maxiton ; en piochent promptement deux et les jettent au fond de la gorge. Petite rasade de whisky par-dessus.

« Maman... Maman ! Tu sais comme je t'aime. Reviens comme tu sais le faire certaines nuits. Reviens une fois encore dans ton déshabillé blanc... »

« Bien sûr, je l'appelais papa... faut pas être dégueulasse ! N'empêche que lui, il savait qu'il était pas mon père... pour cause, j'ai commencé têtard quand il était taulard. Alors, dès que j'ai eu six ans, ou peut-être huit, pas plus, il voulait que je mette la main à sa braguette. Il faisait semblant de faire la sieste et quand je passais à sa portée, l'ivrogne, il me saisissait la menotte pour me la guider. "Papa !" Sur-le-champ, ça me filait envie de gerber ! Une fois, je l'ai vu arriver, le vieux gluant ! J'ai hurlé. Il m'a envoyé une mandale et maman m'en a recollé deux par-dessus pour avoir gueulé. "Mais maman... merde !" Et encore une autre pour le gros mot ! Merde ! Faut dire qu'avec la Natacha, il devait y avoir perpète qu'il se l'accrochait derrière l'oreille, l'infect. Mais le pire, ça a été son copain, le fantôme turc. J'avais pas dix ans. Il avait dû me jouer aux quatre-cent-vingt-et-un. Le gros plein de poils s'est glissé dans mon lit en pleine nuit. Dans mon sommeil, il m'a tenu la bouche fermée avec sa grosse patte de singe et m'a ouverte par le bas, comme une écrevisse. J'ai senti que ça se déchirait, un peu comme si je perdais une carapace et que c'était tout mou et rose par en dessous. C'est cette nuit que j'ai avalé mes derniers mots. Je jure que jamais, plus jamais depuis, un homme ne m'a approchée. Mais le Turc et moi, on est comme mariés, parce que lui non plus, il n'en a jamais touché une autre depuis, ni même un mec, ni une chèvre, ni un bouc, ni même un morceau de mou, le connard. Dans l'escalier de l'hachélème que je me le suis fait, le porc, et à l'arme blanche, avec la baïonnette que maman planquait sous l'oreiller les soirs de parano ! Et qui donc aurait pu me soupçonner avec mes grands yeux bleus innocents ?

« Maman s'appelle Natacha — Lewkowicz de son nom de jeune fille. Elle est née juive, en Lituanie, en 1925 — personne ne connaît le mois ni le jour. Ils savaient pas compter, en c'temps-là ! L'état civil français a inscrit : 1er janvier 1925. En France, si on ne connaît pas sa date de naissance, c'est qu'on est né le 1er janvier, comme le Christ. Ils sont comme ça, ici — tout le monde au moule ! Sa mère lui a raconté que les cavaliers cosaques étaient arrivés en pleine nuit, avaient écrabouillé les têtes des bébés contre les murs des maisons, décapité les hommes, éventré les vieilles à la fourche et, naturellement, violé les quelques femmes valides, dont l'aïeule. C'était la compensation que l'Armée rouge leur avait offerte pour les dédommager de la révolution bolchevique : un pogrom, encore un, comme au bon vieux temps ! La grand-mère avait fui l'Union soviétique trois mois après avoir accouché... de ça ! Il paraît que je garde une petite tache bleue entre les fesses — on appelle ça la tache mongolique. Et moi qui me faisais violer à dix ans par un autre Mongol... y'a pas, ça saute une génération, c'est sûr ! »

Les belles mains fines se saisissent à nouveau du long manteau d'homme. Elles retirent de la poche le petit sachet de nylon et se jettent encore deux amphés au fond de la gorge. Nouvelle petite rasade de whisky par-dessus.

Neuilly-sur-Seine, jeudi 21 septembre 1989, petit matin.

Devant la maison des Cournut, une meulière au style baroque. Le paysage a gardé imprimé le somptueux violon de Tchaïkovski. Dans la froidure de l'aube, un cyclomotoriste emmitouflé dans son long manteau noir, casqué de noir, a peine à démarrer son moteur. Une grosse montre d'homme au-dessus d'un gant de cuir brut : il est 6 h 15.

30. « Il arrivera qu'en ce jour-là... »

Asnières-sur-Seine, mercredi 20 septembre 1989, 14 heures.

Installé sur la banquette arrière, l'Uzi pointé sur la nuque du vieux con, j'en reste comme deux ronds de gelée ! L'abruti n'arrête pas de blatérer sur les immigrés. Je dois dire que je les trouve vraiment honnêtes, ces racistes ; même avec un P.-M. braqué derrière la calotte, ils continuent à clamer leurs idées ; ça, c'est la foi ou j'y connais rien..., non ? Ça m'énerve à peine. Je me surprends à imaginer tout ce que je pourrais lui découper là, sur-le-champ, à ce débile : les oreilles qu'il porte bien décollées sur sa nuque rougeaude d'alcoolo ou bien un morceau de cervelle que j'irais lui chercher par le nez avec une pince à épiler, alors qu'il serait là, bien vivant, à dégueuler ses tripes...

Encore un souvenir qui surgit de je ne sais où : mon père qui me raconte comment il doit d'avoir survécu à Auschwitz au fait qu'il était assistant de leur petit Mabuse local, leur Mengele de merde. Ce taré, il lui faisait faire des opérations sans anesthésie, des greffes d'organes d'animaux, sur des juifs, comme ça, pour voir... Mais alors, mon père... il était toubib... ou quoi ?

— Tu me fatigues, gros porc. Si tu ne la fermes pas, je te perce une couille et je t'en fais boire le jus... Tiens, tu vois là, porte d'Asnières, tu sors du périph', Anatole...

Il y a cinq ans, en rentrant de Conflans, je me l'étais tapé à plus de 200 le périph', sur la grosse bécane. J'étais pressé de sentir sous les doigts la douceur des billets de banque. Et puis, elle m'enivrait, la Honda, je pouvais pas me retenir de lui filer à téter. Du coup, arrivé porte de Clignancourt, plutôt que de bifurquer vers Paris, je me paie un nouveau tour de *ring* rien que pour le plaisir de tirer des bords à 200 à l'heure entre les deux pattes. J'embarque vers l'Est, comme les juifs au temps des Croisades. Porte de la Chapelle, j'avais déjà fait l'intérieur à une paire de motards quand débouche, tout doux, un corbillard par la bretelle de l'autoroute. J'ai juste eu le temps d'apercevoir la bobine du croque-mort, bouche ouverte, qui essayait d'avaler une mouche. J'ai senti que c'était pas possible de freiner ; d'ailleurs, j'ai même pas essayé. J'ai couché la machine et j'ai commencé à rouler-bouler sur le goudron. Dans ces cas-là, c'est simple : faut pas rencontrer d'obstacle... Putain ! le vacarme des bagnoles qui freinaient pour m'éviter ! Le refroidi s'est ramassé la moto sur la tronche et son chauffeur est allé le rejoindre aussitôt dans le cercueil. Et moi, je me suis retrouvé debout, sans une égratignure, sans même un bleu, le casque à mes pieds, ouvert en deux comme une noix, au milieu des bagnoles qui avaient fini par s'arrêter. Je me suis mis à courir, à courir entre les autos. Un justicier qui dégoulinait le Pierrefontaine à ras bord est sorti de son estafette pour me barrer le passage. Et ça a été le déclic. Il s'est ramassé mon genou dans les swingueuses et un coup de boule à la base du nez. J'sais pas mais ce jour-là, j'avais hérité la rage des mille, la rage des millions qui n'avaient pas vu venir la mort.

Il arrivera qu'en ce jour-là
il n'y aura plus de lumière
mais de la froidure et du gel...
Il ne sera ni jour ni nuit
et au temps du soir il y aura de la lumière...
Zacharie (XIV, 6-7.)

Devant mes yeux, il s'était fait du noir et c'était comme si le ciel s'entrouvrait. J'sais pas mais ce jour-là, j'ai explosé comme une bombe à fragmentation qui enverrait ses billes à tous les coins, à l'aveugle, à la poursuite des Viets, sur une musique de Wagner. J'ai sorti le flingue et je me suis mis à canarder, comme ça, n'importe où, grimpé sur le capot d'une 504 ; ça ricochait sur les tôles des bagnoles et ça sifflait partout. Devant mes yeux, il y avait toujours comme un voile noir tendu et, dans ma tête, ce même silence de l'orphelinat : « Ho là là Lenny, tu vas trop vite... »

En ce jour-là...
je frapperai tout cheval d'affolement

et son cavalier de démence...

Zacharie (XII, 4.)

Et je me suis hissé sur la glissière du milieu et debout là, en équilibre, j'ai même rechargé le revolver et je me suis remis à tirer n'importe où, des deux côtés, comme le flash du radar pour les contrôles de vitesse. Je crois que j'étais devenu fou. Et le ciel s'est ouvert, et je l'ai entendu, dans ma tête, avec sa belle voix grave, ce con... Dieu... Je sais pas comment j'ai fait pour arriver au métro — direct Pigalle, et sans billet.

Je me suis calmé durant le trajet. Une rouquine aux yeux d'enfant, roux-vert, perdus dans un masque trop grand où transpiraient les ombres vagabondes d'un sourire, m'avait regardé par-dessus son magazine. Et ça m'avait suffi !

Dans l'appartement de l'avenue de Clichy, Laure tournait en rond en fumant des Dunhill à la menthe. Ah, Laure, ma louve, en te voyant, j'éprouvais la sensation furtive des longs cheveux bouclés sur la nuque des femmes folles, Laure, ma déesse de la mort...

— Te voilà enfin, Jean ! On se tire tous les deux en voiture avec le sac. Ali et Ahmed repartiront par la Suisse, en train.

— Mais où va-t-on ?

— En Allemagne, à Cologne. Je connais des types qui nous échangeront les dollars contre des francs propres, pour qu'on ne se fasse pas repérer... Mais où est Mustapha ?

— Pas vu !

— Et comment as-tu appris qu'on était rentrés à Paris ? m'a demandé Ali...

S'il n'y avait pas eu cette petite rouquine dans

le métro, le ciel ne se serait peut-être pas refermé, j'aurais peut-être continué à l'entendre causer, mon copain à la belle voix grave ; je me serais peut-être payé ma petite bande de terroristes en plus, pour le dessert, j'aurais gardé les dollars pour moi... et je serais peut-être parti m'installer en Uruguay, au Paraguay, comme Mengele. Mais non ! Il a fallu que Laure soit si belle. Il a suffi que je l'aperçoive pour que je sente mes pieds fourmiller, comme chaque fois que j'éprouvais du désir. Et puis, lorsqu'elle m'a présenté la Ferrari, la sublime, la souveraine, la 365 GTB 4 — dite « Daytona », 352 chevaux, couleur rouge sang, sous un long capot de métal vivant...

— On part là-dedans, Jean !

— Tu parles qu'on y va, et tout de suite...

J'ai pas hésité une seconde.

L'Uzi toujours pointé sur la nuque du vieux con, je m'endors un peu, là, sur la banquette arrière.

— Hé, le raciste, tu te trottes un peu, on a rencard avec une copine. Moi, je l'ai déjà ratée plusieurs fois ; mais toi, je te promets que tu te la feras du premier coup !

Et je lui vrille un petit coup de pistolet-mitrailleur sur l'occiput. Ça ne l'empêche pas de continuer :

— ... les négros, ça sent une drôle d'odeur... c'est comme si c'était moisi... tu ne trouves pas ?

— Toi, le castrat du cervelet, je te promets que je vais te faire avaler ta carte d'électeur. Et pas plus tard que tout de suite... Je vais te dire un truc : il y a des mecs, comme moi, on dirait comme ça qu'ils sont blancs, mais si tu leur retournes la peau, en dessous, ils sont tout noirs... tu comprends ? Tu veux essayer ?

Dans le rétro, il a maté mes yeux délavés, froids comme ceux d'un serpent, et après ça, il s'est bien tu trois minutes.

Asnières, gare de Bécon-les-Bruyères. J'ordonne au vieux fumier de rôder un peu dans les environs. Tout de suite, j'aperçois les trois cars de C.R.S. devant un immeuble moderne, en bordure de la voie ferrée. Ils gardent la résidence d'un officiel de l'ambassade de Libye. Je comprends que c'est là qu'Ali et Ahmed ont planqué le magot. C'est marrant de penser que les C.R.S. français veillent sur le trésor de guerre de toutes les bandes à Baader d'Europe, sans même le savoir... ou peut-être en le sachant... ou peut-être sous les ordres de l'Elysée... Il y a de drôles de trucs, dans la vie...

Ça fait un moment que je l'attends, ce moment !

> Voici que vient le jour de Iahvé
> où dans ton sein, on se partagera tes dépouilles...
>
> *Zacharie* (XIV, 1.)

J'ordonne au crétin de stopper la XM cent mètres plus loin et je descends.

— Allez, sans rancune, vieux...

Il a pas sitôt démarré que je décharge le P.-M. dans le réservoir d'essence. Aïïïaaah... On se croirait chez les Chinois pour la nouvelle année. Il y a des morceaux de caoutchouc mélangés avec des tripes de connard raciste qui volent à très basse altitude et ça pue le cochon grillé. Je sais pas si les youdes ont une culture du fric, mais je dois dire que la chrétienté est une culture du porc ; et ça, ça se reconnaît à l'odeur ! J'connais pas l'odeur des Noirs, mais les Blancs, aryens, cathos et tout, ça pue le cochon rose... et maintenant, le cochon grillé ! Les C.R.S. sortent de leur camion et se précipitent. Il n'en reste qu'un en faction à la porte de l'immeuble qui crève d'envie de rejoindre ses copains et qui regarde dans leur direction. Je me faufile derrière lui. Dans l'immeuble, je fonce dans la cage d'escalier et je monte les étages quatre à quatre, l'Uzi dans une main, le 357 dans l'autre. Au quatrième, j'entends un bruit d'affolement et des bronzés qui parlent l'arabe. La quéquette recroquevillée dans l'abdomen, je comprends que c'est ici qu'aboutira ma quête...

> Et la ville sera prise et les maisons pillées,
> les femmes seront violées...
>
> *Zacharie* (XIV, 2.)

Je me planque derrière la porte de l'ascenseur. Mon métronome a perdu sa clé de sol ; il se met à rythmer un chœur de tam-tam, à Yaoundé un jour de Pentecôte ! La douleur me lance l'épaule. J'essaie de me reprendre, mais n'y parviens pas ; et soudain me revient encore un souvenir de mon père : « *Fishele*, je ne peux pas te raconter ; mais je ne parviens pas à oublier... les *Sonderkommando*, *fishele*, tu sais ce que c'est ? » Où que tu sois maintenant, le vieux, n'oublie rien, rien ! Soudain, j'entends comme si on ouvrait d'un seul coup les vannes d'une écluse et qu'on laissait déverser en une fois toutes les eaux du Niger. Je ne comprends pas. Je lève les yeux et, par la fenêtre du palier, je vois le ciel qui s'ouvre en deux, et derrière, une énorme fente noire. Et je l'entends de nouveau, cette belle voix grave, mon copain de là-haut qui parle, encore...

> Alors sortira Iahvé,
> il combattra contre ces nations,
> comme au jour où il combat,
> au jour de la mêlée.
>
> *Zacharie* (XIV, 3.)

Je bondis hors de ma cachette. Un énorme Arabe garde la porte, armé d'un fusil d'assaut Kalachnikov. Il ramasse une balle de Magnum dans le bide, s'effondre sur le dos et se met à injurier ma mère dans sa langue. Je lui pose mon engin sur le sexe et lui demande la clé de la porte d'entrée. D'un geste, il me montre la poche de son veston. Je prends la clé mais ne résiste pas au plaisir de lui exploser les glaouis. A l'heure qu'il est, il doit encore être en train de poursuivre ses balles de ping-pong dans l'enfer des chiites. Je rentre dans l'appartement en hurlant : « Tout le monde, les mains sur la tête ! » Là-dedans, la musique arabe joue à tout rompre et des prostituées marocaines se trémoussent autour d'un petit maigrichon au visage bombardé de cicatrices d'acné. Il est étendu sur un sofa, fumant son narguilé. Comme ils n'ont pas eu l'air de m'entendre, j'éclate d'un coup de pied l'alambic où bouillonnent des vapeurs de paradis. Et je gueule : « La valise aux dollars ? » L'ambassadeur reste muet de terreur. Je lui tire une balle dans la rotule, juste pour voir la gueule qu'il fait. Avant de partir faire sa prière de l'après-midi, *el'asr*, la quatrième, il me désigne une porte du doigt. Une rafale d'Uzi dans la serrure ; j'entre.

Un gros type, genre allemand, à la peau couleur jaune-de-gris, est assis, ligoté, bâillonné sur une grosse valise de cuir. Des demi-lunettes de presbyte aux verres cassés lui pendent sur la poitrine au bout d'un cordon sale. Un collier de barbe grisâtre lui forme une auréole de poussière autour du visage ; son front transpire à grosses gouttes et ses yeux d'ardoise pourrie guettent mes intentions. Ça pue l'angoisse dans son futal ! Je lui retire son bâillon.

— Qui es-tu ?

D'un trait, il me déverse :

— Italo Bing. Professeur titulaire de psychologie clinique...

Il est tellement terrorisé qu'il se met à réciter :

— ... C'est de vérité qu'il s'agit parce que c'est l'effet d'une parole pleine de réordonner les contingences passées en leur donnant le sens des nécessités à venir, telles que les constitue le peu de liberté par où le sujet les fait présentes...

J'éclate de rire. Du coup, ça me fait atterrir. Le ciel se referme et je n'entends plus les craquements qui faisaient un bruit de tonnerre sous mon crâne. Tenant le prof par le revers du veston, je le redresse et constate qu'il tient ses jambes bizarrement arquées. Il a vraiment l'air d'avoir pissé dans son bène. Je prends la valise et lui mets l'Uzi dans les mains :

— Tiens, c'est une compensation pour la mitraillette que t'as perdue, coco. T'inquiète, mon pote, passe le temps : venge-toi ; ça te distraira...

Et je me tire avec les dollars.

Plutôt que d'essayer de fuir avec le fric, je choisis de monter jusqu'au dernier étage. Là, je trouve une trappe près de l'ascenseur et j'y fourre la valoche et le Magnum. Puis, je prends mon air de débile et sors de l'immeuble. Il y a un tel foutoir dans la rue que personne ne prête attention à ma dégaine de clodo.

J'exulte. Je m'en suis sorti. Putain de bordel de vérole de moine, je suis vivant... Je suis un prince ! Tu te souviens ? Ils avaient systématiquement détruit les cellules de mon corps, introduit dans chaque case de ma raison la mort-aux-rats de leur idéologie de merde parce que j'étais vide ; parce que je ne disposais pas de la mémoire de mes ancêtres. C'est dans ce trou sans fond laissé par l'oubli qu'ils avaient fourré leurs idées incolores, leurs pensées du néant. L'idéologie est un cancer qui guette chaque migrant, à la première, à la seconde et jusqu'à la septième génération. Mais je me suis purifié... sur le trottoir... dans la douleur et dans le meurtre. Je suis vengé... vivant... Un prince... je suis un prince ! Derrière, j'entends les sirènes des cars de flics et j'ai envie de me marrer. Hurle, hurle, vieux frère ; siffle, siffle, enfant de putain ! Je ne t'entends pas. Je parle au ciel en direct. Je suis un prince ! Je n'ai besoin de personne. Je suis un prince !

Asnières, mercredi 20 septembre 1989, 16 h 12.

Et il arrivera en ce jour-là
que les prophètes auront honte

chacun de sa vision, durant sa prophétie...
Zacharie (XIII, 4.)

Une bagnole de flic s'arrête à ma hauteur. Un vieux policier, cheveux blancs, mise élégante, tantouze un tantinet, surgit avec un de ses potes d'une Renault 21 gris métal et me brandit le nez d'un Colt Cobra sous le menton. Il sort une carte de la poche intérieure de son veston et dit d'une voix un peu efféminée :

— Inspecteur Favreau, S.R.P.J. d'Asnières. Voulez-vous me suivre s'il vous plaît, monsieur ?

— Oh merde... !

31. A quoi sert de parler ?

Paris, XVIe arrondissement, jeudi 21 septembre 1989, midi.

Nessim quitta le service avec cette même envie de pleurer. La pluie avait cessé maintenant et un vent tiède balayait nuages et feuilles mortes. Tout en bavardant avec la jeune interne qui avait l'air d'une infante de Vélasquez, avec ses cascades ondulantes de longs cheveux fauves, il entreprit de décapoter la Donkervoort. La jeune femme le questionnait sans se lasser :

— Mais pourquoi dire à cette femme qu'elle est possédée par un *rab* et non pas écouter sa souffrance... Qu'est-ce que vous gagnez à lui parler d'esprits ? Vous, un professeur de médecine ! Vous y croyez, vous, aux esprits ? Ne pensez-vous pas que ça lui ferait du bien, en revanche, de parler de sa vie confinée, des rivalités avec ses coépouses, du décès de sa mère... ? Vous ne l'avez même pas écoutée... De plus, j'ai l'impression que ça ne marche pas très fort dans ce couple... Et on dirait que ça ne vous intéresse pas... la vie sexuelle de vos malades, ça ne vous intéresse pas ?

— Les paroles issues de la vie quotidienne ne connaissent qu'un seul chemin, qu'une seule maison, qu'un seul village. Au premier carrefour, elles s'égarent. Notre métier consiste à trouver des paroles qui proviennent de l'origine du monde, des paroles-noyaux. Seules celles-là sont actives... Vous êtes bien jeune... Vous verrez... avec l'expérience... parce que vous êtes douée... vous apprendrez...

Le V8 de la Donkervoort se mit à pétarader une chanson rauque. La directrice de l'hôpital partait déjeuner, tenant en laisse son horrible chat siamois louche et sans queue. Cinquante fois Nessim lui avait réclamé quelques piécettes pour son laboratoire, mais cet irascible tyran de l'Assistance publique, la grasse aux mille pouvoirs, avait toujours d'autres priorités. Et puis, comme tous les directeurs d'hôpitaux, elle détestait les médecins, surtout Nessim qu'elle trouvait trop intelligent, trop séduisant... Et même s'il ne lui avait rien demandé... A quoi sert de parler ? Lorsqu'il la sentit à sa portée, Nessim appuya avec force sur la pédale d'accélérateur. L'horrible matou, effrayé par le grondement diabolique de l'échappement, tenta de se réfugier près du sexe mou de la directrice au cœur de pierre. Lorsqu'il vit que l'animal avait entrepris de lacérer le nylon, Nessim sourit en pensant, l'espace d'un instant, que sa passion des belles autos lui apportait quelquefois plus que la griserie de la vitesse.

Au premier feu rouge, il appela Mathilde au radiotéléphone. La sonnerie retentit une bonne demi-douzaine de fois ; enfin elle décrocha :

— Je ne t'ai pas réveillée en partant ? Ah, c'est maintenant que je te réveille ? Rendors-toi mon bébé ; je te rappellerai plus tard... Ce matin, j'ai longtemps contemplé les tremblements de tes paupières qui caressaient de silence mes hommages maladroits. J'ai préféré partir sans bruit... Où je suis ? Je viens de quitter l'hôpital... en route vers l'université... Oui, j'ai terminé la visite. Une malade m'a beaucoup impressionné... Non, cette fois ce n'était pas une Malienne... non, je te dis : une Sénégalaise !

La circulation était très dense tandis que le violon de Brahms grimpait encore plus haut dans les aigus. Sans grande conviction, il lui demanda :

— Bien sûr, je n'ai pas beaucoup de temps, mais nous pourrions déjeuner ensemble, si tu voulais ?

— Tu as envie de donner des boutons à tes étudiantes ? Oh non ! Que dirais-tu si nous partions plutôt à la mer ? Veux-tu ce soir ?

— A la mer ? Pourquoi pas ! Oui, mais pas cette semaine... Pourrais-tu me rendre un petit service aujourd'hui ? J'aurais besoin que tu m'achètes un ou deux livres... Oh non, ma douce ; c'est très urgent !

— Bon ! A quelle librairie dois-je me rendre ?

— Aux « Belles Lettres », boulevard Raspail. Tu vois où c'est ? Tu me cherches, de Plutarque — tu notes ? — Plutarque, *la Vie de Pélopidas*. Ensuite, de Théodoret de Cyr — celui-là, je ne suis pas certain que tu le trouveras, mais essaie tout de même — donc de Théodoret de Cyr : *Pour guérir les maux des Grecs* ; non, attends, ce n'est pas fini... de Clément d'Alexandrie : *le Protreptique*... oui, c'est ça, *Pro...trep...tique*... c'est ça ! Oui, Clément était un Père de l'Eglise... il était originaire d'Alexandrie ; en Egypte, bien sûr... Et si tu pouvais aussi... tu notes ? d'Arnobius : *Contre les gentils* ; parfois c'est traduit sous le titre : *Contre les païens*... C'est un peu comme le livre de Clément. Il veut montrer comment les païens, ceux qui ignorent Dieu, le vrai dieu monothéiste, sont capables des pires sauvageries pour honorer leurs idoles... Ces pères-là savaient ce qu'était la sauvagerie... Pourquoi je te demande de me les acheter ? Mais parce que le mystère des meurtres de Neuilly s'y trouve résolu... Bien sûr que je t'expliquerai... Comment est-ce que je peux résoudre une telle énigme ? Non, je n'ai rien à voir avec la police... Pourquoi est-ce à moi qu'on demande de résoudre une énigme policière ? Mais parce que, flottant dans un vide de sens, je suis contraint d'en fabriquer sans arrêt, comme la chenille produit du fil de soie..., est-elle consciente qu'elle travaille à tisser ton corsage ?

Asnières-sur-Seine, commissariat, jeudi 21 septembre 1989, midi.

Fred avait encore passé la nuit dans la tour de Neuilly-sur-Marne, chez la Truite, et comme chaque fois que cela se produisait depuis quinze jours, il jurait au matin que ce serait la dernière fois. Pourquoi éprouvait-il en ce moment une telle antipathie à son égard alors qu'il n'avait jamais autant désiré Simone ? La bourgeoise de l'autre soir avait franchement une autre gueule, mais elle ne l'excitait pas. Et même Juliette Gillibert, la jolie juge d'instruction, avec ses grands yeux verts, il savait qu'il n'arriverait pas à bander pour elle, même en l'imaginant à poil, suspendue à une poulie, au plafond d'une cave de grands inquisiteurs ! Mais quoi ? D'où provenait cette forme impérieuse du désir ? Etait-ce donc la seule expression de l'amour ? Ou bien une singularité qui lui était propre parce qu'il n'avait pas connu son père ? Il aurait bien aimé poser quelques questions au psychiatre, ce docteur Taïeb qu'on lui avait balancé entre les pattes... Et si le docteur répondait à ses questions, est-ce que ça changerait quelque chose à sa vie ? Il n'en était pas si sûr... A quoi bon parler ?

Le commissariat était sens dessus dessous, les cages pleines à craquer. Il y avait d'abord eu cette attaque de l'appartement des Libyens. Bien sûr, c'étaient les C.R.S. du ministère de l'Intérieur qui gardaient l'immeuble, mais tout de même, sur le territoire de Fred ! Aucun des trois Libyens n'avait survécu au massacre ; mais après la cohue, on avait interrogé les prostituées marocaines et chacune racontait l'histoire à sa manière. A quoi bon les écouter parler ? Cette affaire n'était vraiment pas claire ! Fred s'était fait un peu de pub en se montrant à la télé avec le prof de psycho émasculé (ces freudiens qui ne pensent qu'à ça !). Mais ça sentait la politique internationale à plein nez... Il savait que les pontes du contre-espionnage lui retireraient l'enquête avant qu'il n'ait pu interroger le premier suspect. Il connaissait trop bien les obstacles de toute nature qui surgissaient à chaque pas dans ce genre d'affaires. Il avait donc décidé de mettre plutôt le paquet sur les meurtres de Neuilly et avait ordonné à ses adjoints d'interroger de près le moindre suspect. Hier soir, l'équipe de flics avait quitté le commissariat à 2 heures du matin. Et ils avaient remis ça dès 8 heures aujourd'hui.

Quant à Fred, il s'était offert une heure de réflexion, entre 10 et 11, en se faisant masser, les yeux mi-clos, sur le radeau de la Truite. Il en était arrivé à la certitude qu'ils avaient déjà interrogé au moins une fois le meurtrier de Neuilly. C'était obligé ! Il avait dû traîner sur les lieux du crime, s'être fait embarquer pour un contrôle... Il suffisait de convoquer à nouveau tous les suspects arrêtés sur les lieux juste après les meurtres, de les interroger avec l'aide du psychiatre, et même s'il y en avait une centaine... cette fois, ce serait la bonne ! Fred avait l'habitude de ce marasme, de cette bouillie informe dans laquelle stagnait une enquête durant des mois. Mais il savait aussi reconnaître ce petit déclic qui annonçait que les choses commençaient à prendre sens. Pour les crimes de Neuilly, c'était maintenant ! Et de cela, il en était sûr !

Il hurla à la cantonade :

— Tout le monde au rapport, dans mon bureau !

Les inspecteurs Cahn, Favreau, Bayle et Le Guen vinrent le rejoindre aussitôt.

— Alors, Cahn, où en êtes-vous ?

— Dans ma liste, un seul personnage mérite qu'on s'y attarde : un épicier arabe qui livre quelquefois à domicile... Un drôle de type qui doit plus ou moins trafiquer dans le haschisch. Il a deux femmes : l'une tient une épicerie à Neuilly, l'autre un café à l'autre bout de Paris, dans le XIIe... Il rentre des halles tous les jours vers 10 ou 11 heures. Quelque chose ne correspond pas dans le personnage, néanmoins. Je le verrais bien se livrer à la traite des Blanches mais il aime trop les femmes pour les zigouiller. Ah, autre chose : nous avons reçu au moins dix lettres anonymes le désignant comme le meurtrier.

— A convoquer avec le docteur Taïeb ! répondit Fred. Je veux le voir aussi ! Mais avant, interrogez sa femme, l'épicière... A-t-il déjà consulté en psychiatrie ? Comment ? Vous ne le savez pas ?

— Difficile à savoir ! En tout cas, son nom ne figure pas dans le fichier de l'hôpital de secteur...

Le commissaire se tourna vers l'inspecteur Bayle :

— Et les autres lettres anonymes, ça donne quoi ?

— La routine : mauvais voisins, mauvais coucheurs, cocus vengeurs... nous vérifions... Une lettre m'a paru bizarre cependant. Elle est signée « Le monstre fou de Neuilly ». Il dit qu'on ne l'aura jamais, que d'ailleurs il est un gendarme et qu'il est au courant de nos moindres faits et gestes...

— Et qu'est-ce qu'il y a de bizarre ?

— Rien ! Sauf qu'il décrit précisément la balafre sur le sexe d'Arthur Stein alors que nous ne l'avons pas signalée aux journalistes...

— C'est un taré de la maison... d'autres lettres ?

— Ah oui ! Une marrante, provenant d'une féministe sans doute... Attendez, je la cherche... la voici : « Pourquoi croyez-vous, phallocrates-flics, chiens débiles de la bourgeoisie, que le meurtrier est nécessairement un homme ? Pensez-vous donc les femmes trop faibles pour commettre des crimes sexuels ? »

— Bientôt, Dieu lui-même sera une femme..., plaisanta Bayle, et le vieil inspecteur Favreau marmonna :

— ... déesse...

— Comment ?

— ... Ça existe mon vieux... ça s'appelle une déesse...

Le commissaire reprit :

— Et vous, Le Guen ?

— Je vous ai dégotté un facteur, fou comme un lapin, patron. Deux fois hospitalisé en psychiatrie ; toute la journée dans les rues de Neuilly sur son vélo. On a retrouvé chez lui trois fusils 22 Long Rifle. Chaque fois qu'on lui pose une question, il répond à côté. Il mesure au moins 2 m et a d'énormes paluches de trente centimètres chacune. Il vit seul avec sa mère qui semble terrorisée par ses délires. Elle nous a raconté qu'il était scandalisé par les mœurs sexuelles des habitants de Neuilly, qu'il parcourait la ville, la nuit, avec une lampe torche pour mater dans les bagnoles... et qu'il éventrait des haut-parleurs de chaînes hi-fi...

Le jeune Bayle rigola :

— ... il met des chaînes aux filles...

Et Fred reprit, sévère :

— Vous me l'amenez, on va aussi le recevoir avec le psychiatre.

Puis, se tournant vers son vieux complice :

— Et toi, Favreau, qu'est-ce que tu nous proposes ?

— J'ai ramassé un clodo pas net du tout, juste après l'attaque de l'appartement des Libyens...

Mon vieux flair me dit qu'il a des trucs à nous raconter, çui-là. Et puis, tu verrais ses yeux... Tout se brouille lorsqu'il lève ses yeux ; il les a couleur d'eau de Javel, jaune-vert délavé — j'ai jamais vu des yeux pareils ! Je ne sais pas pourquoi, quelque chose dans son regard rend les objets instables, amollit les murs, anémie les troncs d'arbres, brouille la différence entre jour et nuit...

Fred le connaissait, son Favreau ! Il avait d'abord pensé au déclenchement d'une passion homosexuelle soudaine. Là pourtant, ce n'était pas la tante mais le vieux flic qui parlait, celui qui savait reconnaître à des kilomètres, à la seule façon de cligner des yeux, le mec à cuisiner. Fred s'enfonça dans son fauteuil, étendit les jambes sur le bureau et l'encouragea à poursuivre :

— Raconte encore...

— Tu plonges dans son regard, et c'est comme si les objets étaient pris de fièvre, comme si le vent venait de l'intérieur des maisons et gonflait les vitres du dedans, comme si les forêts se mettaient à glisser le long des collines, comme si les routes se rassemblaient toutes pour former des champs de grisaille pointillés de fleurs de soleil...

Le jeune Bayle éclata de rire :

— Hé ! T'as pris un coup de soleil, pépé ?

Mais Favreau savait qu'il fallait dégager la gangue du langage pour laisser apparaître un mince fragment de réel, et pour cela, il fallait parler comme il le faisait, presque « poétiser ». Sans sourciller, il poursuivit :

— On était de ronde avec le jeune Amar. On passe gare de Bécon ; il y avait au moins quinze bagnoles de flics après l'attaque de l'appartement des Libyens. J'ai pensé : si notre monstre a entendu la fusillade, il est certainement venu se balader par ici. Alors je demande au môme de patrouiller tout doucement autour du pâté de maisons, et je vois ce type qui sort de l'immeuble. Tu me croiras si tu veux, Fred : lorsque je l'ai aperçu, mon rêve de la nuit m'est soudain revenu...

— Raconte, vieux, raconte encore...

— C'était un rêve de décembre et de Bretagne. Dans le rêve, la mer cadençait en sourdine et j'entendais dès le matin cette fine pluie qui interdisait au jour de se lever. J'étais dans une petite chambre, un réduit, une mansarde et il y avait là un ami fou qui m'attendait. L'instant d'après, nous étions debout, au bord de l'océan, nous tenant par la main ; pétrifiés devant la mer qui déferlait ses fracas et nous hurlions pour l'écho et pour l'hiver... Je voyais le dos de nos silhouettes noires sur fond de large et de tempête, un pied dans l'immensité, seuls dans la peur, sans jamais entendre ce que nous hurlions.

— Et alors ? questionna Fred.

— Alors, j'ai pensé que le visage de ce type était au-delà de tous les liens, ceux de l'amour et de la haine, même ceux de la parole, même la logique des choses — celle selon laquelle le métal est dur, le sol est en bas, les bras collés au corps, les organes sous la peau, les montagnes immobiles — ce type a renoncé à la logique du monde ; il s'est installé dans la mort ; c'est pour cette raison qu'il a fait réapparaître mon rêve de mort... je sais que toi, tu peux piger ça, Fred.

— Et tu l'as arrêté pour quel motif ?

— Vagabondage... aucun papier d'identité, sans domicile, pas un centime sur lui...

— Okay ! On le met sur la liste pour le psychiatre...

Asnières-sur-Seine, commissariat, une cellule, jeudi 21 septembre 1989, midi.

Je me couche au fond de la cage, je ferme les yeux et je somnole, la main sur ma braguette. Pourquoi il m'a repéré, le vieux pédé ? Quel con ! J'aurais jamais dû lâcher le Magnum. Je me serais fait un plaisir de lui éclater la figue séchée, à ce champion de la sodomie type années 50. J'ai vraiment été imprudent : maintenant, s'ils me confrontent avec le prof barbu, ils pourront me situer. Ils me réintroduiront dans leur monde vide, dans toutes leurs raisons à dix balles la passe, et tout sera fini. Et je ne reverrai pas Laure ; si près du but... Laure, ma Schéhérazade, ma princesse, pour toi j'ai survécu mille et une nuits... J'aurais pas mieux fait de la fermer, non ? Qu'est-ce que je suis allé me croire prince à nouveau ? Maintenant, il me revient un passage de la Bible qu'on lisait avec Adèle, la petite institutrice au visage de lune, quelques lignes qui se sont inscrites au fer sur la surface de ma cervelle :

« La trentième année, [...] le quatrième mois, alors que j'étais au milieu des déportés, au bord du fleuve Kebar, il advint que le ciel s'ouvrit et je vis des visions de Dieu. » (*Ezéchiel*, I, 1.)

Adèle habitait une chambre sous les toits, rue de la Tombe-Issoire. Elle était venue faire un stage de spécialisation au dépôt de Denfert (en fait, c'était seulement le purgatoire) ; elle voulait devenir institutrice pour débiles — une promotion, quoi ! Au premier regard qu'elle a porté sur moi, je savais qu'elle s'était noyée dans mes yeux. Peut-être même que c'était la première fois que ça m'arrivait, ce truc, d'engloutir ceux qui me regardaient... Elle s'était mis en tête de m'apprendre à lire. Mais elle remarquait bien que ce que j'apprenais un jour, demain je l'oubliais. Qui peut savoir ce qui s'est passé dans ma tête lorsque, durant dix-huit mois de silence, j'ai oublié deux langues pour en apprendre une troisième ? « Oh là là, Lenny, tu vas trop vite... » A quoi sert de parler ? Qui peut savoir comment j'ai gommé en quelques mois de perplexité les huit plus importantes années de la vie ? A force d'abnégation et de dévouement, Adèle avait fini par obtenir mon placement, chez elle, dans sa chambre ; mais je restais pupille de l'Etat. Et lorsque, à douze ans, elle m'a pris un soir dans son lit pour récompenser ma première page d'écriture et qu'elle a fini par introduire avec tant de douceur mon dard balbutiant entre ses petites cuisses vierges, je me suis écrié « maman ! » pour la première fois, et en français ! Adèle, tu m'as appris à lire et, avec les livres, j'ai pu penser mon enfance. C'est à ce moment que je l'ai perdue pour de bon.

Mais ils ne m'auront pas comme ça. Adèle avait trouvé un animal sauvage et pensait l'avoir humanisé. Faux-semblant, vague flirt avec les humains, petit tour de piste de pacotille ! Je les lacérerai avec mes dents, les dépècerai avec mes ongles, leur briserai les os comme à de vulgaires poulets qu'ils sont — connaissent-ils seulement la force de la rage ? De cette rage millénaire ?

32. Kainis, Kaineos

Paris, XVIe arrondissement, vendredi 22 septembre 1989, 6 h 30.

On entendait en sourdine des mesures du *Nabucco* de Verdi. Petit jour. Cabinet de Nessim. Au cœur du grand appartement de la rue de Sontay, deux pièces communiquant entre elles, discrètement cossues. Cet endroit était un véritable « laboratoire », composé de deux espaces — l'un où l'on extrait la pensée à partir de la matière, l'autre où l'on consigne les découvertes. Dans la première pièce, des rayonnages de livres du sol au plafond ; mais en bordure de chaque étagère s'agrippaient des cohortes de divinités africaines, des serpents de bois d'ébène, des Vénus aux larges fesses, déformées de jouissance, des masques noirs, incrustés de nacre, allongés par l'effort des paroles « agissantes » et des gris-gris, des gris-gris par dizaines. Ici, des cornes d'antilope recouvertes d'un cuir noirci à la sueur des mains terrorisées d'angoisse, les extrémités cousues de cauris dentelés, là de longs colliers portant l'un de petites fioles de poussière d'écorce, l'autre des cadenas rouillés, l'autre encore des pochettes de cuir renfermant les paroles imprononçables écrites en langue des esprits, en langue des *djinna*. Et dans un recoin près de la fenêtre, se cachait le petit bureau sur lequel trônait, entre des dizaines de livres jetés là, pêle-mêle, une statuette de bois ficelée de chanvre — la dernière acquisition, fétiche de meurtre, dressée tout contre le dernier modèle de Mac-intosh, écran couleur, pleine page. Dans la seconde pièce, un divan moderne, dont le cuir de couleur claire était caché par une multitude de couvertures tissées par les Indiens des Pueblos, en laine angora, longue, douce, colorée de triangles d'yeux orange et fous. Derrière le divan, un profond fauteuil et un pouf. Sur les murs, recouverts d'un tissu de soie blanche, quelques tableaux modernes, manifestement d'un même peintre, où flottaient dans un éther de feu des fragments de cervelle métallique. Dans un coin, en hauteur, était caché le secret du lieu, son « sésame-ouvre-toi » : l'agrandissement de la photographie de Sigmund Freud, au bras de sa femme, Martha, arrivant à Londres, en 1938, pour s'inscrire à son tour sur la liste infinie de l'exil.

Nessim était confortablement installé dans son fauteuil, les jambes étendues sur le pouf, une couverture de mariage peule autour des pieds. Sur le sol, près de lui, s'amoncelaient livres, tasses de café vides et cendriers dégorgeant les mégots. Mathilde dormait sur le sofa. La musique la tira lentement de son sommeil. Elle demanda en s'étirant :

— Quelle heure est-il ?

Sans sortir de son livre, Nessim lui répondit :

— 7 heures. Je consulte à 9 heures. Il est temps que tu te lèves me préparer mon café.

— Mais tu n'as pas dormi ? Je croyais que tu voulais seulement vérifier une ou deux références...

Nessim, lui montrant les colonnes de livres :

— J'enquête ! Tu ne vois pas ? De fil en aiguille, j'ai interrogé les témoins, suivi des pistes, mangé des sandwiches... et je n'ai pas sniffé de cocaïne...

— Bon ! Je vais préparer le petit déjeuner...

Mais il n'avait pas envie qu'elle le quittât, pas maintenant, pas avant qu'il ne lui fît part de l'aboutissement de ses réflexions.

— Non ! J'ai pas faim. Juste un Nescafé.

— Mais où as-tu passé la nuit, canaille ?

Elle se dirigea vers la cuisine ; il la suivit comme son ombre. Elle posa une casserole d'eau sur le gaz, tout en cherchant d'une main ensommeillée le bocal de Nescafé. Il s'assit sur le rebord de l'évier et la contempla, attendri. Il pensait : aucune femme n'est fréquentable si on ne l'aime à son réveil. Mathilde est un miracle : elle est belle au matin... Elle se sentit observée, se retourna brusquement :

— Non ! Je ne te raconterai pas mes rêves. Tu n'as qu'à rêver, toi !

— Mais pourquoi, diable, les femmes passent-elles leur temps à dire aux hommes ce qu'elles feront alors qu'elles savent que les hommes ne font jamais ce qu'ils disent...

— Les hommes, les femmes... Toujours... les femmes, les hommes... Tu m'as manqué près de moi, cette nuit...

C'était la première fois que Mathilde se permettait de lui signifier l'un de ses désirs ; sans doute parce que, encore engluée dans les limbes du sommeil, elle tentait de s'extirper de son rêve ; un rêve de perte de contrôle, où la pédale de frein s'enfonçait jusqu'au plancher, où l'auto dégringolait le long de la falaise, où elle avait senti dans sa chair les crocs du chien qui la poursuivait alors que ses pieds disparaissaient, lourds comme le plomb, dans la boue...

— Non ! Je ne t'ai pas manqué. Tu ne t'es même pas rendu compte de mon absence. Sais-tu ce que j'ai appris cette nuit ?

Mathilde réalisa qu'il avait besoin de parler ; elle le fit languir quelque peu, se laissa glisser dans ses bras. Osant une caresse à la façon dont les érastes de l'antiquité grecque saluaient leurs éromènes, elle lui flatta les parties sexuelles. Il fit mine de ne pas réagir et poursuivit :

— Plutarque raconte qu'autrefois, il y a très longtemps, au temps où les mythes étaient la vérité, au temps du rêve, au temps où les mots et les choses n'étaient pas encore séparés, une femme répondait au nom de Kainis. Elle devait être très belle, quoique un peu ambiguë, je crois, avec des hanches juste rebondies et de tout petits seins. (Il l'attira doucement vers lui et l'embrassa.) Il paraît que Baudelaire disait qu'il était beau d'avoir une maîtresse sans poitrine car c'était comme un amant avec des hanches...

Mathilde se dégagea pour verser l'eau chaude tandis que Nessim lui caressait doucement les hanches à travers son déshabillé de satin...

— Et Kainis ? demanda-t-elle sans se retourner.

— Kainis, la garçonne, tellement excitante dans son ambiguïté, troublante dans la démarche de ses pas et dans sa danse, déclencha la passion de Poséidon...

— ... qui n'était pas mal non plus, je dois dire...

— Attends... la passion de Poséidon, dieu de la mer, cheval fou, athlète au trident. Il lui proposa l'amour immortel, l'érection éternelle de l'infini galop de la mer. Elle refusa. Il la poursuivit sur une grève de sable fin, sur l'île de Crète, le pays d'Aphrodite, la rattrapa et la viola, là, sur la plage. Le lendemain, pris de remords... ou d'amour — peut-être est-ce tout simplement la même chose ? —, il lui demanda ce qu'elle souhaitait obtenir de lui en compensation de ce viol. Elle répondit qu'elle voulait seulement que ce qui venait de la déchirer ne lui arrivât plus jamais. Alors, alors...

— ... hum...

— Alors, Poséidon la transforma en homme et elle devint désormais Kaineos. Mais Kaineos se révéla bientôt un farouche guerrier qui ne manifestait aucune pitié au combat, qui n'avait ni amour ni ami. Il constituait un tel magma de violence et de haine que ses nombreux ennemis voulaient seulement le détruire — pas le vaincre, non : l'annihiler, comme une bête malfaisante ! Nul ne lui connut d'autre intérêt que la guerre. Il divinisa son propre javelot, lui voua un culte de tous les instants, et contraignit ses sujets à l'adorer de même...

— Son javelot ?

— Ben oui ! Sa lance, quoi... Il la caressait, l'adulait, la plantait au centre du campement et contraignait ses hommes à se prosterner devant elle... 7 h 30 !

Neuilly-sur-Seine, vendredi 22 septembre 1989, 7 h 30.

Même étouffante atmosphère, même violon de peur hurlant dans le casque du walkman. Les fines mains, très blanches, astiquent longuement, amoureusement, les couteaux, le rasoir, le pistolet.

« Mon père, ce con, qui n'était même pas mon père, il lui reprochait les mecs qu'elle s'enfilait sans arrêt ; il la détestait de ne pouvoir la satisfaire, la désirait de sa violence. Je sais moi qu'elle peuplait de grosses bites obscènes et vérolées sa solitude des premiers matins. Sa mère l'avait chiée sur un trottoir de Lodz en plein hiver, et ne lui avait même pas jeté un regard. Elle l'avait enveloppée dans un châle de prière, et le paquet dans une vieille couverture mitée. Sur-le-champ elle s'était tapé la route, la longue route du retour vers l'Ouest. Comment donner la vie lorsqu'on est seulement habitée par la rage de tuer ? Je les vois, trébuchant dans la neige, suspendues l'une à l'autre, se retenant l'une et l'autre de pleurer, sans jamais songer que la profondeur des yeux soutient plus solidement que la force des bras. Je le sais : elle a peuplé de sexes grimaçants le trou noir du début du monde ; née dans l'antre de la barbarie, elle a vécu sa vie dans le trou du cul du diable. Moi, au moins, je sais que le désir sexuel prend naissance dans le vide des yeux de la mère…

« J'avais dix ans et je revenais de l'école. On habitait au neuvième, pourtant on les entendait hurler depuis l'entrée de la tour. La porte était entrouverte ; je me suis glissée sans bruit. Lorsque même trois masturbations ne parviennent pas à m'endormir, il me revient souvent l'image de mes propres yeux exorbités... A moitié nus, ils se balançaient des assiettes, des couteaux. Qu'ils étaient beaux ses seins, blancs comme la porcelaine. Il a essayé de la prendre là, sur le canapé. Elle a balafré sa joue avec une fourchette. Il lui a envoyé une gifle qui a claqué comme une vitre qui pète. Elle a ouvert la fenêtre en criant des obscénités. Il a voulu s'approcher. L'a-t-il touchée ? L'a-t-il poussée ? Non, maman... pas ça... Non ! Non ! Lorsqu'elle a disparu par l'embrasure de la fenêtre pour rejoindre sa mère, j'ai senti comme un oiseau quittant mon crâne, s'envolant au travers de ma fontanelle... »

Douces mains, finement lustrées au beurre de karité, ajustant le poignard de commando contre un mollet lisse et long comme un marbre, et dans le casque du walkman l'infinie souffrance du violon...

Paris, XVIe arrondissement, vendredi 22 septembre 1989, 8 h 15.

Tout en enfilant sa chemise, Nessim poursuivait son récit :

— Fier et impie, Kaineos ne manifestait aucun respect envers les immortels. Cet homme était impitoyable et d'une telle fatuité que ses propres guerriers décidèrent de le tuer. Mais Poséidon l'avait rendu invulnérable. Alors ses hommes entreprirent de l'enfoncer en terre comme s'il était lui-même une pique, une javeline. Lorsqu'un tumulus recouvrit son corps et qu'il mourut étouffé, un oiseau s'en échappa — certains disent que c'était son âme, alors que nous autres, psychanalystes, savons bien que c'était là le pénis que la jeune Kainis avait autrefois reçu en dédommagement de son viol...

A ces mots, Nessim sentit à nouveau l'incompréhensible tristesse l'envahir, comme le jour de l'embarquement sur le port d'Alexandrie.

— Mathilde, ne laisse jamais la tristesse du gris s'exacerber dans une jubilation du blanc. Mathilde, fais en sorte que j'aie toujours cette même envie de te séduire.

Elle ressentit soudain un violent désir qui lui contracta le ventre. Elle s'imagina nue, les jambes écartées, sur le sofa. Elle s'ébroua...

— Habille-toi, dit-elle, ton premier patient ne va pas tarder maintenant.

— Attends ! Ecoute encore : te souviens-tu que Perséphone, la fille de Déméter, après avoir mangé une seule graine de la lubrique grenade d'Hadès, le dieu des Enfers, a été condamnée à passer un tiers de son temps aux Enfers, au royaume des morts ?

— Je connais cette histoire, comme tout le monde.

— Attends ! Le royaume des morts est un univers de tristesse, où les arbres sont des trous ; là, les habitants ont un anus à la place de la bouche. Déméter entendit sa fille hurler de terreur lorsque Hadès vint la surprendre, surgissant des profondeurs de la terre. Aux Enfers, les mots sont des excréments qui jaillissent et volètent par fragments. Allait-elle y laisser sa fille tant aimée ? Séparée d'elle, Déméter erra, inconsolable.

Nessim rechercha parmi ses livres les *Hymnes* d'Homère, retrouva la page.

— Ecoute les vers d'Homère :

Déchirante, la douleur s'empara de son cœur ; de ses mains, elle arracha ses deux bandeaux sur sa chevelure divine, jeta sur ses épaules un voile et s'élança comme un oiseau, par les terres et les mers à [la] recherche [de sa fille]... Dans sa douleur, elle ne goûta point à l'ambroisie ni au doux breuvage du nectar... et ne plongea pas son corps dans un bain...

— La tristesse du gris...

Nessim trouva que sa chemise ne convenait pas à la couleur de son costume, la changea, enfila ses souliers, tout en racontant :

— Clément d'Alexandrie rapporte que Déméter traîna sa langueur à travers le monde des mortels. A Eleusis, elle rencontra une vieille servante, femme simple, issue du peuple — Baubo — qui entreprit de la consoler. Et sais-tu ce que fit la vieille Baubo ?

— Ce que n'importe qui aurait fait, je suppose : elle coupa en deux son dernier comprimé d'Anafranil et lui en offrit la moitié...

— Erreur, erreur, mon cher docteur Watson ! Elle lui exhiba son sexe !

— Quoi ? Comment ça ?

— Oui, elle souleva son péplum et lui présenta sa vulve.

— Et si tu terminais de t'habiller ?

— Et qu'y avait-il dans la vulve de Baubo ?

— Parce que, en plus, il y avait quelque chose... attends : un cheval ? Oui, c'est ça : le cheval fou de l'histoire d'avant. Non ?

— Clément d'Alexandrie explique qu'il y avait

« là » Iacchos, le petit démon qui était en train de s'extirper des entrailles en éclatant de rire.

— Et alors ? J'avoue que je ne comprends pas.

— Eh bien, dans l'un des crimes, l'assassin avait enfoncé une poupée dans le ventre de la femme.

— Je ne comprends toujours pas...

— Eh bien, ma chère, ça signifie que le meurtrier est englué dans une histoire liant indissolublement une mère et une fille... L'histoire d'une fille violée avant sa puberté... l'histoire d'une mère et d'une fille séparées par la force et par la mort... Mathilde, le meurtrier est...

Il commençait à se faire tard. Nessim s'empressa, courut d'un endroit à l'autre du cabinet, remettant un siège, un livre, le coin d'un tapis, ramassant au passage une feuille, un stylo, des chaussettes, un cendrier. Dans sa course, il croisa Mathilde :

— Mon petit silence d'harmonie, berceau de mes pensées impures. (Il l'enlaça.)... de toutes mes pensées impures...

Ils roulèrent sur le divan quand résonna le timbre de la sonnette. Nessim se précipita, jeta un coup d'œil dans la glace du vestibule, arrangea une dernière fois sa mise et ouvrit la porte.

Quelques instants plus tard, il s'installait dans son fauteuil — celui-là même sur lequel il venait de passer la nuit — avec un plaisir manifeste, comme un chat qui se roulerait dans son coin favori pour entamer sa sieste de l'après-midi, la quatrième, *el'asr*... Il dit à l'adresse de son patient :

— Oui ?

Il était 9 h 35.

Neuilly-sur-Seine, vendredi 22 septembre 1989, 9 h 45.

Elle m'apparaît quelquefois la nuit. Je sens d'abord sa présence dans la pièce, comme un vent qui anime les objets. Ensuite, flotte son odeur, comme le déshabillé blanc qui a voltigé le long des parois de la tour, feuille au vent. Jamais elle n'accepte de me parler. Maman, reviens cette nuit, comme tu aimes à le faire... tu dois avoir froid, là-bas, comme un bébé perdu dans une plaine enneigée de Pologne...

Dans le casque du walkman, la musique s'interrompt. La musique ne doit pas cesser, sinon elle entendra à nouveau le cri de sa mère, traversant en volant les portes des Enfers. Les longues mains manipulent le petit appareil. Lorsque s'éjecte la cassette, la radio se met à chanter un blues :

Leur père a enjambé l'océan,
son nom s'y est engouffré
leur mère est descendue des montagnes,
son ventre s'est déchiré
Le bébé a marché dans la neige
son cerveau a brûlé
Un jour, les rats sortiront des banlieues
Ils enfourcheront leurs scooters,
ajusteront leurs casques,
cacheront leur haine
sous des vêtements de cuir
feront briller leurs lames d'acier bleu
Un jour, les rats sortiront des banlieues
L'on dit que les chiens redevenus sauvages
sont plus cruels que les loups
Les uns ont peau d'ébène,

d'autres de bronze ou d'alumine,
la plupart entre chien et loup
leur tristesse est un meurtre
et sur la ville, le sang, il pleut
Un jour, les rats sortiront des banlieues...

Et dans ce réduit, toujours cette même étouffante atmosphère, et par-delà les tam-tams, un petit claquement, et le violon hurle à nouveau sa peur dans le casque du walkman.

33. Contre les gentils

Asnières-sur-Seine, commissariat, une cellule, vendredi 22 septembre 1989, 15 h 30.

Qu'est-ce que c'est que ce bordel, merde ? Ça fait une plombe qu'ils n'arrêtent pas d'ouvrir et de refermer les cellules. Je ne peux même pas pioncer ! Je sens une angoisse qui flotte — il va se passer quelque chose... faut que je m'expulse d'ici... Dollars, dollars, fric de la haine et de la douleur... Maintenant que je t'ai retrouvé, tu ne peux plus me quitter... C'est maintenant qu'il faut sortir... maintenant !

Quand Adèle est partie, partie se confesser de s'être laissé initier par un enfant, retournée compatir sur le sort des débiles — les bonnes sœurs sans la religion, c'est pire encore —, ils m'ont replacé dans un hôpital pour enfants autistes (vengeance catho typique) — Institut médico-pédagogique, qu'ils appelaient cet endroit. Il n'y avait que des étrangers là-dedans, à croire que naître d'un ventre ne parlant pas le français rendait taré : des enfants d'Arabes qui ne parlaient que d'enculer leur mère, des enfants d'Antillais qui entendaient la nuit cliqueter les chaînes des fantômes, et déjà quelques Maliens qui avaient changé d'âge et de nom en traversant la mer, mais ne parvenaient pas à modifier la couleur de leur peau… Un jour, j'avais peut-être treize ans, j'ai piqué un bouquin à un éducateur. C'était les *Méditations métaphysiques* de Descartes, bilingue, français-latin : *Meditationes de Prima Philosophia* — en fait : méditations de philosophie fondamentale. Je l'ai peut-être lu un millier de fois, à l'apprendre par cœur, dans les deux langues. Il me berçait et me réveillait. Qui peut comprendre ? Il était la sensation irremplaçable de la douceur d'un sein de coton, le goût d'un lait tiède et sucré envahissant le gosier, le moment où les couvertures clôturent la capsule d'où l'on va prendre son envol vers le monde des rêves. Je le transportais partout, le lire et le relire était ma seule activité : il m'excitait sexuellement, m'apaisait, me berçait. Je le lisais debout, me dandinant comme un juif en prière, couché, les pieds grimpant aux murs, dans leur semblant de classe, durant les séances avec leur psychiatre de merde, en me masturbant… Encore aujourd'hui, j'en connais des fragments entiers : « Si par hasard je regardais d'une fenêtre des hommes qui passent dans la rue, à la vue desquels je ne manque pas de dire que je vois des hommes… et cependant que vois-je de cette fenêtre sinon des chapeaux et des manteaux, qui peuvent couvrir *des spectres ou des hommes feints qui ne se remuent que par ressorts*… quid autem video praeter pileos et vestes, sub quibus latere possent *automata*. » Leur monde était d'ombres et de spectres — Descartes me fit renaître, me permit d'en sortir…

La porte s'ouvre violemment. La grande tantouze qui m'a arrêté entre avec deux hommes que je ne connais pas. Sortir…

— Monsieur Jean Zylberberg, voulez-vous nous suivre ?

Arrivés dans un bureau, le pédé me présente ses invités :

— Commissaire Alfred Simoune, docteur Nessim Taïeb qui nous aide dans notre enquête… Acceptez-vous de répondre à nos questions ? Que faisiez-vous dans l'immeuble de la rue de Belfort…

Mes yeux se fixent et regardent au loin, je me rappelle des phrases du vieil Abdoulaye qui se mettent à sortir toutes seules. Je lui réponds :

— Parler, c'est parler, mais se coucher, c'est parler aussi, regarder, c'est parler, se taire, c'est parler… Tu peux parler sans t'entendre. Qui peut savoir le sens d'une parole ? Par exemple : aujourd'hui, tu es un policier ; aujourd'hui, tu baises ta femme ; aujourd'hui tu résous l'énigme qui te hante… tu vas, croyant fabriquer ton destin… qui sait ce que sera demain ? Demain, tu seras voleur, demain, ta femme aux larges fesses provoquera ta perte avec un loufiat ; demain tu te seras trompé dans la résolution de ton énigme. Cherche, cherche toujours… car celui qui recherche quelque chose trouve toujours autre chose…

Favreau ne comprenait rien à ce que disait le traîne-misère ; il jeta un regard interrogateur à Fred, qui se campa solidement sur ses jambes écartées, les fesses légèrement appuyées sur le bureau, enfonçant les poings dans les poches de son vieux blouson d'aviateur. Mais Nessim, installé sur le fauteuil du commissaire, croyait reconnaître les paroles qui s'échappaient du clochard, comme d'une bouche invisible, comme du fond d'une grotte qu'il avait jadis habitée.

La tantouze, c'est une espèce de salope. Je le sens : il veut ma peau ! Il faut se démerder pour le sortir de la pièce. Le commissaire, j'en fais mon affaire, c'est un tendre... c'est qui le youpin à la gueule de bellâtre ? Merde, mais il fait tout comme moi. Je parie que si je me gratte la tête, il en fait autant... Pourquoi ils n'arrêtent pas de sourire, ces spectres ? On dirait des hommes, mais je sais que ce sont des ombres. Et me revient encore la voix du vieil Abdoulaye : « Sache que nul ne peut se connaître s'il n'a vu son ombre... Pas au soleil, bien sûr ! L'ombre que tu aperçois au soleil n'est que l'ombre de ton ombre. Ton ombre véritable est une personne. Elle peut prendre l'apparence de... » l'apparence d'une personne, d'un animal, d'un chat... pour les plus sages d'entre nous c'est un arbre... Soundiata Keita, le fondateur de l'empire Mandingue, son ombre était un baobab...

Je repense à ma rencontre avec Sergueï Bogoraz, le psychiatre russe, dans la cave du palace de Berlin-Est. Il m'avait expliqué : au centre de la terre, le noyau est d'une densité telle qu'une bille pèse une tonne, la température tellement élevée qu'un fragment de matière traverserait un mètre d'acier en y creusant un cratère. Pourtant nous vivons sur l'écorce sans danger. Parce que la terre est protégée d'enveloppes et d'atmosphères. Les humains sont comme la terre : le noyau est fragment de pure violence, de destruction absolue, de haine du vivant, de l'organisé, du complexe. Pourtant les hommes vivent ensemble, en communautés de plus en plus étendues. Parce qu'ils sont enveloppés de liens et de langues. Il m'avait dit de sa petite bouche enfouie sous une broussaille talmudiste : « Sache, petit, ton noyau est à l'air ; les enveloppes à jamais perdues ; tu n'atteindras jamais la réalité ; pour toi, les mots ne seront jamais des choses, tu n'as d'autre choix que le meurtre froid et sauvage ; je t'offre les armes et la cause. »

Je me souviens que j'avais été traversé d'une confusion indescriptible : les mots d'une langue se mirent à se mélanger à ceux d'une autre, le sens se diluait, je comprenais tout et tout était identique, comme s'il n'existait que deux mots primordiaux ; plus tard, j'avais appelé ce moment : « mon grand Babel ». Je m'étais dressé, les yeux écarquillés devant lui, et avais commencé à me mordre les poings, à l'articulation du pouce, en grognant mes deux mots fondamentaux... J'avais cherché un mur pour écraser mon crâne... qui me croira ? Ça me démangeait, mais dans le cerveau, à l'intérieur... Je voulais me gratter, me gratter encore... Le psychiatre m'avait fait une piqûre qui contenait sans doute en solution quelques pages du *Que faire ?* de Lénine, et j'étais entré dans un grand sommeil.

Nessim entendait au loin le *Vespro della Beata Vergine* de Monteverdi, mais il n'était pas sûr que la source se situât au-dehors. Il sentait son monde se rétrécir, comme si l'univers voulait se réduire à ses seules sensations — *Yerusalem,*

Yerusalem... Il reconnaissait les chœurs de la Capella Real — *Yisraël, Yisraël*... Il essayait de se convaincre : « J'aime le monde et les humains. » Machinalement, sa main ouvrit le tiroir du bureau du commissaire. Le Colt 9 mm automatique était là, parfaitement huilé, le métal noir luisant comme les écailles d'une vipère cracheuse de venin, une balle glissée dans le canon ; il releva le cran de sûreté.

Fred s'adressa de nouveau à Jean :

— Monsieur, voulez-vous répondre à nos questions ? Connaissez-vous Mme Ruth Grunberger ?

Mais qu'est-ce que c'est que ce con ? De quoi il me parle ? Mes yeux ne quittent pas le pédé ; celui-là, c'est un serpent à sonnette. Il est foutu de me défoncer au moindre geste. Les homos ont une sensibilité spéciale pour percevoir la mort. Je vais me le servir d'abord, et tout chaud, l'anal ! Mais j'arrive pas à comprendre qui c'est le youde assis derrière le bureau. Qu'est-ce qu'il fout là ? Ça ne m'a pas l'air d'un flic. Et si je me le prenais comme otage ? En rentrant de Berlin, on s'était arrêtés faire de l'essence dans un petit village près de Francfort. J'avais oublié qu'on était dans l'antre de la bête, au cœur même de l'horreur. On avait un peu faim, on a garé la Daytona et on est entrés dans la petite cafète toute vitrée. Ils nous ont vus débarquer, les purs de la race qui puaient de la gueule, les autochtones de la génétique du Nord. Le jean de Laure moulait ses longues jambes et déplaçait ses fesses encore plus haut, dans l'atmosphère. Les camionneurs ont commencé à loucher comme des débiles. J'ai senti le coup venir ; j'ai sorti ma fiole de Jack Daniel's et n'ai rien voulu commander d'autre. Innocente, Laure s'est pris un assortiment de saucisses et un demi-litre de bière. Un gros blond, avec un énorme futal qu'il lui fallait remonter toutes les cinq secondes, les yeux rouges, les narines violettes, imbibé jusqu'aux poils s'échappant de son nez comme un balai-brosse d'un placard mal rangé, l'air encore plus demeuré que ses potes, s'est approché de moi en allemand. Ma petite Boche s'est mise à lui faire des mines. Elle pouvait pas s'empêcher de faire des mines aux mecs — c'était sans doute pour essayer d'échapper à son père qui avait dû lui cavaler au cul avec son calebard sur les chaussettes. Je ne sais pas, mais j'ai dû penser que le gros Boche était le jumeau de celui que mon père avait étranglé avec ses lacets, en Forêt-Noire, un petit matin d'aube. Et puis, on entendait Monteverdi à la radio, le *Vespro della Beata Vergine* : « Gloria del spiritu sancto... Yerusalem, Yerusalem... Yisraël, Yisraël... » J'ai démarré au kick, reçu le message tous carbus ouverts. L'air absorbé par ma tétée de bourbon, j'ai farfouillé dans le treillis militaire de Laure et j'ai empoigné le Magnum... *Nisi, nisi Dominus...* qu'ils limpidaient à la radio, les chœurs de la Capella Real. Le gros s'est mis à vociférer dans sa langue d'avant la parole, sa langue d'australopithèque. J'ai même pas bronché ; mais quand il a posé sa grosse patte dégueulasse sur mon épaule en criant : « Hé, *Juden...* », l'espace d'une fraction de seconde et j'étais debout, les jambes écartées, tenant le pétard des deux mains, le chien dressé, plus hargneux que leurs dobermans de merde. J'ai commencé par lui tirer une balle dans le ventre, c'était trop tentant de voir si ça allait jaillir comme lorsqu'on crève un tonneau de bière. Y'avait bien de la mousse, mais ce qui giclait était rouge foncé et semblait gluant comme la poisse qui me colle depuis cette foutue nuit de l'hiver 48 où ma mère m'a chié de son cul foireux. Les balles spéciales, assaisonnées à la nitro que nous avaient préparées les juifs de l'équipe de Bogoraz, faisaient un potin à éclater les membranes. Au bruit de l'explosion, ils en ont tous laissé tomber leur tabouret, comme un seul homme. Et j'avais en face de moi, debout, une demi-douzaine d'albinos de la culture... parole : j'aurais dû leur demander de me chanter un poème de Heine, celui sur l'Allemagne ! La grosse mégère de soixante balais qui aurait dû faire le tapin durant mille ans dans leur flux alvin de Reich, se précipite sur le téléphone — sûr que c'était pour appeler les S.S. La balle l'a saisie au vol, lui explosant un nichon dont les rondelles sont allées pleuvoir dans le saladier de cervelas. Ils bouffent vraiment n'importe quoi, ces porcs ! « Lauda Deum, Lauda Deum » qu'ils canonnaient en FM, les castrats de la Chapelle royale... j'ai senti la rage, la rage des cent, des mille qui n'avaient pas vu venir la mort... « Amen... » et la suivante a été pour le taré qui s'était précipité sur la porte vitrée : mon V2 l'a enfourché pile entre les deux fesses. Il a traversé le seuil sans l'ouvrir, avalant les éclats de verre par sa bouche en rond, comme un aspirateur. Une bourrasque s'est engouffrée dans le bouge et je me suis dit qu'il n'y avait rien de tel qu'un Magnum pour briser la glace. Puis, j'ai posé le canon de ma poinçonneuse sur la tempe de l'énorme rouquin, que j'ai entraîné avec moi vers la sortie, comme bouclier. Laure avait à peine levé les yeux, elle gardait au coin des lèvres la petite moue dégoûtée qu'elle avait dès le réveil. Lorsque je suis arrivé dehors, elle est lentement descendue de son tabouret en me lançant : « J'arrive, Jean ! Tu as payé ? » Tu parles que j'ai pas fini de payer, Marlène ! Et c'est comme ça qu'on a commencé notre cavale des autoroutes !

Favreau était debout face à Jean, presque à le toucher. Il regardait fixement les yeux de cette espèce de loqueteux, sale et osseux, et il ne savait pourquoi la peur commençait à le saisir. Un frisson lui fit remonter les grelots jusqu'au menton. Fred s'était rendu compte qu'un si long silence ne présageait rien de bon, et il eut peur à son tour ; il se reprit bien vite néanmoins, pensant qu'un clochard étiolé ne devait pas être bien gaillard et après tout, ils étaient trois. Le commissaire ne commettait jamais d'imprudence ; habituellement, il aurait mené l'interrogatoire avec la main sur son Colt. Mais ce jour-là, il se sentait absent, engourdi, comme hypnotisé un peu. Le silence commençait à devenir pesant.

Favreau ne vit pas partir le coup de tête qui vint éclater son front ridé. Il s'effondra sur-le-champ. Et Fred n'eut pas le temps de réagir car il ramassa aussitôt la pointe du godillot de cette vermine dans le bas-ventre. Il se plia en avant et fut reçu par un furieux coup de genou sous le menton ; il s'affala à son tour. Jean hurlait : « Se taire, c'est parler, frapper, c'est parler aussi... Tu peux parler sans t'entendre. Qui peut savoir le sens d'une parole ? » Lorsqu'il sortit de sa fureur, il aperçut Nessim derrière le bureau, plutôt calme, l'air pensif, le Colt au poing...

Ils ne me connaissent pas, ces fafs ! En laissant des survivants, les nazis ont oublié une bombe atomique amorcée avant de partir. Ces débiles de flics, ils ne savent pas que j'ai reçu en héritage une dose de violence à fragmenter la planète ; ils sont dingues de me boucler, ces cons.

Et, s'adressant à Nessim :

— Se taire, c'est parler, frapper, c'est parler aussi...

Nessim lui répondit sans se départir, comme s'ils avaient longuement peaufiné leur dialogue :

— Celui qui, fœtus, du fond des entrailles, s'adresse à sa mère et lui demande de sortir voir le soleil, peut s'expulser sans l'aide de quiconque. Ombre de l'ombre, va (il pensait au double sens du mot *rou'h* en arabe : « va » et « âme »). va ton destin, va pour toi...

Et Nessim tira une balle de 9 mm dans le ventre de Jean, à l'emplacement exact du nombril.

Je vois le youde qui pointe son Colt, froid et tranquille et, en même temps que le coup de feu, j'entends le ciel qui s'entrouvre et de nouveau la voix du vieux d'autrefois, ce con : Dieu.

« Ceins tes reins... » C'est vrai que ça fait mal...

« Ceins tes reins et prends dans ta main cette fiole d'huile, pars pour Ramoth de Galaad. Quand tu y seras arrivé, reconnais Jéhu, fils de Josaphat, fils de Nimschi. Tu l'aborderas et tu le feras se lever du milieu de ses frères, puis tu le conduiras dans une chambre à part. Tu prendras alors la fiole d'huile, tu la verseras sur sa tête et tu diras : Ainsi a parlé Iahvé : je t'ai oint comme roi sur Israël ! Puis tu ouvriras la porte et tu t'enfuiras sans plus attendre. » (II *Rois* IX, 1-3.)

Mais c'est quoi ces mots ? J'y comprends rien. D'où ça vient, ces mots ? Il m'a tiré dans le bide, le juif. Je passe la main sur la liquette et je sens un liquide chaud comme du savon. C'est à la fois agréable, presque suave et tout de même inquiétant, comme après avoir vomi. Les deux débiles sont totalement rétamés sous la table, et pour un moment, je peux te dire ! Le dandy en face de moi est toujours aussi calme ; il ne bronche pas, comme s'il s'attendait à cette explosion. Il a un peu la même attitude que Sergueï Bogoraz. Je repense à ce moment de vérité à Berlin-Est, où je sentais qu'un mec avait traversé les plaques d'acier de ma cuirasse et qu'il parlait durant quelques secondes à mon être, au-delà des ombres. J'ai envie de lui faire un cadeau, le youpin ; je lui dis :

— Tu n'as été initié par personne, fils de juif. Tu n'as jamais connu la douleur d'avoir un maître. En sa présence, tu te serais senti suspendu, ta pensée comme interrompue. Il t'aurait désarticulé, décoquillé, dénoyauté ; il t'aurait jeté là au monde, là comme au premier jour, avec une seule tentation : l'imiter servilement, l'imiter encore, à l'infini... Tu n'as pas eu ça, juif ! Car ensuite, tu aurais connu le bonheur d'avoir eu un maître qui serait devenu ton serviteur, t'ouvrant une à une les sept portes conduisant à la vision de ta mère nue — *ta mère*, et non la sienne ! Un maître contraint le *Moi* à être *Moi* et t'évite les imitations serviles des instituteurs de la pensée... Je sais qu'il ne faut jamais laisser un « guérisseur » sans maître, ce n'est rien qu'un cheval fou !

— Mais nul maître n'aime à traverser les frontières des langues et des paroles. Les maîtres restent à leur place, en plein cœur de la brousse. Nous, les juifs, sommes le passage, le mouvement, rien que le voyage — autrement dit : la pensée même — et cela pour l'humanité tout entière...

Et j'entendais encore la voix, qui continuait :

« Il alla donc, le jeune homme, le jeune prophète, à Ramoth de Galaad [...] Jéhu se leva et entra dans la maison. L'autre versa l'huile sur sa tête et lui dit : "Ainsi a parlé Iahvé, Dieu d'Israël : Je t'ai oint comme roi sur le peuple de Iahvé, sur Israël [...] toute la maison d'Achab périra [...]" » (II *Rois* IX, 4-8.)

Le sang a imbibé la chemise. C'est comme si on rêve qu'on pisse dans son bénard, qu'on est tout mouillé, que c'est chaud, agréable et terrorisant en même temps et qu'on n'y peut rien. Je m'en mets plein les pognes et j'approche du séfarade. Il a quand même de la classe ce mec, il a pas la trouille, rien ; il ne bronche pas. Je lui en mets sur le front, du gros rouge, une longue traînée, et sur la poitrine, et sur la main droite. Il me laisse faire. J'ai le sentiment qu'il a conscience de la solennité du moment. Je récite une phrase que j'entends encore dans ma tête :

« "Les chiens mangeront Jézabel dans le champ de Jizréel et il n'y aura personne pour le mettre au tombeau." Puis il ouvrit la porte et s'enfuit. » (II *Rois* IX, 10-11.)

Nessim marmonna :

— Désolé, juif, il n'y aura personne pour te mettre au tombeau...

Jean ouvrit la porte et s'enfuit au-dehors en courant.

Asnières-sur-Seine, commissariat, le bureau de l'inspecteur Favreau, vendredi 22 septembre 1989, 16 h 15.

Nessim rangea le Colt et referma doucement le tiroir du bureau. Il sortit un mouchoir immaculé de sa poche et s'essuya soigneusement le front. Puis, il s'installa dans le fauteuil, attendant calmement le réveil des policiers. Fred s'extirpa lentement de sa nébuleuse, s'essuya du revers de la manche les caillots de sang collés sur sa lèvre supérieure, ouvrit péniblement des yeux étonnés. Sa première pensée fut pour son vieux copain. Il s'approcha de Favreau, souleva la tête inerte et regarda Nessim, inquiet. Le médecin devança sa pensée :

— ... traumatisme crânien... sévère, je crois ! Il a besoin d'une radio. Appelez l'ambulance. Vous, ça va ! Je vous ai examiné pendant que vous dormiez. L'autre a filé. Je suis désolé, je dois partir : j'ai un rendez-vous. Je vous attends demain à mon cabinet, comme prévu...

Il se garda de mentionner le coup de feu tiré durant l'absence des policiers.

Il ouvrit la porte et sortit à son tour.

34. Jalousies

Asnières-sur-Seine, le pont, vendredi 22 septembre 1989, 16 h 30.

Repassé discrètement dans l'immeuble de la rue de Belfort pour récupérer mes bagages. Dans une main, la valise aux dollars, et l'autre dans la poche serrant la crosse du Magnum, je me sens mieux, beaucoup mieux. Je perds du sang, beaucoup de sang. J'arrive sur le pont. Une bourrasque me fait vaciller. Au feu rouge, un vieux connard sur une moto — une BMW, une K 100 LT, super carénage, pare-brise réglable, quatre cylindres, avec ABS, toute blanche, belle — le pied ! La radio de bord gueule un blues à fond les manettes — un couplet qui m'attire :

... Un jour, les rats sortiront des banlieues
L'on dit que les chiens redevenus sauvages
sont plus cruels que les loups...

Je m'approche pour écouter la suite. Le taré repère ma tache sanglante et me regarde d'un air dégoûté. Sympa, je lui demande :

— Comment c'est cette bécane ? C'est pas trop lourd en ville ?

— Tire-toi, pouilleux, tu vas me filer des puces...

Et le blues qui poursuivait :

Ils enfourcheront leurs scooters,
ajusteront leurs casques,
cacheront leur haine
sous des vêtements de cuir
feront briller leurs lames d'acier bleu
Un jour, les rats sortiront des banlieues...

Je me souviens de l'autoroute à 280, avec la Daytona, et Laure tout près de moi allumant un joint, rechargeant calmement le Magnum.

— Il était vraiment hideux, le gros, que je lui glisse, l'air de rien.

— Assez viril, tout de même, qu'elle me répond, sérieuse.

Qu'est-ce qui m'a pris ? C'était pourtant pas le moment. Je me suis senti piqué au cœur. En ce temps-là, il m'arrivait de penser que je n'avais entrepris cette apocalypse que pour lui plaire, mon Hitler de poche, simplement par amour pour elle.

— Aussi viril que l'Iranien plein de poils que tu t'es fait dans la ferme du Vexin ; celui qui était soi-disant venu pour nous apporter des nouvelles de Berlin. Tu croyais peut-être que je n'avais pas compris ton manège ? (Fallait la voir ce jour-là ! Elle s'enroulait autour de moi et regardait l'ordure de Dieu, lui faisant des sourires, et l'autre qui lui posait des questions : D'où tu viens ? C'est pas à côté de Sarreguemines ? J'ai travaillé dans les aciéries, je connais le restaurant truc, et machin... Y'a des femmes comme ça, chaque fois qu'un homme les regarde, elles croient que c'est leur mère qui leur présente le biberon et puis elles se trompent de trou : elles ouvrent la bouche d'en bas.)

— Tu me connais, Jean, tu sais que je suis comme ça et c'est comme ça que tu m'aimes !

Imparable ! J'ai accéléré à 7 200. Ah, on l'a essayée, la princesse : la Ferrari ! Il s'était mis à tomber un léger crachin. Trois BMW 530 de flics nous collaient au train depuis dix minutes. Je les ai laissées approcher, presque à me toucher, puis j'ai branché mon warning qui s'est mis à clignoter. Les nazis ont dû penser que j'étais en panne. Dans l'appareil, Leonard Cohen chantait : *I have tried to be free*... J'ai pris la voie d'urgence et, lorsque je n'étais plus qu'à cinquante, j'ai embrayé, tiré brutalement le frein à main en donnant un putain de coup de volant à droite. Tête-à-queue. Je me suis retrouvé dans l'autre sens. Et là, j'ai accéléré à fond. Personne ne sait ce que c'est que 7200 tours, première seconde en Daytona... *Full erection*... Laure a juste eu le temps d'ouvrir la fenêtre et d'en dégommer deux dans la seconde bagnole. J'étais déjà à cent vingt lorsque j'ai vu le paumé avec sa moto, là devant sur le bas-côté, qui avait crevé un pneu sous la pluie. J'ai tout juste aperçu sa tête d'écorché rose qui frôlait mon carreau lorsque je l'ai envoyé faire son entrechat.

— La façon dont tu te comportes avec les mecs, je ne sais pas la qualifier. Je ne peux même pas dire que t'es une salope ; mais t'es débile ! Tes trucs à la con, la première guenon venue en ferait autant. Et si tu crois que c'est comme ça que tu deviendras un mec...

Je m'approche du vieux connard qui guette toujours son feu vert :

— J'ai besoin d'un cheval, toto. Tire-toi de là !

Je dois pas être très convaincant avec mes guenilles, ma pâleur et mes taches de sang. Il ne tourne même pas la tête et continue à fixer les feux. J'ai pas le temps de jouer. Je sors le Magnum et lui fais exploser le casque. Marrant, la gueule d'un motard avec des petits morceaux de casque accrochés sur les cheveux ; on dirait un bébé qui vient de naître avec des morceaux de membrane amniotique collés au crâne. « T'as pigé, toto ? Tire-toi ! » Il descend, penaud, et me présente le guidon. Je fourre le sac de fric dans le coffre de gauche de la BM. Justement, le feu vient de passer au vert. Je bifurque à droite, atteins en trois minutes le pont de Puteaux et direction Saint-Germain-en-Laye, la forêt. Je suis comme le feu, je vais me mettre au vert, pour la nuit...

Neuilly-sur-Marne, vendredi 22 septembre 1989, 21 h 30.

Fred faufilait la Toyota à plus de 180 entre les rares autos du périphérique. Il était vraiment furieux. C'était la première fois depuis qu'il avait douze ans qu'il se faisait casser la gueule. Il essaya de se dominer. Réfléchir... Favreau est à l'hosto pour au moins quinze jours. Le pouilleux, ce Jean Zylberberg de malheur, devait être une sorte d'espion mêlé à l'affaire des Libyens. Ce n'est pas possible qu'un clodo ait de tels réflexes. C'était évidemment un type qui avait suivi une formation serrée dans un service d'espionnage. Au fond, ce n'était pas si grave qu'il se soit échappé, il avait ainsi évité à Fred les inextricables ennuis politiques. Favreau avait vraiment un flair de fox-terrier — c'est vrai que les fox, le nez dans leur terrier, présentent leur cul à la face du monde. Tous les fox doivent être pédés... Il faudra qu'il vérifie cette intuition... Le retour des idées sexuelles fit monter d'un cran la fureur de Fred mais il ne savait pas encore sur quoi sa colère allait tomber. Il arriva en trombe dans la cité où la Truite avait son studio et se gara dans un crissement de pneus à hérisser un dinosaure à écailles — un tyrannosaure — et tyrannique, c'est exactement ce qu'il avait envie d'être ce soir ! Adossés aux carcasses de voitures pillées et désossées, les loubards rigolaient de le voir arriver ainsi, le sexe à l'air. Ils ne pouvaient pas savoir que c'était franchement pas le jour ! Il les aperçut immédiatement, sortit le Colt de son holster et vérifia machinalement qu'il était chargé (« Tiens, il manque une balle... bizarre ! »). Il glissa une balle dans le canon, releva le cran de sûreté et s'extirpa de la voiture en s'accrochant au montant du pare-brise. Et les loubards continuaient à rigoler : « Le moumoune à Momone... » Il y en eut même un, un petit râblé à l'air vicieux, avec les sourcils qui se rejoignaient comme une visière rabattue jusqu'aux yeux, qui s'approcha de lui, le caressa d'un doigt sous le menton en lui sifflant : « Ta pute, mon gros, on se l'est tringlée

à quatre dans l'ascenseur, un par chaque trou et le dernier, elle l'a fait main... Fait main, ça t'excite pas, ça, pépère ? Il paraît que t'adores... »
Ils étaient six ou sept à s'approcher lentement de lui. Un peu en retrait, une fille en minijupe et porte-jarretelles tenait à l'épaule une grosse radio stéréo qui diffusait un blues :

... Ils incendieront vos maisons,
briseront murs et grilles ;
emporteront vos garçons
jusqu'au noyau dédoublé
qu'on appelle cocaïne, héroïne,
stériliseront le ventre de vos filles.
Vous mangerez votre pain en tremblant
et boirez votre vin en pleurant.
Maudits soient ceux qui ne respectent pas
la tristesse des enfants !
L'on dit que les chiens redevenus sauvages
sont plus cruels que les loups
Un jour les rats sortiront des banlieues...

« Je ne vais tout de même pas buter des mômes », pensa Fred. Et cette fureur qui ne le lâchait pas. Puis une image horrible le traversa : celle de Simone, à quatre pattes dans l'ascenseur, se faisant prendre par le satyre à visière qui devait être velu jusqu'au bout du gland. Il ne se savait pas jaloux — faut dire qu'avec les sexes qu'avait collectionnés la Simone, mis bout à bout, il y aurait eu de quoi relier Bamako à Tombouctou. Il sortit son flingue.

— Vous savez ce que c'est, ça, les mecs ? C'est un 9 mm automatique, de marque Colt — le plus rapide ! Je peux vous descendre tous les six avant même que le premier d'entre vous ait eu le temps de se rappeler le nom de sa mère.

Les loubards eurent un mouvement de recul. Plus d'un des leurs avait fini sa carrière de malfrat en face du trou noir du rigolo d'un flic.

— Et maintenant, vous allez m'écouter : ma mère n'avait pas dix-huit balais quand elle est tombée amoureuse. Il paraît que mon père était beau mec, mais vachement triste. Lorsqu'il a appris qu'il l'avait mise en cloque, il s'est engagé dans la Légion. C'était juste après guerre. Il a pris du grade dans les colonies mais il a fini sa carrière à Diên Biên Phu. Entre vous et moi, il y a juste la différence d'une génération. On cherche la même chose : un futal où se suspendre pour faire ses premiers pas... et maintenant tirez-vous...

Les loulous ont haussé les épaules et se sont tirés en disant :

— Viens, Mémède, laisse tomber, on ne pourra rien tirer d'une vieille bagnole comme ça...

Fred trouva l'ascenseur en panne. Il grimpa les six étages quatre à quatre et frappa tout essoufflé à la porte peinte en bleu vif. Simone poussa un cri. Décidément, les emmerdes ne voulaient pas finir. Derrière elle, le petit toubib binoclard essayait de reboucler sa braguette. Finalement, c'est lui qui prit la baffe.

35. Rois

Paris, XVIe arrondissement, vendredi 22 septembre 1989, 17 h 45.

Nessim glissa son Brahms entre les lèvres sèches du lecteur de cassettes et monta le son au maximum. Il ne pouvait plus penser, à rien ! Vidée, la tête ! Et d'un coup, d'un seul ! La rencontre du *schlecht* — c'est ainsi qu'autrefois sa mère nommait les « ashkis » — l'avait presque rendu fou. Des débuts de phrases lui venaient sans cesse à l'esprit : « Moi je..., moi je..., moi j'entrerai par la septième porte au pays des ancêtres... » « Moi, j'irai dans le désert jusqu'au lieu où jaillit la lumière... » Il décida de faire un tour à l'hôpital, de passer dans son service, avant de rentrer à la maison. Il avait remarqué depuis longtemps que les malades le soignaient bien mieux que n'importe quel confrère, mieux même que Mathilde, le contraignant à être, à être lui-même avant tout. Mais les bienfaits ne duraient que le temps du traitement : sept jours de vacances, et l'angoisse revenait au galop.

— Professeur Taïeb, l'interpella la surveillante

du service, une jeune femme vient d'arriver en urgence après une tentative de suicide. L'interne de garde et les deux externes s'apprêtaient à la recevoir. Ils voulaient vous appeler au téléphone, justement... (chuchotant :) C'est une affaire médico-légale, je crois...

— Puisque je suis ici, nous allons la recevoir ensemble.

Djohar était âgée de vingt ans — une paire de jeans, un blouson de cuir, un pull à ras du cou en laine sauvage, des lunettes rectangulaires de plastique noir, des cheveux frisés, taillés court, un visage imberbe d'éphèbe mal dégrossi. Un temps, les quatre médecins restèrent interdits, incapables de décider s'il s'agissait d'un homme ou d'une femme. Elle venait de les introduire au monde de l'entre-deux. Puis, elle parla d'une voix sourde, profonde, à peine audible, une voix de mue. Nessim pensa : « Cette voix du fond des âges, je la connais ! C'est la voix de la rage ! »

Djohar sortait de prison. Elle y avait passé six mois pour vols de chéquiers et de cartes bleues. Actuellement, elle était hébergée dans un foyer de réinsertion mais n'acceptait aucun rendez-vous avec les psy. La bande guettait à la porte du foyer : elle recevait des coups de téléphone de personnages louches, des menaces... Et la goutte d'eau : une visite de son oncle lui ayant appris que sa mère était une putain, et de nouveau ça avait été la dégringolade : brève période d'alcoolisation, puis défenestration — aucune séquelle physique... juste une sorte d'amnésie sélective... Elle menaçait de recommencer. La directrice du foyer, affolée, demandait une hospitalisation d'urgence.

On la sentait inconsistante, prête à tout : retourner au plus vite dans la délinquance, bifurquer vers la toxicomanie, le délire, le suicide ou, pensa Nessim, le plus probable : un accident. Et puis, des récits de l'entre-deux : d'abord un premier souvenir d'enfance. Elle l'avait bien en mémoire, structuré, précis comme pour un peuple l'aventure édifiante d'un patriarche ou d'un père fondateur. Elle avait cinq ans. Son père était parti en voyage d'affaires. Sa mère l'avait laissée là pour s'envoyer des mecs, pour le plaisir, pour le fric... Elle était restée enfermée durant deux jours dans une chambre, sans manger, sans aucun soin, sans personne, sans rien. Au début du monde donc, il n'y avait rien eu... et personne pour apercevoir le rien, et aucun mot pour décrire le rien... Le rien est source infinie d'hallucinations pour la vie entière, même un jour de rien, même une heure de rien... Et son père rentra, sans doute plus tôt que prévu. Il trouva la porte verrouillée, la clé dans la serrure, à l'extérieur. Il ouvrit. Elle courut vers lui. Il la prit dans ses bras. A ce moment avait-elle ressenti de la joie ou la plus grande des frayeurs ? L'image du retour du père était très nette, follement nette, obsédante. Son père l'emmena et interdit à sa mère de la revoir.

A sept ans, elle voulut s'enfuir, retrouver sa mère, sauta par la fenêtre du deuxième étage — déjà —, ne se fit pas même un hématome. Mais quelle frayeur ! Qui croyait-elle retrouver en bas ? A treize ans, sa mère vint chez son père ; la réclama, lui annonça qu'elle l'aimait, qu'elle avait besoin d'elle. Son père s'opposa à leur rencontre. Commencèrent alors des disputes sans fin. Elle refusait de rejoindre sa mère : (« Plus je lui disais non et plus elle insistait. ») Tiraillée, ne sachant qui choisir, entre un père indifférent et une mère à moitié délirante, à quinze ans, elle se rendit elle-même au service social — les voleurs d'enfants — pour réclamer son placement en foyer. Le foyer, premier lieu de l'entre-deux, elle y resta figée dans une terreur rétrospective, suspendant toute décision, glissant devant chaque appartenance... révoltée d'être paralysée dans une terrible contrainte à ressembler à sa mère, à sa vie de délinquante. Mi-temps : elle interrompit là provisoirement la course du soleil.

Son père venait d'Akbou, dans la plaine située au pied du Djurjura ; sa mère d'Alger. Ils étaient tous deux d'origine kabyle. Spontanément, ils parlaient le français. Ils avaient seulement cinq ou six ans lors de leur arrivée en France. Elle prétendait ne rien savoir de la Kabylie, entendre la langue, mais ne pas la comprendre. Il y avait trois ans de cela, Djohar avait eu un accident très grave (trente points de suture à la tête). Elle avait failli en mourir. Quelques semaines après l'accident, elle s'évanouissait sans cesse. Il était resté un hématome intracrânien. On l'opéra à nouveau. Elle raconta l'accident : Mohand, l'ami de sa cousine Yasmina, venait de se faire voler sa voiture, une petite 205 d'occasion, tout récemment acquise. Lui aussi il avait la rage, et c'était pas d'hier ! Pour se venger, il décida de voler une voiture, la même que celle qu'on lui avait dérobée. Djohar s'y opposa, mais Yasmina était séduite par l'idée d'une balade nocturne. Mohand s'installa au volant de la voiture volée et n'attacha pas sa ceinture, Yasmina prit place auprès de lui, cliqua le harnais. Djohar s'assit derrière, au milieu, derrière ce couple uni par la haine et la rage, uni dans l'identité des sensations d'étrangeté. Mohand s'enivrait de vitesse, enroulant le périphérique à 140, en pleine nuit, jusqu'à épuiser les sensations. Dans une grande courbe, pied au plancher, le « Neiman » se coinça. A nouveau tout venait de basculer, le monde s'était renversé en une dizaine de tonneaux. Mohand succomba à ses blessures après une semaine de coma, la cousine Yasmina s'en tira sans une égratignure. Quant à Djohar, la princesse de l'entre-deux, pendant des mois, elle revit cette même scène, la cabriole du bateau ivre, s'adressant à l'infini les mêmes reproches : « Si seulement j'avais insisté, ils n'auraient pas volé la voiture, si seulement... »

Quelques mois plus tard, Djohar commença ses trafics. Deux complices volaient les chéquiers et les cartes bleues. On maquillait les cartes d'identité avec sa photographie et c'était elle qui se présentait aux magasins pour faire les achats. C'était elle qui n'était pas elle ! Elle qui était « n'importe qui » !

— En deux ou trois jours, je gagnais des millions ! C'était la belle vie ! C'était comme un jeu, sans angoisse, comme si cet argent m'appartenait vraiment, le temps d'un instant.

Puis, de plus en plus d'audace : elle se présenta dans une boutique tenue par un ami de la famille. Il la reconnut, la dénonça, elle s'en rendit compte mais en rigola avec ses complices, partit ensuite quelques jours à la campagne pour se reposer. A son retour, trois inspecteurs de police l'attendaient devant sa porte. Eux aussi l'avaient reconnue, nommée ; cette fois c'était bien elle qu'ils avaient identifiée mais pour l'extraire, la contraindre, la jeter au loin, à Fleury. Doucement, presque avec tendresse, Nessim l'interrogeait :

— Vous avez été effrayée ?

— Pas au moment de l'arrestation ; seulement lorsque je me suis retrouvée au dépôt. J'étais effrayée dans l'attente de ce qui pouvait se passer là-bas, en prison !

... Sans doute effrayée à l'idée de la porte fermée avec la clé sur la serrure, à l'extérieur. Bien vite, elle précisa :

— En fait, la prison, c'était bien ! J'imaginais pas que c'était aussi bien ! Je n'étais pas angoissée ; j'ai pu faire plein de choses : des stages d'informatique, de vidéo, de théâtre, du sport. Pour la première fois, je me suis fait des amies.

... Plus que cela, sans doute soulagée d'avoir retrouvé un lieu de l'entre-deux, comme le foyer, comme l'hôpital, un lieu suspendu, entre mort et sommeil. Nessim devenait fébrile : il voulait lui faire toucher du doigt la mince paroi transparente qui sépare les deux mondes, lui faire éprouver l'ivresse possible du funambule au-dessus des crevasses. Il se rapprocha d'elle, lui caressa les mains :

— Et vous, vous êtes kabyle ?

Et avec l'ingénuité d'une ombre, avec la légèreté d'un passe-muraille, elle lui répondit :

— Je suis les deux.

— Les deux ?

— Kabyle et arabe, arabe et française...

Nessim pensa par-devers lui : « Tu parles... idéologie de merde... » Il se surprit à ces expressions qui lui venaient spontanément à l'esprit ; elles ne lui étaient pas coutumières.

Après la consultation, Nessim expliqua aux jeunes gens : « Kabyle et arabe, arabe et française... à ce moment, j'aurais pu poursuivre à sa place : enfant et adulte, homme et femme, dedans et dehors... *elle et moi*... Notez bien, messieurs, que dans l'indifférenciation entre elle et moi, c'est à cet instant, précisément, que commence l'intervention thérapeutique. » Inlassable, il poursuivait son explication : « Le cas de Djohar est typique. Si nous en avions le temps, je vous en raconterais des dizaines d'autres, presque identiques, de ces jeunes gens qui tentent un coup de force pour contraindre les mondes à se relier — et, notez-le, toujours par un suicide ! Blanche, de parents martiniquais, envoûtée par une condisciple qu'elle entend l'injurier dans ses oreilles, saute du dix-septième étage et se casse seulement les deux jambes. Fatiha, la plus française, la plus adaptée, la plus intelligente des cinq enfants d'un couple kabyle, lors d'une nuit de ses douze ans, voit apparaître une femme en habit traditionnel qui lui dit en kabyle que ses parents l'attendent en bas et lui intime l'ordre d'aller les rejoindre. Troisième étage : Fatiha se cassera les jambes et les bras. Khadidja, elle aussi de parents kabyles, passe brillamment son bachot à seize ans. Dans l'amphithéâtre de sa première année de médecine, elle entend les juifs qui lui ordonnent de se crucifier. Treize ans plus tard, de permission de son hôpital psychiatrique qu'elle n'a plus quitté depuis, elle me demandera : pourquoi les juifs demandent-ils à une femme arabe d'être le Christ ? Pourquoi faut-il se sacrifier ? Et toujours, pour chacun d'entre eux, la même tentative de rendre compatibles les deux mondes, et cela toujours sous l'impérieuse poussée des désirs sexuels. »

— Vous ne m'avez rien dit de votre vie sexuelle... questionna Nessim.

— Holà ! Je ne me prends pas la tête avec ça ! Il n'y a rien eu, il n'y a rien !

— Même pas de désir, même pas d'image ?

— Non ! Ce n'est pas ça que je cherche !

— Ah ! peut-être est-ce cela qui vous appelait lorsque vous avez sauté par la fenêtre ? ... Et qu'est-ce donc que vous cherchez ?

— Je recherche l'affection maternelle.

— Comment peut-on retrouver quelque chose que l'on n'a jamais eu ?

Je connais la réponse à cette énigme, expliqua Nessim après l'entretien : « Comment peut-on retrouver quelque chose que l'on n'a jamais eu ? » En se métamorphosant, *en étant ce qu'on n'a jamais été* !

Le complet de Nessim était exactement de la même teinte grise que ses cheveux, le pull-over, du même ton, légèrement plus foncé. Il remonta ses lunettes dorées qui avaient toujours tendance à aller lui pincer le bout du nez, d'un geste qu'il trouvait élégant, un geste qui lui rappelait qu'il aimait à se sentir à la fois démuni et puissant. Il étira ses longues jambes, détendant son corps afin de crisper son âme :

— Savez-vous ce qu'en Kabylie on aurait pensé d'une telle histoire ?

— Je ne sais pas, dites-le-moi...

Nessim demanda avec une certaine pointe d'ironie à l'interne de garde :

— Et vous, jeune homme, avez-vous une idée

de ce que l'on aurait dit à Djohar si elle vivait en Kabylie ?

— Vous nous avez expliqué, il me semble, monsieur, qu'en Kabylie, on aurait parlé d'une malédiction, d'une mauvaise parole qui poursuivrait le destin d'une famille...

— Voyons, jeune homme ! Vous ne voyez pas comme son destin est étrange ! Il lui arrive tant de choses singulières, à elle seule, et cela depuis l'enfance. Je pense qu'en Kabylie l'on aurait parlé d'un être d'un autre monde qui aurait enfilé son corps comme on se revêt d'une djellaba. En arabe, l'on aurait dit : *malboussa* (« portée »).

Le petit externe demanda alors :

— Un être d'un autre monde... vous voulez dire un *djinn* ?

Et Nessim expliqua encore :

— On ne serait sans doute pas allé jusqu'à prononcer le mot. Non ! on serait intervenu avant, et certainement comme il faut, pas comme vous, avec vos neuroleptiques de merde !

Les jeunes médecins dressèrent l'oreille, interloqués. Etait-ce encore un des tours du patron, cette façon qu'il avait quelquefois de coller à la pensée de ses malades pour retourner la situation au dernier moment... ou bien sa haine des médicaments qu'il laissait pourtant prescrire de temps à autre dans le service, ou bien peut-être était-il subitement devenu fou ? D'ailleurs il n'avait pas l'habitude de passer dans le service en fin d'après-midi...

Djohar resta un long moment silencieuse, étrangement calme. Elle semblait aussi absorbée dans ses réflexions que le jeune externe. Puis elle parla, mais d'une autre façon, comme si elle dévidait unc pensée intérieure :

— Je serais habitée par un être d'un autre monde, peut-être même d'un autre sexe, de sexe masculin... non ? Docteur, il me semble... il me semble... c'est exactement ce que je ressens...

Après la consultation, Nessim se contenta de donner cette seule explication :

— Jeunes gens, écoutez-moi bien : 1927 : Les Soviétiques arrivent chez les Esquimaux de Sibérie. Ils traquent alors « l'aliénation » jusqu'aux confins de la planète. Désireux de protéger de sympathiques communistes primitifs — les Esquimaux —, ils fusillent tous leurs *chamans,* autrement dit : leurs guérisseurs et leurs prêtres. Le mois dernier, par la grâce de la *perestroïka,* Jean Malaurie a pu visiter cette population. Il leur a présenté des feuilles et des crayons, les invitant à dessiner. Ils ont tous représenté les esprits velus — les *tanits* — qui hantaient leurs cauchemars, les mêmes esprits, précisément, que combattaient autrefois leurs *chamans*[1]. Les esprits avaient résisté soixante-douze ans au communisme. Combien de temps pourra-t-on encore préserver les esprits des assauts de l'Occident ? Combien de temps avant que les ancêtres ne surgissent de leurs tombes pour crier vengeance ?

Djohar rentra au foyer le lendemain. Dieu sait pourquoi, elle voua à l'homme gris argent un véritable culte qui lui permit quelque temps de trouver le chemin des garçons.

1. Communication personnelle de Jean Malaurie.

Paris, XVIe arrondissement, vendredi 22 septembre 1989, 20 h 30.

Nessim s'avançait d'un pas très lent vers la féline, la subtile, la furieuse : la Donkervoort. D'un geste automatique, le même depuis dix ans qu'il travaillait dans cet hôpital, il plongea la main dans la poche gauche de son veston pour y chercher son paquet de cigarettes. Il y rencontra une boule de feuilles froissées. Machinalement, il la sortit et commença à déplier les petits feuillets agglomérés. Dans la pénombre, il distingua une liste de noms. Il n'arrivait pas à se souvenir d'où provenaient ces papiers froissés. Intrigué, il les remit en poche et se promit de les regarder attentivement plus tard, sur son bureau. Sa pensée revint aussitôt sur l'inquiétant *schlecht*. Lui, Nessim Taïeb, le professeur de psychiatrie le plus honnête, le plus dévoué de tout Paris : un meurtrier — et pour quelle raison ? Il n'en savait trop rien lui-même. 150 dans l'avenue Mozart : il commençait à conduire vraiment trop vite. Ce n'était pas dans ses habitudes d'être imprudent en auto. Pour se calmer, il s'imposa de chasser la pensée de l'« Ashki » et tenta de revenir à Mathilde. Qui pouvait être cet homme en voyage à New York à qui elle téléphonait (il en était sûr) tous les jours ? Etait-il seulement possible qu'on lui préférât un autre homme ? ... lui, Nessim ? Et un homme qu'il sentait devoir haïr, et sans véritable raison ? Merde ! D'où provenait cette façon de détester ? Il ne la reconnaissait pas pour sienne. Il voulut se réfugier dans la pensée de la tendresse de Mathilde, du sentiment qu'il avait d'être totalement reçu, accepté, choyé. Il voulut repenser aux vers du *Cantique des cantiques* qu'il connaissait par cœur et il lui vint seulement cette strophe qui le choqua, lui évoquant d'éventuels désirs homosexuels :

« Que tu es beau, mon bien-aimé,
combien gracieux !
et notre couche est de verdure. »
(*Cantique des cantiques*, I, 16.)

Et sa pensée revint aussitôt vers le *schlecht* — en yiddish, *schlecht* signifie « mauvais » — sans doute : très mauvais ! Traversé d'une intuition, il négligea l'ascenseur et grimpa à toute allure les trois étages. Mathilde, en robe de chambre de soie, le téléphone coincé au creux de l'épaule, parlait en anglais. Il se précipita dans son bureau sans la saluer, sortit de sa poche les papiers froissés, les déplia précautionneusement. Ils contenaient des listes de noms dans lesquels il reconnut ceux de certains ministres. Le tout était emballé dans un morceau de papier kraft qui lui était adressé ainsi : « Fils de juif, voici les noms des salauds qui faisaient partie du réseau. Fous-leur la merde ! Mais rends-moi un service : trouve Laure Trieb-Meymert et descends-la. » Il n'y avait pas de signature... C'était inutile !

Neuilly-sur-Seine, vendredi 22 septembre 1989, 20 h 45.

L'énorme chat roux sort de sa quatorzième sieste. Il s'étire, quitte sa chaise et va s'aiguiser les griffes sur le sommier déjà aux trois quarts déchiqueté. Il prévient sa maîtresse d'un miaulement qu'il va bondir sur le lit. Il a faim. En ronronnant comme un diesel, il frotte son front sous le menton de la jeune femme. Elle ouvre un œil, furieuse, et balance violemment l'animal d'un revers du bras.

« Le seul mec que j'aie jamais pu supporter, c'était Abdelkrim. Connard ! Il vient de traverser mon rêve comme une ombre. Dans la cité, on le surnommait "Crime", et faut dire qu'il le portait bien — tout petit, il savait déjà étrangler les pigeons d'une seule main. Frisé comme un mouton, de grands yeux noisette, quand il était môme on aurait pu le prendre pour une fille et naturellement on lui donnait fesses et bon Dieu sans confession. Ses parents étaient kabyles, d'un village de la montagne, de la région de Tizi. C'est pas tout à fait des Arabes, les Kabyles ; c'est plus malin : il paraît que c'est un peu des juifs ! Son histoire était pleine de macchabs, tout comme la mienne, peut-être plus encore ! Le grand-père paternel avait épousé une première femme qui lui avait donné son premier fils puis elle était tombée malade. Elle "crisait" — quelquefois une dizaine de fois par jour —, elle tombait au sol, bavant, le corps traversé de décharges de foudre, avant de sombrer dans un profond sommeil. Tout le monde savait là-bas qu'il s'agissait des "gens" — les habitants de l'autre monde : les *djinn*. Le grand-père prit une seconde épouse pour s'occuper de la première. Dès l'année suivante, la nouvelle mousmé lui a donné son second fils : Kamel, le père de "Crime". Peu après la naissance de Kamel, la première femme a claboté — on dit au pays que ce fut de jalousie : la nouvelle belle-famille lui avait fait sniffer un *s'hur* (de la sorcellerie). Durant sa dernière crise, elle s'est mise à gueuler alentour : ''Soyez maudits... maudite soit votre foi... maudite soit votre race... que ma parole retombe sur vous et sur tous vos descendants, jusqu'au dernier...'' Le jour de son mariage, on raconta à Kamel l'histoire de la première femme de son père. Mais ce con était allé à l'école jusqu'à l'âge de dix ans et avait un peu appris à lire et à écrire le français, si bien que les vraies choses, il n'y croyait plus vraiment — ''de vieilles superstitions'', pensait-il. Mais lorsque son troisième enfant mourut en trois jours, comme les précédents, de la ''chiasse verte'', ou bleue (les Arabes confondent les deux couleurs), il a commencé à faire gaffe aux paroles des vieilles du village. D'après ''Crime'' qui me l'a raconté, c'est après avoir rencontré une vieille *chouafa* (''voyante'') qu'il prit la décision d'émigrer. La sorcière lui avait dit que la malédiction de sa belle-mère poursuivrait sa famille... jusqu'à la septième génération... ''Ô mon fils, qu'il lui a nasillé, le pot de henné, la seule façon d'interrompre la malédiction aurait été de renouveler l'alliance en prenant épouse dans la famille de la première femme — pourquoi pas sa sœur ? Regarde, elle est blanche de peau, les cheveux bien noirs et des fesses larges pour porter de beaux enfants...'' Il voulut tirer un trait sur toutes ces vieilles histoires qui lui faisaient peur et s'enfuit au pays des faux culs... au pays des morts-vivants...

« Durant les six premières années d'exil, il laissa sa grosse au village, rentrant tous les deux ans pour la mettre en cloque. Puis il fit venir toute la famille dans notre cité radieuse de Gennevilliers, et là, ce fut le génocide ! Aujourd'hui, tous les enfants de Kamel sont morts. L'un des suites d'une brûlure, lorsqu'il avait seulement quatre ans, dix ans plus tard, une fille, prostituée, s'est fait descendre par son mac, les deux jumelles ont chopé le sida, un garçon et une fille ont filé chez les taupes en overdose, et "Crime" est mort en prison. Tout à la fin, devant un tel carnage, le vieux Kamel s'est enfin décidé à consulter un *cheikh*, qui lui a donné le nom de ce qui pesait sur la famille : la *tab'a* (la "poursuite"). Kamel est entré avec sa femme fermer son pébroque au village. Il avait enfin compris que la terre caillouteuse de la montagne réclamait les siens.

« "Crime" a toujours eu de la thune. Déjà tout môme, il savait piquer leur fric dans la poche des adultes, en leur donnant l'impression qu'il leur demandait juste un peu d'affection. Vers quinze-seize ans, il s'était mis au trafic des autoradios et, à vingt, à la vente de la blanche. Mais lui, il n'y touchait pas ! Je l'avais retrouvé à peu près à cette époque. Il m'avait proposé de vivre avec lui. Il louait un immense appartement dans le XIIe, tout près de la Bastille. Dès la première nuit, je lui avais expliqué qu'il n'était pas question qu'on baise ; que s'il m'approchait, j'étais capable de lui tailler la gorge. Drôle de mec ! Il avait compris du premier coup et allait tirer son coup de temps à autre avec une pute. On formait un couple équilibré : un truand kabyle et une dingue juive ; c'était Roméo et Juliette, quoi ! L'année qu'on a passé ensemble a été une période presque paisible. Je faisais à peu près tout ce que l'usage exige d'une femme : la cuisine, le ménage, la conversation, les disputes... sauf une chose. Naturellement, "Crime" pensait qu'il finirait par me convertir à l'islam et à la sexualité. Mais un jour, il eut un déclic : il commença à imaginer que je couchais avec d'autres mecs, comme ma mère, et que c'était pour ça qu'il ne pouvait pas m'approcher. Il me fit des scènes, me demandant d'avouer. Je ne lui répondais pas, bien sûr ; j'allais pas lui raconter ma vie ! Peu à peu, il sombra dans la tristesse et dans le whisky. Il alla même consulter un *taleb* marocain, qui lui dit que j'étais mariée avec un *djinn* — mais pas un *djinn* musulman ! Et que ça, c'était dangereux, — les *djinn* musulmans, on peut encore négocier avec eux, évoquer le nom de Dieu, je sais pas... mais les autres... il avait intérêt à mettre les bouts vite fait... C'est alors qu'il s'est mis à ramener de plus en plus de blé à la baraque, tout en prenant de plus en plus de risques dans ses affaires. Par deux fois, les "stups" étaient venus nous interroger. Jusqu'à un petit matin où, ne le voyant pas revenir, je décidai de filer avant le lever du jour par l'escalier de service. Je les ai vus, les deux gros cons qui l'attendaient dans l'entrée de l'immeuble. Ils l'ont cueilli à son arrivée. Je sais qu'ils comptaient me joindre au paquet-cadeau. J'avais bien fait de prendre tout le fric avant de décaniller. Un de ses potes que j'ai revu plus tard m'a rapporté que "Crime" disait partout que je l'avais donné aux cognes... Y'a pas, les Arabes, c'est vraiment débile ! J'ai appris six mois plus tard qu'il s'était "suicidé" en tôle : pendu — avec sa ceinture peut-être ? ça se peut pas : ils nous la retirent à la caisse d'entrée. "Crime" est allé rejoindre ma mère et là, je viens d'en rêver… je l'aurais peut-être vue, elle aussi, si ce débile de chat de merde n'était pas venu me réveiller ; elle m'aurait peut-être parlé, cette fois…

« J'irai les retrouver bientôt tous les deux — sans doute demain — ils doivent dormir ensemble — au paradis des sémites ! »

Véronique sort de son lit, nue, ses deux petits seins ronds et musculeux accrochés à ses épaules comme des boules de Noël, secoue sa légère chevelure de soie noire… grâce des longs muscles tendus à se rompre, profondeur océanique de son regard de saphir. Le chat l'admire en silence de ses grands yeux fardés. Elle s'assoit à la vieille table au vernis écaillé et parcourt longuement les coupures de journaux précautionneusement rangées dans la chemise de plastique rouge.

36. Yéblè

« Nous n'avons pas écouté tes serviteurs, les prophètes, qui ont parlé en ton nom à nos rois, nos chefs et nos pères, ainsi qu'à tout le peuple... »

Daniel, IX, 6.

Bénin — Un quartier populaire de Porto Novo, voilà une cinquantaine d'années...

Sophonie était rentré de Ouagadougou la queue entre les jambes. Il y était pourtant parti triomphant une dizaine d'années plus tôt.

Enfant, il avait suivi une excellente scolarité secondaire chez les Pères blancs puis avait brillamment intégré une école d'ingénieurs agronomes à Bordeaux. Diplôme en poche, il était revenu au Bénin enthousiaste, désirant à la fois s'élever et grandir son pays par la grâce de la science des Blancs. Très vite, il obtint un poste de responsabilité dans l'administration coloniale et s'enrichit à coups de pots-de-vin, distribuant au plus offrant concessions urbaines et hectares de forêt vierge à défricher.

Au début, les *Fon* de Porto Novo lui faisaient

confiance ; n'était-il pas le fils de son père, prêtre d'*Avessan*, la divinité la plus puissante de la ville ? ... et aussi le petit-fils de son grand-père : le *baba-lao*, le « maître du secret » le plus subtil qu'on ait connu de mémoire de *Yoruba.* L'on murmurait que s'il avait si bien réussi dans ses études, c'était que son grand-père lui avait très tôt révélé les secrets que l'on ne transmettait qu'aux guérisseurs, et seulement lorsqu'ils étaient devenus « grands », incapables d'amertume, de violence et d'ambitions égoïstes. Lorsqu'il amassa son premier million de francs C.F.A., Sophonie décida de partir en Haute-Volta faire le commerce des diamants. C'en était trop ! Les *baba-lao* de Porto Novo se réunirent comme ils le faisaient tous les cinq jours depuis la création du monde et commencèrent à parler de lui. Le plus vieux, qui s'appelait « Elle-a-beaucoup-saigné », parla le premier :

— Quelquefois, l'on voit des pousses surgir tout autour d'un baobab. Les gens du commun pensent que ce sont de jeunes pousses de baobab qui veulent se développer sous les ailes de l'ancien. Mais si l'on creuse au pied du vieil arbre, on constatera facilement qu'il n'y a qu'une seule racine...

Naturellement, les six autres guérisseurs avaient immédiatement compris que le vieux parlait de Sophonie. « Erreur d'Echu » prit alors la parole :

— Le hibou survole tous les jours le même village, mais un jour il passera au-dessus du fromager et il tombera au sol, pétrifié. Ne dit-on pas que l'arbre est parfait ?

Les autres ne bronchèrent pas, mais quelque chose dans l'ambiance indiquait qu'ils souscrivaient à la proposition d'« Erreur d'Echu ». « Retour-de-l'étranger-en-traversant-la-mer » dit en souriant :

— Si tu veux que ton urine fasse plus de bruit, pisse de plus haut...

Les autres comprirent l'allusion et se mirent à rire... Un jeune *baba-lao* qui s'appelait « Tourbe accueillante », seulement âgé d'une cinquantaine d'années, essaya néanmoins de défendre Sophonie :

— Quelquefois, dans une portée de chiots, il y en a un, particulièrement vigoureux, qui mord avec hargne le téton de sa mère. Elle le léchera peut-être avec un peu plus de violence, mais le chassera-t-elle ? Non ! Peut-être le corrigera-t-elle seulement avec un peu plus de force...

Une rumeur de désapprobation parcourut le groupe. « Elle-a-beaucoup-saigné » reprit la parole :

— Quelquefois, un jeune garçon grandit près de son père. Sa tête est lourde, il ne parvient même pas à la redresser. Le père lui donnera plus encore de bouillie de mil et versera quantité d'huile rouge au pied de l'arbre sacré. Un jour, il sera récompensé des efforts qu'il aura consentis. Mais si l'enfant a les jambes solides et la tête légère comme une plume, tous les efforts de son père pour nourrir l'enfant seront voués à l'échec s'il n'entreprend d'abord de lui « refaire la tête ». Quand tu regardes un hippopotame et un oiseau, qui donc peut boire le plus d'eau ?

« Elle-a-beaucoup-saigné » semblait avoir emporté la conviction du groupe des anciens *baba-lao*. « Erreur d'Echu » surenchérit néanmoins :

— Ta mère te porte dans son ventre, ta grande

sœur te porte sur son dos, mais ta femme, elle, te porte entre ses cuisses. Celui qui, père et même grand-père, veut encore être porté sur le dos, il n'a qu'à aller s'asseoir par terre...

Une jeune fille vint à traverser la petite place où, assis en cercle à même le sol, ils poursuivaient leur discussion. Lorsqu'elle passa à proximité, « Elle-a-beaucoup-saigné » enchaîna sans rien changer à son intonation ni à sa mimique :

— Je suis vieux, vois-tu, très vieux ; maintenant je me réveille avant le coq et ma femme ne peut se distraire qu'en jouant aux cauris avec les enfants de ses petits-enfants...

La jeune fille poursuivit son chemin, pensant que les vieux discutaient toujours de leurs petits ennuis de santé ; pourquoi donc pensait-on qu'ils étaient « sages » ?

Après trois longues heures de palabres, le groupe des vieux *baba-lao* avait définitivement pris sa décision : *Yéblè* (noué).

Paris, XVIe arrondissement, vendredi 22 septembre 1989, 22 heures.

Nessim s'étala sur le large fauteuil, et les yeux mi-clos, se mit à réfléchir : la boule de papiers froissés, c'était bien sûr ce *shlecht* immonde qui la lui avait glissée dans la poche lorsqu'il s'était approché si près de lui après le coup de feu. Mais était-ce seulement possible qu'il ait tiré, lui Nessim qui, de sa vie, pas même durant son service militaire, n'avait approché une véritable arme à feu ? Une intuition le traversa soudain. Il alla jusqu'à la bibliothèque et saisit la dernière statuette africaine qu'il s'était procurée voilà une semaine à la galerie « Argiles », rue Guénégaud. Il savait bien qu'il s'agissait d'un *Yéblè* (en *fon* : « noué ») béninois. Haute d'une vingtaine de centimètres, la statuette de bois représentait un homme ligoté comme une momie par une grosse ficelle de chanvre du cou jusqu'aux pieds. Une oreille avait été découpée et le crâne percé de part en part à hauteur des tempes, si bien qu'on pouvait regarder au travers. Des traces sur les liens indiquaient qu'on y avait versé du sang et sans doute bien d'autres substances gluantes. Une plume d'oiseau avait été fixée sur le sommet du crâne à l'aide des mêmes substances. Les yeux avaient été bouchés avec de la cire, et la bouche bâillonnée. Le seul endroit qui n'était pas recouvert de cordages, c'était les fesses, joliment sculptées, bien apparentes. Maintenant, Nessim en était sûr : cette statuette avait été utilisée contre un homme qui avait acquis beaucoup de savoir mais qui, grisé par le succès, ne voulut pas l'utiliser pour grandir les siens. Les vieux l'avaient rendu impuissant, l'avaient sodomisé, bâillonné. Ils lui avaient « vidé la tête », rendue légère comme la plume de l'oiseau. Cet homme est mort malade, probablement fou. Nom de Dieu, jura Nessim, cette statuette, mais c'est une arme ! Pourquoi s'est-elle retrouvée entre mes mains depuis la semaine dernière ?... juste quelques jours avant que ne commencent toutes ces affaires de meurtre ?

Excité par sa trouvaille, il se précipita dans la chambre où Mathilde parlait toujours au téléphone :

— ... *no, Jack, he is not a real man, just a*

shadow... Oh Jack, listen to me : the sexuality of the shadows is just a mourning game...

Elle l'aperçut dans l'encadrement de la porte, soudain profondément triste ; son visage s'était affaissé et il semblait que ses yeux s'étaient désolidarisés, comme s'il s'était brusquement mis à loucher.

— *Bye, bye, Jack... I'll see you soon...*

— Tu as raison, dit doucement Nessim, m'aimer n'est pas aimer, me haïr est jouer, m'écouter, s'amuser, je suis léger comme une ombre, mais je ne sais encore l'ombre de qui...

Elle rit simplement. Elle savait qu'il avait compris... compris que l'intensité de leur lien était à la mesure de sa précarité... Quant à Nessim, il ne savait pas encore que depuis son départ d'Egypte il vivait chaque jour comme s'il devait mourir le lendemain, mais il commençait à s'en douter. Il ricana :

— Parfois joyeux au bourbon « Quatre Roses », parfois incarnant le fol espoir de la mort... je peux dire des paroles de lumière, mais je sais aimer et haïr...

Forêt de Saint-Germain-en-Laye, vendredi 22 septembre 1989, 22 h 30.

C'est vraiment dégueulasse cette poisse sanguinolente qui me sort du ventre. Faudrait peut-être que je voie un toubib. Mais qu'est-ce que tu veux qu'il foute, le laboureur des morts ? T'as une balle dans le bide, mon vieux, c'est une panne qui ne se répare pas ; faut changer la télé...

A la radio de bord de la BM, ils passaient maintenant un autre blues :

Quand arrive la nuit, la terre est noire et la lune devient folle à te regarder. Que t'es belle, ma princesse ! Où vas-tu ? Je veux être effrayé juste pour que tu m'apaises, que tu restes avec moi... Bébé, t'en va pas, t'en va pas, reste avec moi.

Sans doute le meilleur moment de tous ceux que j'ai vécus avec Laure avait été la fin de la formation dans le camp aux environs de Beyrouth. J'avais débarqué là, tranquille, avec des idées philosophiques plein la tête, croyant qu'on allait avoir de longues discussions politiques. Tout de suite, ils nous avaient séparés — pour vraiment profiter des leçons, fallait qu'on connaisse personne — et, dès le premier jour, commencé l'instruction. Mon chef était une espèce de macaque velu avec une chemise militaire ouverte sur une forêt suintante. Ce mec, il transpirait du réveil au coucher, des litres de liquide âcre et vert comme la bile. Il m'a d'abord enfermé dans une cellule qui faisait maxi un mètre sur deux, sans fenêtre, seulement une petite lampe électrique qui brûlait vingt-quatre heures sur vingt-quatre, pendue au plafond au bout d'un fil pourri. Quand je lui ai demandé pourquoi j'étais en cabane, il m'a seulement expédié un coup de pied dans les couilles et traité de chien, en arabe. Au début, je dormais tout le temps. Je rêvais que j'arrivais à Auschwitz-Birkenau, à Mauthausen, à Buchenwald, à Dora, arrêts bien connus de l'omnibus l'enfer-Jérusalem, et que leur Dracula de guignol,

Mengele Meschügele, faisait la sélection et qu'on me retenait et que j'allais pas tout de suite aux douches... Je me disais bien que ces rêves devaient avoir trait à mon père, à ces quelques mots qu'il avait prononcés à demi-mot entre deux quintes de toux... aux *Sonderkommando*... mais j'y comprenais rien. Le philistin débarquait dans ma cellule à n'importe quelle heure — le jour, la nuit, le demi-jour, dans le demi-sommeil ou la semi-conscience. Tantôt il m'injuriait en arabe, maudissait ma mère, ma race, tantôt il me promettait que je serais bientôt fort comme lui, que j'aurais peur de rien, jamais — remarque : pour ça, il a tenu parole — qu'il était mon maître, pour toujours, et moi son esclave... Au bout de trois mois à ce régime où je ne voyais personne sauf lui, où je bouffais un quignon de pain un jour sur deux, un matin, il m'a fait sortir de la cellule et proposé un bain. Il m'a refilé un treillis militaire tout neuf, et m'a conduit sur le terrain d'entraînement. Il y avait un mannequin plein de sable pendu à un poteau. Il a sorti le poignard de sa ceinture et m'a montré comment on ouvrait un ventre en tenant la victime par la bouche et en lui enfonçant le couteau du bas vers le haut, d'un coup sec. Il ne me l'a montrée qu'une seule fois sa technique de césarienne pour homme, la leçon est entrée tout de suite. Puis on est montés dans la Mercedes et on est partis en ville. A la terrasse d'un bistrot, il y avait un gros lard du *Hezbollah* qui tirait comme un asthmatique sur le biberon de son narguilé. On a fait deux fois le tour du pâté de maisons éventrées pour que je reconnaisse bien ma cible ; puis il m'a conduit deux stations de bus plus loin, m'a donné un poignard et m'a dit que j'avais qu'à me démerder pour rentrer au camp... que je trouverais bien le chemin. Je lui ai éventré son iranophile du premier coup, ça n'a pas duré trois secondes, j'ai même ramené un morceau d'intestin collé au cure-dent. Débile à dire, mais je n'avais qu'une envie, c'était revoir « le maître ». Je suis rentré à pied, au pas de course, au moins vingt bornes. Le tout ne m'avait pas pris trois heures. Donc j'arrive au camp et me dirige droit vers la tente de mon chef. Je soulève la toile et le poussah, de dos, était en train de s'enfourner Laure. La Ludwig Van d'occasion se tenait à quatre pattes, la tête légèrement tournée sur la gauche, avec un sourire que je lui connaissais lorsqu'on se jouait pour nous deux *l'Hymne à la joie* version quatre mains et quatre pieds. J'avais compris la technique. Je me suis approché tout doucement, me suis préparé à faire comme il me l'avait appris, le gros : la main gauche plaquée sur la bouche pour étouffer ses cris, le bras sous le cou pour lui couper le souffle et de la main droite, je lui ai ouvert une boutonnière, de quoi passer une soupière. Le sang gicla comme d'un tuyau qu'on presse entre le pouce et l'index sur le dos de Laure. Je l'ai poussé dégouliner ses entrailles plus loin et la Laure, je me la suis faite là, sur-le-champ, et ça a été Jérusalem céleste sur terre palestinienne. Lorsqu'on a terminé et que je suis tombé épuisé sur le côté, elle m'a dit : « J'ai oublié de te prévenir que j'avais mes règles, Jean ! » Je crois bien que c'est de ce jour que j'ai attrapé le goût du sang.

Merde, mais je suis en train de me vider. Je

vais pas rester à claboter dans mon coin. J'ai mal dans mes os. Si je pouvais seulement dormir... Je m'étends sur le côté droit, à même la terre, la tête au creux de ma main et me revient la voix du vieux, ce trou du cul : Dieu. Mais ce coup-là, il me semble la reconnaître ; je l'ai déjà entendue, cette voix !

« Cette nuit même je revins après l'avoir enseveli et je me couchai, tout souillé, contre le mur de la cour, le visage découvert. Je n'avais pas vu qu'il y avait des moineaux sur le mur et, comme mes yeux étaient ouverts, les moineaux lâchèrent leur fiente chaude sur mes yeux et il se forma des leucomes sur mes yeux. » (*Tobie*, II, 9-10.)

Un nuage opaque commence à se former devant moi, je vois des yeux d'Africains, au blanc rougeoyant, qui dansent par paires dans le silence de la forêt tandis qu'à la radio de bord de la BM le blues se termine (... *Je veux être effrayé juste pour que tu m'apaises, que tu restes avec moi... Bébé, t'en va pas, t'en va pas, reste avec moi.*). Et je glisse doucement dans le sommeil.

37. Rêves de fin de nuit

Neuilly-sur-Seine, samedi 23 septembre 1989, 6 h 45.

Anne Cournut sursauta à la sonnerie. Une fois de plus, elle se réveillait le corps totalement imbriqué à celui de son mari, comme deux serpents accouplés. Cela lui parut d'autant plus étrange qu'elle venait à nouveau de rêver de son travail, et de ce chef si antipathique qui passait son temps à régler sa prothèse auditive tout en hurlant des ordres absurdes. Elle se sépara doucement de Julien et sortit des draps sans le réveiller. Sa mère lui manquait. Peut-être s'était-elle mariée trop jeune. Pensive, elle se dirigea vers la cuisine pour préparer le petit déjeuner de Cécile. Au fond, elle n'aimait pas la vie d'adulte : construire des projets, planifier les vacances, les gros achats, le futur bébé... Machinalement, elle mit la main sur la bouteille de scotch... Non ! Tout de même pas dès le matin ! Cécile entendit qu'on s'affairait dans la cuisine. Elle traîna son oreiller qu'elle aimait tant sucer derrière elle et présenta son museau endormi. En sourdine, sur

France Musique, Trevor Pinnock jouait les *Variations Goldberg* au clavecin.

Vos maisons sont tristes et vos cerveaux murés. Vos fêtes se tourneront en deuil et toutes vos réjouissances en lamentation.

Paris, XVIe arrondissement, samedi 23 septembre 1989, 7 h 30.

Nessim avait entendu les cuillers cliqueter sur la porcelaine mais ne voulait pas ouvrir les yeux, tentant de ramener dans le monde des objets cette impression de vérité qui imprégnait son rêve. Le Caire, rue Farouk, l'interminable concert de klaxons, l'âcre odeur de sable chaud charriée par le vent du désert (le *khamsin*), mélangée aux effluves d'ail frit que répandaient les vendeurs de *foul-ta'meya*, l'appel des voyantes libyennes avec leurs plateaux de parfums multicolores et ensorcelés, et dans le ciel, l'inlassable ballet des milans, comme des croches planant d'une ligne à l'autre de la portée. Il ouvrit les yeux et se souvint. Il avait cinq ans. Les matins d'école, il n'aimait pas se réveiller. Sa mère entrait dans sa chambre, tirait doucement le rideau, s'approchait du lit et glissait sous le drap une jeune perruche de trois semaines, née dans la volière, sur le balcon. Et son esprit se réveillait, s'envolait à la rencontre du monde au contact de l'oiseau neuf grisé de liberté.

Mathilde, assise dans le fauteuil, la tête basse, semblait préoccupée. Pour la première fois depuis qu'ils se connaissaient, ils avaient passé une nuit sans amour. Pourquoi ? La conversation au téléphone que Nessim avait surprise ? Avait-il deviné son désir de rejoindre son ancien amant une fois celui-ci rentré de New York ? Tout était trop parfait avec Nessim : l'amour, la parole, les rêveries, à tel point que cette relation s'installait hors l'existence, dans un no man's land irréel. Elle n'en avait pas encore pris conscience, mais Mathilde avait peur, de plus en plus peur. Nessim la regarda longuement sans parler. Elle leva enfin les yeux :

— Tu veux ton café ?

— Un jour, il fut rapporté au grand Nessim ben Yitzhak Taïeb, l'illustre rabbi dont je porte le nom, qu'une grave dispute avait éclaté entre un notable de la communauté du Caire et son épouse. Tout avait commencé par un sentiment de jalousie. Le mari s'était vivement emporté contre sa femme et avait décidé de s'en séparer : de lui remettre l'acte de répudiation. De bon matin, ils s'étaient mis en route pour se rendre au tribunal rabbinique. Dès qu'il apprit qu'ils avaient pris rendez-vous, le rabbi devina la raison de leur visite. Il s'avança à leur rencontre avec des honneurs dont il n'était pas coutumier. « Si vous n'êtes des prophètes, alors vous êtes des fils de prophètes. Savez-vous qu'il y a quelques instants encore, alors que mon âme se laissait aller à penser, votre image s'est présentée devant mes yeux ? Il y a longtemps, croyez-moi, que je n'ai eu l'honneur et la joie de vous rencontrer. Et devant votre image, je ressentais une profonde nostalgie de votre compagnie et du plaisir de votre amitié. J'avais décidé de vous déléguer un émissaire du tribunal pour vous avertir de ma visite ce soir même. En un mot : je souhaite dîner à votre table que Dieu a bénie. Et maintenant, voilà que c'est Dieu qui vous envoie en personne devant moi ! Approchez, émissaires de Dieu. » Et il les enlaça, l'une sous le bras gauche, l'autre sous le droit, et leur dit des paroles de bonté qui touchèrent le cœur. L'homme leva le regard sur sa femme, surpris par les paroles du rabbi — des paroles qu'ils ne s'attendaient ni l'un ni l'autre à entendre. Alors Dieu transforma leur dispute en parole aimable qui vint à attendrir leur cœur. Ils répondirent ensemble : « Rabbi, sois le bienvenu ! Nous t'attendrons ce soir car nous sommes heureux d'accueillir en notre demeure la flamme de l'Eternel. — Aussitôt après la prière du soir, je m'empresserai vers vous », dit le rabbi. Et le soir, ils s'avancèrent à sa rencontre, le visage rayonnant de joie car c'était la première fois que le rabbi décidait d'honorer leur table. Ils avaient préparé des plats dignes d'un prince. Après avoir mangé et bu, le rabbi dit : « Je vous ai bien dérangés ce soir, mais rassurez-vous, je reviendrai demain... »

— Quel représentant de Dieu pourrait-il venir à notre table afin que dure notre tendresse ?

— Je crois en avoir rencontré un hier. Il m'a remis une lettre que mon père lui a autrefois confiée en enfer.

— Je ne comprends rien à ce que tu dis ! Et la fin de l'histoire ? Sais-tu ce qu'a fait le rabbi pour permettre aux deux époux de poursuivre leurs caresses ?

— Il les a conduits au bord du Nil. Là, il a marié officiellement, avec un véritable contrat — une *kétouba* —, la jeune femme et le fleuve millénaire grivois. Imagine : ce fut un moment d'une intensité hors du commun. Les bateliers passaient au large dans leurs felouques et lui criaient : « Alors, rabbi, tu viens déjeuner ? J'ai là ton plat préféré : la soupe de fèves séchées aux œufs et aux tomates. » Tout au déroulement de son rituel, il plaisantait : « Ah... promesse de batelier... » Ensuite il a recommandé à l'homme et à la femme de se séparer durant trois jours et trois nuits. Passé ce délai, il a convoqué le mari et lui a dit : « Aie la bonté de recueillir cette pauvre femme. Son mari, le Nil, après seulement trois nuits, l'a répudiée comme une femme sans frère. Si jeune et déjà seule, elle se sent perdue. Consens à la pitié. Vois-tu, elle est pieuse et belle. Elle saura maintenant te donner des enfants... »

Mathilde se retourna pour cacher son émotion. Elle alla vers la chaîne hi-fi et introduisit le premier laser qui lui tomba sous la main. Au piano, Glenn Gould se mit à trioler comme un fou les *Variations Goldberg*.

D'un coup, le souvenir de la veille revint à Nessim en même temps qu'une incoercible angoisse : « Assassin, se dit-il, je suis un assassin... bordel de merde ! Mais qu'est-ce que c'est que cette angoisse qui me prend à la gorge ? Je ne la reconnais pas. De ma vie, je n'ai jamais rien ressenti de pareil... de ma vie ? »

Forêt de Saint-Germain-en-Laye, samedi 23 septembre 1989, 8 h 30.

Alors que j'étais parti à la chasse en forêt, Foula, mon épouse, se promenait en plein midi, seule en brousse avec Alhassan, le commerçant Dioula. J'ai rencontré la panthère au pelage parsemé d'yeux perçants. « Tu ne m'attraperas pas, s'écria-t-elle ; ta femme est une catin », et Fouuuu... ! elle disparut dans les fourrés. J'ai rencontré le serpent aux écailles d'or. « Tu ne me prendras pas, murmura-t-il ; ta femme ouvre ses cuisses sur la tombe de ton père », et Swiswiswi... il glissa dans les fourrés. J'ai rencontré l'antilope-cheval au pelage lisse et tendre comme la peau du nourrisson. « Tu ne m'attraperas pas, dit-elle. Ta femme gémit sous le corps du marchand », et clopclopclop, elle se faufila en zigzaguant comme la foudre entre les herbes hautes de la savane. Enfin, j'ai rencontré la femme de la forêt. Elle me dit : « Viens ! Maintenant que tu acceptes la cécité, tu seras prince au pays des *djinné.* »

J'ouvre un œil et tout est dans la brume. Je me frotte un peu les yeux et ça ne fait qu'ajouter au brouillard. Je touche ma chemise ; elle est durcie comme le bois, de sang coagulé. Merde, pourquoi tout reste-t-il dans l'ombre ? C'est la fin du voyage : dans mon rêve, j'ai rejoint l'Afrique. On dit la fric ou le fric ? Je n'aperçois que des ombres ; je distingue à peine la moto couverte de rosée. Je vérifie : au toucher, le sac de dollars se trouve bien dans le coffre de la moto. Chaque geste me coûte un effort qui me laisse essoufflé. Je grimpe péniblement sur la selle et démarre l'engin. J'entends immédiatement le bruit de sucette des injecteurs ; et ça me rassure. C'est beau la machine !

Nous avions ramené à Berlin le paquet de fric qu'on avait accumulé après tous nos coups, et surtout les dix bâtons de dollars du père Boukhobza. Les Russes prenaient les coupures repérées par les polices occidentales et nous les échangeaient contre des billets neufs. Charge pour eux de les écouler dans les tractations internationales. Naturellement, ils se sucraient au passage, fallait bien qu'ils aient leur commission. Ah, le monde est pourri, Arsène ! Bref : il devait bien rester cinq bâtons ! En partant, Sergueï Bogoraz nous avait recommandé de ne pas dilapider inutilement « l'argent du peuple » ; on devait seulement l'utiliser à s'acheter des complicités dans les ministères. Et Laure s'était tirée avec ! Aujourd'hui, j'ai tout récupéré, même mon sang que je garde sur moi, collé à ma liquette. Comme disait mon père en crachant ses glaviots sanglants : « Que t'importe, fils, tant qu'on a la santé... »

Je démarre lentement, mais l'herbe est mouillée. Je ne sais ce qui me prend : je veux tenter un dérapage, pour voir. J'accélère un peu... Cette conne de chiotte va s'enrouler autour du premier chêne et le moteur s'affole dans les tours avant de s'éteindre dans un soubresaut. Je me retrouve coincé sous la bécane, le pouce gauche entorsé sous le guidon. Merde... Et la fourche est tordue. Merde... Immédiatement, ma main se met à enfler. J'embarque le sac de fric et je sors du sous-bois. Une compagnie de C.R.S. est stationnée au premier carrefour. Je passe devant en sifflotant... Tu vois que le père avait raison : « Tant qu'on a la santé... »

Neuilly-sur-Marne, samedi 23 septembre 1989, 8 h 45.

Fred se réveilla en Indochine. Sans ouvrir les yeux, il perçut le trafic déjà intense dans les rues de Saigon. Il imagina qu'une serveuse eurasienne viendrait bientôt lui porter son petit déjeuner. Il entendait même le glissement de ses minuscules pantoufles sur le parquet du bungalow. Il étendit un bras et reconnut le sein gros et ferme de la Simone. D'un bond, il surgit du lit :

— Merde, je suis en retard !

— C'est pas bon de se réveiller ainsi, susurra la Truite, viens, mon doudou, que je te câline les berlingots... juste une petite giclée dans le gosier de ta Momone avant de partir...

Dégoûté de sa propre veulerie et seulement vêtu de son érection du matin, Fred s'engouffra dans la minuscule salle de bains du studio. La nympho avait oublié un seau plein d'eau à l'entrée. Il buta dedans, inonda la moquette et s'écorcha l'orteil.

— Merde, merde, merde... qu'il tonitruait le beau commissaire.

Trois minutes plus tard, il était vêtu de son jean et de son éternel blouson d'aviateur. Il explosa au travers de la porte et trébucha sur un corps endormi sur le paillasson. Le petit binoclard de toubib avait fait médor sur le palier. Il l'aimait, ce con...

Fred prit cela pour un signe : « Cette fois, le destin ne pourra plus rien contre moi ; c'est aujourd'hui que je résoudrai l'énigme du monstre de Neuilly... »

Neuilly-sur-Seine, samedi 23 septembre 1989, 9 h 15.

Maintenant, le gros chat roux surgissait toutes les dix minutes de ses rêves de poursuite et allait frotter ses crocs sur le dos de la main de Véronique, introduisant dans son rêve des sensations de cheveux dressés sur l'échine. Elle se réveilla à Gennevilliers.

« Connard ! Je te dis que ce matin-là, je me lève, comme soudée, rivée au plancher d'un autre monde. La Natacha s'était glissée dans mon lit, la vieille pute, dans son déshabillé blanc. Et moi, j'attendais qu'elle me parle, qu'elle me prouve sa protection, de là où elle se planque, là-haut, sans moi... Elle se glisse sous les couvrantes, je te dis, et commence à me caresser le long des cuisses, à l'intérieur. Ça me file des zigzags partout. Elle atteint mon baisoir et commence à m'astiquer le bouton. Ça va pas non ? que je gueule. On était couchées sur le côté, toutes les deux, face à face. Arrête, maman, je vais devenir folle... Je saute de mon lit et ce débile de chat de merde qui continue à se frotter contre mes pieds. Je lui balance un coup de savate au milieu de sa saucisse de ventre... Connard, plus j'angoisse, plus ce chat devient taré !

« Un long moment, je reste figée, je regarde autour : les dessous de satin, le vieux poêle rouillé, la vomissure de lino gangrené. Je m'approche de la vieille paillasse, me passe un peu d'eau sur le visage et d'une pichenette jette les dernières gouttes sur ce demeuré de matou castré. Il s'ébroue, mécontent, et part se lécher dans un coin. Alors, connard, j'ajuste le poignard de commando contre mon mollet — avec des bandes de sparadrap puisque tu veux tout savoir —, je vérifie le bon fonctionnement du Beretta automatique, m'enveloppe du long manteau d'homme dans lequel tu m'as chopée et me pose un moment, pensive, les coudes sur la vieille table écaillée. Et même je vais te dire exactement : je me verse une bonne rasade de scotch, m'engloutis d'un coup les quatre Maxiton qui me restent, glisse le coupe-chou dans la poche du cache-misère. Et je gueule dans ma tête : « Fille de pute ! Où tu te planques ? »

« J'embarque d'un geste le casque de moto noir à visière noire et sors d'un bond en claquant la porte, sans me retourner. »

38. Le sacrifice du chat

Neuilly-sur-Seine, samedi 23 septembre 1989, 9 h 45.

Rues de Neuilly. Un vent violent et tiède poussait avec force de gros nuages sombres dans un ciel déchiqueté. Les feuilles des platanes tourbillonnaient une putain de musique africaine et dans le walkman, Salif Keita chantait les seins de sa mère et les hippopotames. Les tam-tams accéléraient le rythme de la cora tandis que le petit deux-temps, gonflé à bloc, grimpait les aigus pour joindre son solo de moustique à la sono. Un MBK « rock », kitté, tout noir, au gros pot d'échappement en trompette — le même cyclo qui était déjà passé à plusieurs reprises les jours précédents —, fuma et dérapa avant de s'arrêter devant la maison des Cournut. Une silhouette emmitouflée dans un long manteau de laine anthracite, casque noir, visière noire, se mit à revisser la fixation du phare, tout en surveillant le portail de la grille. Anne Cournut sortit, tenant la petite Cécile par la main. Le cyclo redémarra lentement derrière elle tandis que le divin albinos chauve réchauffait sa voix aux caresses de Yamina.

Paris, XVIIIe arrondissement, samedi 23 septembre 1989, 9 h 45.

Dans un immeuble de la rue Myrha, Abdoulaye faisait ses ablutions avec une pierre de prière. Il venait de passer une nuit à invoquer les *djinna*, leur demandant, les suppliant, leur ordonnant de quitter la belle Salimatou. Il savait depuis longtemps qu'aucun *djinna* ne pouvait résister aux mélodies de sa cora. Il avait joué, joué, joué encore et, au petit matin, le grand-père des esprits consentit à lui parler : « Va, Abdoulaye Diakité, va en paix. Nous ne voulons aucun mal à la jeune fille ; mais son père, le vieux grippe-sou, depuis qu'il s'est mis en tête de s'acheter un taxi-brousse, il économise les billets que lui donnent les Blancs et ne nous offre plus aucun sacrifice. Dans la concession, la terre sanglote et la cour est vide du bruit des tambours. Plus personne ne vient à l'heure de midi visiter nos calebasses et nous autres, jumeaux des hommes, pleurons l'ingratitude de nos frères. Ecris la Sourate du Trône, à l'endroit, à l'envers et en diagonale. Ecris-la sur un morceau de tissu trempé de ta sueur. Enveloppe l'écrit du cuir d'un placenta d'antilope et accroche-le au cou de la jeune fille durant son sommeil. Puis, étends-toi près d'elle et approche-la. Le lendemain, Salimatou pourra se marier car seul un plus vieux peut laver la souillure d'un ancien. Mais gare : si l'avare continue à dormir sur ses billets de banque, s'il ne consent aux offrandes, c'est sa tête que nous attaquerons ! Il errera au milieu des ordures et se nourrira d'excréments, il s'accouplera aux truies et boira l'urine des lépreux. »

Abdoulaye annonça au père de Salimatou qu'il viendrait le lendemain passer la nuit auprès de la jeune fille afin qu'elle soit guérie de son *djinangaté* (maladie des *djinna*). « Donne le prix des offrandes, Djibril ! Ne vaut-il pas cent fois nourrir les indigents que condamner une pauvre fille à l'errance solitaire au pays qui n'a pas de nom ? »

Paris, XVIe *arrondissement, samedi 23 septembre 1989, 9 h 45.*

Fred était passé au commissariat prendre la R 25 gris métal. Du coup, il avait embarqué le jeune Cahn et un nouveau qui s'appelait Green. La Truite, c'était fini ! Cette fois, il se le jurait : il n'y reviendrait plus. Il se sentait humilié de devoir participer à des fantasmes sexuels qui lui étaient étrangers. De la banquette, accoudé au dossier du siège avant, Cahn interrogeait son chef :

— Vous pensez que le psychiatre va réellement nous donner des indications sur le meurtrier ? Moi, je ne crois pas à toutes ces conneries...

Le jeune Green se mêla à la conversation :

— Il m'a annoncé au téléphone qu'il nous remettrait son rapport aujourd'hui, comme prévu...

— Il ne vous a rien dit d'autre ? demanda Fred.

— Il était en consultation, et pas bavard, je peux vous dire...

Cahn s'écria :

— Tiens, là ! Il y a une place... garez-vous là, commissaire...

Le bel immeuble de la rue de Sontay — sur le trottoir, les policiers, un peu gênés, plaisantaient comme des gamins. Ils jetèrent un regard sur la plaque dorée de Nessim et s'engouffrèrent dans l'entrée. De la loge de la concierge, des perles de cora s'égrenaient à la cadence des tambours. Salif Keita demandait à Dieu la nature des offrandes à « sortir ».

Neuilly-sur-Seine, samedi 23 septembre 1989, 10 h 05.

Dans le walkman, un synthé était venu rejoindre les tambours pour rythmer en basse l'anxieuse harmonie de la cora. Salif Keita gémissait en bambara que l'animal devait être sacrifié.

« Alors, connard, je vois bien qu'elle va entrer dans l'école et discuter un moment avec la maîtresse de sa fille. Le temps que son mari se décide à partir pour son labo — je t'en foutrai, des chercheurs... ils cherchent qu'à glander —, j'avais encore le temps de passer dans ma chambre pour mettre de l'ordre dans mes affaires. Je gare la meule sur le trottbiff et monte les escaliers en claquant le talon de mes bottes sur les marches putréfiées. Le steward du second qui veut me sauter entrebâille sa porte à mon passage. Tu peux lui demander, si tu veux... Arrivée dans ma piaule, je ramasse toutes les coupures de journaux et m'organise un petit autodafé des familles dans le vieux poêle. Je me rends compte que le chat n'est pas venu se frotter contre mes mollets. Je l'appelle : "Lewko... ho, Lewko..." Il émerge tout ensommeillé du placard. Je sors le poignard et lui caresse le haut du crâne de la pointe de la lame. On dirait qu'il se doute de quelque chose, le débile. Il me regarde de ses grands yeux tachetés et retourne se planquer. Je vais me l'essayer, mon surin, Lewko, je te le promets ! »

Dans le walkman, le synthé s'éloignait avec les basses, laissant la cora dégouliner ses cascades... *Saraka bô* ! Sortez les offrandes, faites vos sacrifices. Dieu a faim ; et il se nourrit d'âmes !

Paris, XVIe arrondissement, samedi 23 septembre 1989, 10 h 05.

Par la fenêtre du cabinet, on devinait le platane pleurant ses feuilles. Cahn et Green s'étaient installés dans des fauteuils et Fred, inconfortablement, une seule fesse sur le divan. Quant à Nessim, profondément calé, le visage au creux de sa main, les jambes étendues sur le tabouret de cuir, il savourait cet instant qu'il connaissait si bien, où l'autre attendait de sa parole toute la lumière du monde. Peut-être n'avait-il fait ce métier que pour jouir de ces fugitifs moments où la parole devenait matière. Il parcourut un instant les trois pages dactylographiées qu'il tenait à la main, ne semblant prêter aucune attention à la présence des trois policiers. Il sortit un stylo de la poche de son veston et corrigea une faute.

Enfin, il tendit le rapport au commissaire, l'interrogeant innocemment :

— Voilà, commissaire ! Votre enquête a-t-elle avancé ?

— Rien de vraiment sérieux... et vous ?

— Moi, mes conclusions sont assez précises, répondit Nessim en observant le mouvement de ses doigts : les huit meurtres de femmes ainsi que celui de l'homme qui était auprès de la dernière victime...

— ... Mme Grunberger ?

— C'est cela ! Ces neuf meurtres, disais-je, ont été commis par la même personne.

Puis il marqua un temps. Il parlait lentement, de sa belle voix grave et profonde, et les policiers l'écoutaient en silence.

— Votre meurtrier est une femme !

Fred ne broncha pas. Cahn ouvrit la bouche d'étonnement, quant à Green, il réprima avec difficulté une envie de rire...

— ...Votre meurtrier est une femme, poursuivit Nessim, plutôt jeune... je dirais : entre vingt-deux et vingt-sept ans. Elle vit seule dans un lieu aménagé comme un repaire — il regarda en l'air — une chambre de bonne — puis il fixa le sol — ou une cave... ou bien tout là-haut ou bien tout en bas. Ce repaire contient probablement des objets hétéroclites comme il peut y en avoir dans la poche d'un gamin des rues. Peut-être des pièces d'automobile, des boulons, des courroies, des morceaux de bois, des tronçons de tuyau, des pièces de machine à laver ou de télévision... Ah, oui : elle collectionne les armes.

Quoi ? pensa Nessim, que peuvent-ils saisir,

ces *roumi*, de la souffrance du désert ? Ils ne voient des humains qu'une palissade sur laquelle sont dessinées des ombres. Ce matin, il avait entendu à la radio une musique malienne. Rien qu'à l'aide de sa voix, Salif Keita éraillait les certitudes, réduisait à rien le désastre des raisons. A Bamako, Nessim avait vu les psychiatres blancs — ou, plus grave encore, les psychiatres africains blanchis dans les universités et les instituts occidentaux —, il les avait vus distribuer aux malades leurs molécules ruineuses. Il les avait vus entreprendre de détruire en quelques années les richesses millénaires des secrets des ancêtres. Il était jeune alors, et s'était révolté de les voir bêtes, bêtes de leur savoir d'un siècle. Qu'ont les Blancs à toujours vouloir tout apprendre en un instant ? Les Bambaras, au moins, savaient que les décors les plus uniformes, ceux que l'on avait regardés identiques durant des dizaines d'années, se déchiraient quelquefois comme un voile ouvrant soudain, dans l'ordre parfait de l'apparence, des perspectives d'une profondeur inconnue.

Paris, XVIIIe arrondissement, samedi 23 septembre 1989, 10 h 15.

Le vieil Abdoulaye avançait majestueusement sur le boulevard, la djellaba jaune paille découvrant à chaque pas les fines sandales de cuir. Les yeux mi-clos, il égrenait le chapelet de bois d'olivier que lui avait offert son père lorsqu'il avait quitté le village, à l'âge de quatorze ans, pour s'en aller à la suite du maître Lassanyi, apprendre son métier de griot. Lassanyi était déjà bien vieux alors. Certains, au village, prétendaient qu'il avait dépassé cent et vingt années. Mais lorsque Abdoulaye lui posait une question, il répondait invariablement : « Je suis petit, bien trop petit ! Comment veux-tu que j'aie réponse à de telles questions ? Si j'avais la force, j'irais à Ségou interroger mon maître. Lui a beaucoup appris. Il est capable de chanter la généalogie de plus de deux mille parmi nos meilleurs ; ceux d'hier et ceux d'aujourd'hui, ceux qui sont restés et ceux qui sont au loin, au-delà de la mer. Ah, Abdoulaye Diakité, fils de Soundjata Diakité, petit-fils de Sogolon Diakité, lorsque tu auras de l'argent, va-t'en chez Lassanyi, interroge-le... mais ne me demande pas à moi. Je suis petit... un couteau peut-il se couper lui-même ? » Et le jeune Abdoulaye se mettait à tourner cette phrase dans sa tête. Il savait qu'un jour il finirait par ne plus être impatient d'en connaître le sens.

Mais lorsque le maître Lassanyi, invité dans un village voisin, se laissait emporter par le son de la harpe divine, il révélait alors les paroles très anciennes, celles qui changeaient le monde. Lassanyi chantait : « Ecoutez, fils du Soninké, enfants du peuple des rois, écoutez l'histoire du plus grand des Soninké, le maître du pays des sables, le vainqueur des cinq rois... » Abdoulaye ne s'était même jamais imaginé qu'un jour il pourrait transmettre à son tour l'art de chanter l'histoire des vrais hommes — la seule qui méritât le son de la cora. Mais cet étrange Blanc qu'il avait rencontré au foyer de Rouen lui avait parlé au fond des yeux. Quelquefois les hommes sont blancs dehors et noirs sous la peau...

Paris, XVIe arrondissement, samedi 23 septembre 1989, 10 h 15.

Que peuvent-ils saisir, ces *roumi*, de la souffrance de celui qui a perdu la langue de ses ancêtres, qui ne connaît même plus le chant des morts ? Du caviar aux moujiks... Et Nessim poursuivait son explication, presque à contrecœur :

— Elle travaille. Elle occupe un emploi modeste et sans histoires... vendeuse ou petite employée de bureau... mais pas secrétaire. Elle doit pouvoir passer des journées à se taire. Elle a déjà eu affaire à vos services, mais plutôt pour de petits larcins... J'insiste absolument sur ce point : elle est répertoriée dans vos fichiers comme petite délinquante ! Elle n'a sans doute jamais consulté en psychiatrie, sa souffrance est trop profonde, trop vraie, trop humaine. Elle n'entre pas dans le cadre de ce que connaissent nos médecins. Lorsque les meurtres ont débuté, elle venait de traverser un second deuil. Voilà !

Fred regardait fixement un bas-relief de Méduse tirant la langue. Son esprit oscillait sans cesse entre le désir de se débarrasser de Simone et le sentiment d'étrangeté que lui provoquait le psychiatre. Il revenait sur l'interrogatoire de la veille, son évanouissement, la fuite du clochard et le rôle du professeur Taïeb dans cette affaire. De nouveau, il ressentait en sa présence cette espèce d'engourdissement de la pensée. Il lui demanda :

— Comment pouvez-vous être si précis, docteur ?

— Oh, je peux même vous fournir quelques

détails supplémentaires, reprit Nessim. Voulez-vous ? Je peux vous dire que cette jeune femme est tout de noir vêtue, avec des vêtements amples, cachant les formes de son corps, probablement des vêtements d'homme. Ça fait des années qu'elle n'a aucune relation sexuelle, ni avec des hommes ni avec des femmes. Elle parle très rarement. Les personnes qui l'approchent tous les jours ignorent peut-être même le son de sa voix. Ah oui ! Je voulais vous préciser : elle porte un nom d'animal.

— Un nom d'animal ? Je souhaiterais que vous nous fournissiez quelques explications, docteur — ne serait-ce que pour notre propre intérêt — ... quelque chose de plus... euh... rationnel...

— Ah oui ! J'oubliais : rappelez-vous, commissaire, elle est très belle. Il s'agit certes d'une beauté ambiguë — comment dire ? — comme bisexuée... mais elle est très belle car la beauté rend le monde confus, la beauté est la seule raison de ne pas respecter l'ordre de l'univers...

Neuilly-sur-Seine, samedi 23 septembre 1989, 10 h 25.

Véronique avait attiré le chat en ouvrant une boîte de conserve et l'animal la regardait en ronronnant. Elle lui parla à voix basse :

— Ecoute, Lewko, demain, je serai allée la rejoindre. Elle me lissera doucement les cheveux avec cette eau de Cologne de Prisunic, comme elle savait si bien le faire après le bain, pour retirer les lentes, me racontant les histoires interminables de la princesse d'Orient...

« Je te l'ai déjà dit, connard, que je ne pouvais pas supporter ce chat. Elle s'était blottie dedans, la vieille pute. Je la reconnaissais dans ses yeux, dans sa démarche, dans sa façon de venir me caresser les mollets. Alors, je le saisis par la chair de la nuque, comme les chattes lorsqu'elles transportent leurs petits. Il pousse un hurlement : il a pigé, le sagouin... D'un coup sec, je lui tranche la gorge. C'est incroyable : les chats, c'est de l'électricité transformée en animal. Il a perdu la moitié de son sang, et trouve le moyen de s'échapper dans un soubresaut et de filer, hurlant comme un bébé affamé, se réfugier dans son placard. Il fixe sur moi de grands yeux suppliants. Je sors le Beretta, déverrouille le cran de sûreté et lui tire une balle dans l'œil. Il file à nouveau, dérapant sur ses griffes, et va dégorger son raisin sous l'évier. Comment sortir la vie planquée dans cette boule de poils hérissés ? Je deviens comme dingue. Je lui envoie ma botte dans le bide, et encore. Il dégueule ses boyaux, mais il respire toujours, haletant comme le Turc immonde lorsqu'il s'affairait sur mon barbu. Cette image me fout en transe. Je lui décoche un dernier coup de latte sous le menton et j'entends craquer les os de sa nuque. Sa tête tombe sur le côté. Je m'effondre sur la chaise et me mets à pleurer. Tu ne me crois pas, connard : j'avais pas chialé depuis l'âge de sept ans. Et je reste là un moment, cherchant à faire défiler des paysages de Pologne... »

Dans le walkman, Salif Keita laissait partir les dernières notes de cora vers le pays des *djinna*. Pour la première fois depuis longtemps, Véronique sentait une sorte de soulagement... « peut-être le même que celui qu'éprouvent les normaux après l'amour », pensa-t-elle.

Asnières-sur-Seine, commissariat, bureau du commissaire Simoune, samedi 23 septembre 1989, 10 h 45.

Fred était assis, les pieds sur le bureau, se balançant légèrement tout en se curant les ongles avec une allumette, absorbé dans ses rêveries. L'inspecteur Cahn fit irruption sans frapper :

— J'ai effectivement interrogé une femme. Elle a été interpellée deux fois aux alentours des lieux du crime.

— Et alors ?

— Savez-vous comment elle s'appelle ? Véronique Lelièvre !

Fred posa vivement ses pieds au sol.

— Lelièvre, Lelièvre, ça me dit quelque chose...

— Ben oui ! C'est un nom d'animal !

— Putain de Dieu ! (Il enfila sa veste et ajusta son holster.) Je me sens tout de même un peu con...

Cahn lisait sa fiche :

— Véronique Lelièvre, fille naturelle d'une émigrée polonaise du nom de Natacha Lewkowicz, adoptée à l'âge de six ans par Justin Lelièvre qui avait épousé la Polonaise en secondes noces. Interrogée à deux reprises pour soupçon de trafic de drogue. A vécu durant un an avec un trafiquant connu — Abdelkrim Abarkane — qui s'est suicidé en prison.

— Bon, c'est pas la peine de continuer. Tu vas

m'annoncer que les meurtres ont commencé après le suicide de son maquereau...

— Tout juste !

— T'as l'adresse ? On y va !

Neuilly-sur-Seine, samedi 23 septembre 1989, 11 heures.

La voiture des policiers s'arrêta en catastrophe devant l'immeuble de Véronique. Cahn montra du doigt le cyclomoteur qui démarrait. Green le prit en filature, conduisant lentement, à distance, afin de ne pas attirer l'attention. Ils la suivirent jusqu'à Neuilly, devant la villa des Cournut. La silhouette noire sauta de son engin et escalada avec souplesse la grille du jardin.

— On va se payer un flag pour la peine, s'exclama Fred, soudain tout excité. Je compte jusqu'à cent et on y va. Okay ?

— Elle ne doit pas être très commode, hésita Cahn.

— Et elle est armée, ajouta Green.

— Vous avez peur d'une femme ? ricana Fred, qui commençait déjà à compter dans sa barbe.

Lorsqu'ils défoncèrent la porte, ils trouvèrent Anne Cournut, à moitié dévêtue, tremblant devant le poignard de commando. Véronique, casquée, un instant surprise, se ressaisit et chercha son automatique dans la poche arrière du pantalon. Elle parvint à le sortir mais Green lui balança un coup de savate au poignet et le pistolet alla rouler à l'autre bout de la pièce. Les trois hommes se jetèrent sur elle et la maîtrisèrent au sol. Le commissaire s'accroupit auprès d'elle et entreprit de retirer le casque. Il trouva enfin le petit bouton rouge de la fermeture et le lui arracha. Elle ébroua ses cheveux dans un mouvement qui malgré les circonstances ne manquait pas de grâce. Sous l'onde de jais, l'ovale était parfait et la peau de lait. Mais les yeux de saphir troublèrent les hommes au plus profond de leur être : ils semblaient contempler au-delà du monde. Fred entendit la voix du psychiatre : « Rappelez-vous, commissaire, elle est très belle. » Véronique profita de la surprise pour aller chercher le rasoir au fond de sa poche, et taillada le blue-jean sur le bas-ventre du commissaire. Instinctivement, Fred envoya son poing de toutes ses forces contre le menton de la jeune femme. Avant de s'évanouir, elle eut la force de crier :

— Connard... T'es qu'un connard...

Dans la lutte, les écouteurs du walkman s'étaient brisés. Fred en porta un à ses oreilles. Les choristes de Salif Keita chantaient : « ... si tu n'as pas d'argent, si tu n'as pas d'argent... »

39. Monsieur Puce et Madame Pou

Asnières-sur-Seine, commissariat, bureau de l'inspecteur Cahn, samedi 23 septembre 1989, 11 h 30.

— Nom, prénom, âge, profession ? demanda l'inspecteur Cahn.

— Je t'emmerde, connard ! Je suis née il y a trente ans. Si mes souvenirs sont bons, c'était un jeudi soir. Mes souvenirs sont dégueulasses, la cervelle bouffie d'amphés et en fait, je te pisse à la raie, toi et le jour de ma naissance dans cet hôpital merdique de briques rouges. J'étais tellement désirée qu'on avait même oublié de me trouver un prénom. A ce jour, je m'appelle Véronique : « véro »... comme diminutif de vérole et « nique » pour nique ta mère... un vrai sida, ma dabe... et j'emmerde aussi l'abrutie de frangine qui lui a suggéré ce prénom... des marrants m'ont dit par la suite que ça aurait pu être pire... que j'aurais pu m'appeler Aïcha...

Alors que, dans le bureau du commissaire Simoune, Anne Cournut essayait de consoler sa fille qui n'arrêtait de pleurer de frayeur. En attendant l'arrivée du docteur Taïeb qu'il avait prévenu par téléphone, Fred commençait à taper son rapport sur la vieille Remington.

Paris, XVIIIe arrondissement, samedi 23 septembre 1989, 11 h 30.

Devant le bistrot « Le Château rouge », il venait de se former un attroupement. Comme toujours, c'était N'da, la grosse Ivoirienne qui faisait le tapin nuit et jour à l'angle du boulevard qui repéra la première l'événement insolite. Une musique d'enfer arrachait des frissons aux tympans — une sorte de hurlement parfait : douze cylindres en V à 60°, double arbre à cames en tête par rangée de cylindres, double allumage. La bagnole était en train de se garer sur le passage pour piétons et le conducteur donnait des coups d'accélérateur enragés stimulant la diva à striduler son ascension vertigineuse, *sforzando,* à travers les octaves. Les Ferrari de compétition, dites « double arbre », ont été conçues en 1956 pour faire face à la menace des Mercedes, des Aston-Martin et des Jaguar. Les chefs-d'œuvre ne sont pas signés — qui connaît le nom du génie à l'origine de ses rondeurs et de ses proportions impériales ? Cinq furent fabriquées et là, sur le boulevard, c'était le châssis 0684, trois litres huit de cylindrée, près de 400 chevaux à 7800 tours, restaurée jusqu'au dernier détail, jusqu'au ridicule petit réservoir d'huile en aluminium, caché à l'intérieur même de la minuscule portière gauche. A l'avant : longue souplesse du monstre tapi derrière ses ouïes d'aération sensuelles, profondes, religieuses ; à l'arrière : galbe insensé des ailes se rejoignant dans un prolongement de queue à la fois pointue et ronde. Derrière la tête du pilote, le fuselage aérodynamique était troué de l'énorme bouchon de réservoir chromé qu'on pouvait ouvrir d'une simple pression sur le côté. Les roues fil, d'immenses Borani, éclataient le chrome de leurs rayons sur les épluchures de mangue du ruisseau. Un dernier coup d'accélérateur pour laisser de l'essence dans les quadruples corps Weber, et le moteur se tut, laissant à la foule le choix d'applaudir ou de crever d'impuissance devant l'harmonie.

Arrivé à la gare du R.E.R. de Saint-Germain-en-Laye, Jean avait aperçu la Ferrari qu'on descendait du camion. Pour une fois qu'il avait sagement décidé d'emprunter les transports en commun afin d'être à l'heure à son rendez-vous avec le vieil Abdoulaye, voilà que le destin le contraignait une fois de plus à la violence. Le mécano avait à peine jeté un regard sur le va-nu-pieds haillonneux qui s'approchait, se tenant le ventre d'une main, courbé sous le poids d'un petit sac de cuir.

« Putain de Dieu, la circulation au ralenti a failli étouffer les carbus. Je ne me le serais jamais pardonné. Une Ferrari a besoin du grand air riciné, elle aime grelotter à l'aube des petits matins aux vents humides des jours d'essais sur piste. L'âme est dans le sang, c'est sûr. Et depuis que moi aussi je perds le mien, j'ai les culbuteurs qui cliquettent, le double corps qui s'encrasse et je n'aperçois plus que des ombres. Ce coup-là, je crois que je vais me tirer pour de bon. Et tout à l'heure, ce crétin de mécano, qui ne voulait pas avancer mon carrosse... un petit coup de Magnum dans la clé à molette... connard... ne vois-tu pas le prince ? »

J'ouvre la minuscule portière, essaie d'enjamber le caisson en alu et les tubes apparents du châssis, mais je n'en ai plus la force. Je m'étale sur le trottoir. Le vieil Abdoulaye s'approche, solennel dans sa djellaba flavescente et me ramasse une deuxième fois de sa main aux mouvements si tendres. A nouveau, je sens son parfum... que Dieu bénisse tes mains, le Vieux ! On s'installe à la terrasse du café. Il me regarde avec tristesse. Deux larmes se mettent à couler sur ses joues :

— A peine mariée, Foula est déjà veuve. Je t'avais prévenu : tu ne seras jamais un vieux Soninké. Pourquoi n'es-tu pas tout de suite parti ?

— Je devais d'abord t'apporter la dot de Foula. Tiens, prends le sac, ce sont de vrais dollars. Fais creuser les puits à Kharta et dans tous les villages que tu pourras. Dieu ne veut pas que les Soninké quittent la région du fleuve. Je sais que toi seul pourras leur distribuer le fric, village par village. Dieu ne veut pas que le marxisme et le Sahara continuent de s'étendre !

Sous la table, Jean glissa à Abdoulaye le sac de cuir contenant les dollars.

— Mais avant de te tirer, apprends-moi, le Vieux, dis-moi ce que je suis venu faire...

— Ce que tu es venu faire, commença à psalmodier Abdoulaye, tu ne le connais pas. Voir et laisser s'imposer la vision sont deux choses différentes. Pendant que tu fais ton soleil, prépare tes affaires pour le jour de l'arrivée sinon le grand voyage t'effrayera et tu connaîtras l'amertume des regrets.

— Mais préparer ses affaires, le Vieux...

— Oui ?

— Comment fait-on pour préparer ses affaires ?

— Voir et laisser s'imposer la vision sont deux choses... Si tu n'as pas laissé venir la vision, tu ne peux t'engager dans l'au-delà. Au début de ton temps, tu ouvres les yeux ; tu vois ! Ensuite, tu fais et tu laisses les autres te faire ; tu vois encore ! Et puis, tu rêves, et tu vois encore. Mais un jour, arrive le temps de la seconde naissance et là, tu dois laisser la vision s'imposer !

— Je ne comprends pas, le Vieux ; dis-moi encore. Parle la langue claire...

— Je vais te dire : lorsque tu vois le monde, tu ne vois pas tes yeux — c'est que tu n'as pas laissé la vision s'imposer. Dans ton rêve, tu vois les ombres des hommes et des objets mais tu ne vois pas ton ombre... c'est que tu n'as pas laissé la vision s'imposer.

— Pourquoi ? Dis-moi, le Vieux, dans le rêve on ne voit pas son ombre ?

— Peux-tu apercevoir une ombre dans l'obscurité ?

— Tu as raison, cela ne se peut pas !

— L'homme qui voit les objets lorsqu'il est éveillé et celui qui voit l'ombre des objets lorsqu'il dort, tous les deux sont aveugles. Mais celui qui a vu sa propre ombre dans le rêve de sa nuit, celui qui a vu ses propres yeux en regardant les objets, dans les jours de sa vie, celui-là a laissé la vision s'imposer à lui...

— J'ai compris, le Vieux. Je crois que j'ai

laissé venir la vision ; j'ai vu mes yeux dans ceux de l'homme qui ne savait pas qu'il était un meurtrier. C'est lui qui a tiré dans mon ventre et je l'ai oint de mon sang pour qu'il puisse régner.

— Celui qui a laissé s'imposer la vision peut voir et se voir, peut parler et s'entendre parler, peut parler par la bouche d'un autre, d'un animal ou même d'un arbre. Celui qui a laissé s'imposer la vision peut se taire car il parlera toujours...

Là, ça y est, je ne vois plus rien. Et j'entends une voix qui vient du lointain, une voix du fond des âges que je ne reconnais pas vraiment et qui dit : « *Ver es darf hengen vert nisht dertrunken.* » Et je comprends, c'est du yiddish, ça veut dire : « Celui qui est destiné à être pendu ne se noiera pas. » Ça va, le Vieux, je vois mon ombre, salut !

Et le petit bonhomme maigre et sale, aux cheveux gris, s'affaissa doucement sur sa chaise. Le vieil Abdoulaye se leva, digne, et entreprit de remonter calmement le boulevard, tenant à la main un petit sac de cuir fauve.

Asnières-sur-Seine, commissariat, bureau de l'inspecteur Cahn, samedi 23 septembre 1989, 12 heures.

Le taxi stoppa en crissant des pneus devant le commissariat de la rue du Château, à Asnières. Nessim en descendit très lentement. Il ne savait que faire de l'annonce du commissaire (« Docteur, euh... Professeur, vous aviez raison ! C'est une femme. On la tient. Vous serez le premier à l'interroger ! Venez ! »). Nessim avait horreur d'avoir raison. Il se dirigea directement vers le bureau du commissaire. Fred parlait au téléphone avec des journalistes :

— Nous ne travaillons pas avec des idées mais avec des faits et de la méthode. Nous avions interpellé Mlle Lelièvre à deux reprises rôdant sur les lieux des crimes. Chaque fois, comme pour tous les autres témoins — et nous en avions des centaines —, chaque fois, disais-je, nous avons établi une fiche, puis systématiquement interrogé les témoins, en commençant par ceux pour lesquels nous avions cinq fiches, puis quatre fiches, et ainsi de suite... Voilà ! Il n'y a pas de secret...

Dans un coin de la pièce, Anne Cournut sanglotait dans d'interminables soubresauts. Nessim se pencha vers la petite Cécile en larmes comme sa mère et lui demanda :

— Veux-tu que je te raconte une histoire ? Elle leva vers lui ses grands yeux rougis. Une histoire de mon pays, veux-tu ?

Elle hoqueta :

— Oui...

— C'est une histoire de vérité. Ecoute : Par un jour de grande chaleur, dans la belle ville du Caire, *el baghrout* — disons Monsieur Puce puisque « puce » est masculin en arabe, la langue des Egyptiens — se leva vigoureux et de fort bon matin. Il dit à sa femme : « *Ya amla* — Madame Pou (en arabe : le pou est féminin) —, je m'en vais au hammam parce que je sais qu'aujourd'hui, comme tous les vendredis, la fille du sultan ira prendre son bain ; et je me suis mis en tête de la piquer au téton de son sein. — Malheureux, s'écria Madame Pou. Sais-tu donc qui est la fille du sultan ? Tu seras mort avant même de pénétrer son caftan. » Mais, en bonne épouse et en bonne musulmane, elle s'inclina. Monsieur Puce était fort agile et malin : au moment précis où elle commença à se déshabiller, il s'empara de la fraîche poitrine de l'enfant et serra de toutes ses dents. Elle poussa un cri ! Elle appelait ses servantes, sa laveuse — car en ce temps, les princesses avaient des laveuses particulières : « Vite, il y a une bête qui me pique là, au téton de mon sein ! — Oui, s'écria l'autre, au téton de ton sein, c'est une puce ! » Elle saisit Oncle Puce entre deux doigts et le jeta dans le foyer plein de braises. Il éclata et il mourut ! Et Madame Pou l'attendait depuis midi — je te rappelle que c'était un vendredi, jour de prière pour les musulmans ! Vers le soir, ne le voyant pas revenir, elle pensa qu'il était mort. Elle défit sa chevelure en signe de deuil et partit au bord du Nil en sanglotant. Le fleuve, la voyant ainsi éplorée, lui demanda : « Qu'as-tu, pou des toisons aux cheveux défaits, défaits ? » Elle lui répondit : « Pou des toisons aux cheveux défaits, défaits ? Mais parce que Oncle Puce a brûlé sur le brasier. » Du coup, le Nil s'asséchа...

— Le Nil s'asséchа ?

— Oui ! Plus d'eau ! Plus d'eau dans le fleuve ! Le jour se couchait au loin, à l'occident d'Héliopolis, et le corbeau assoiffé vint trottiner sur la rive pour s'abreuver. Il n'y trouva pas goutte. « Qu'as-tu, fleuve du Delta ainsi asséché, asséché ? — Fleuve du Delta asséché, asséché, et pou des toisons aux cheveux défaits, parce que Oncle Puce a brûlé sur le brasier ! » Du coup, le corbeau, de son bec acéré, arracha d'un seul coup toutes les plumes de sa queue. Et l'oiseau s'installa, tremblotant et triste, au bord du fleuve.

— Il n'avait plus de plumes à sa queue ?

— Non, plus aucune ! Il s'installa donc au bord du fleuve et y passa la nuit. Le lendemain, une petite fille qui partait dans les champs porter le déjeuner de son père, passa par là. Elle aperçut l'oiseau triste, noir et sans queue. « Qu'as-tu, corbeau de la nuit à la queue déplumée, déplumée ? »

Et la petite Cécile commença :

— « Corbeau de la nuit à la queue déplumée, déplumée... ? »

Nessim poursuivit :

— « Corbeau de la nuit à la queue déplumée, déplumée, et fleuve du Delta asséché, asséché, et pou des toisons aux cheveux défaits, défaits, parce que Oncle Puce a brûlé sur le brasier ! » Elle portait dans ses mains une soupe de fèves encore bouillante. D'un seul geste, elle se la versa sur la tête. Et son père, la voyant souillée du foulard aux babouches, lui demanda : « Qu'as-tu ma fille, ainsi souillonnée, souillonnée ? »

Et Cécile reprit :

— « Ta fille, souillonnée, souillonnée ? »

— « Ta fille, souillonnée, souillonnée, reprit Nessim, et corbeau de la nuit à la queue déplumée, déplumée, et fleuve du Delta asséché, asséché, et pou des toisons aux cheveux défaits, défaits, parce que Oncle Puce a brûlé sur le brasier ! » Alors le père, qui tenait à la main une longue aiguille pour recoudre son gros matelas de coton, se l'introduisit dans l'œil et le creva. Puis il s'en revint chez lui, où il retrouva son épouse occupée à ses travaux de couture.

Cécile se mit à rire :

— « Et qu'as-tu mon mari, ainsi crevaillé, crevaillé ? »

— « Ton mari, crevaillé, crevaillé ? — Ton mari, crevaillé, crevaillé, enchaîna Nessim, et ta fille, souillonnée, souillonnée, et corbeau de la nuit à la queue déplumée, déplumée, et fleuve du Delta asséché, asséché, et pou des toisons aux cheveux défaits, défaits, parce que Oncle Puce a brûlé sur le brasier ! » Elle saisit la paire de ciseaux et se trancha le sein. Puis, elle resta là à pleurer, attendant son fils qui rentrait de l'école pour déjeuner : « Et qu'as-tu ma mère, ainsi coupaillée, coupaillée ? »

Cécile se renfrogna, jetant un coup d'œil à sa mère qui ne pleurait plus et la regardait un peu étonnée.

— « Ta mère, coupaillée, coupaillée, continuait Nessim. S'il n'y avait que cela ! Ta mère, coupaillée, coupaillée, et ton père, crevaillé, crevaillé, et ta sœur, souillonnée, souillonnée, et corbeau de la nuit à la queue déplumée, déplumée, et fleuve du Delta asséché, asséché, et pou des toisons aux cheveux défaits, défaits, parce que Oncle Puce a brûlé sur le brasier ! » Du coup, le garçon s'assit sur le poêle et grilla tout entier.

— Voilà toute la vérité... termina Nessim.

Dans le bureau voisin, Véronique hurlait :

— Connard, t'es qu'un connard. Tu me questionnes mais saurais-tu me répondre ? Pourquoi ma mère m'a-t-elle refilé la mort en naissant ? Pourquoi ne l'a-t-elle pas emportée au tombeau ? Tu peux me le dire, connard ?

Paris, XVIe arrondissement, samedi 23 septembre 1989, 12 heures.

Mathilde parlait encore au téléphone :

— *You leave New York on Monday. Oh... and where are you going ?... in Africa ?... An other week without you... Yeah, but in what country ? Senegal ? Anyway, Jack, I'll see you soon ! Have a good trip ! Bye bye, Jack. I kiss you so much...*

Epilogue : La tabatière

Les Keita étaient alliés aux Camara depuis plus de deux cents ans, plus précisément depuis la fondation du village de Niani. On raconte qu'un jour, un Keita et un Camara avaient capturé un enfant qui errait seul en brousse, un enfant de *foulé*. Ils l'avaient frappé sur la tête avec leur bâton de feu, chacun un coup, et il avait perdu connaissance. Ils l'avaient porté ensemble dans un clair pays, un endroit qu'ils pensaient propice à l'érection d'un village. Ensuite, ils avaient creusé une fosse, comme celles où l'on enferme la panthère capturée à la chasse, et l'y avaient jeté. Tous les jours, ils lui portaient la nourriture, mais jamais ils ne lui parlaient ni ne le regardaient dans les yeux. Durant des semaines, ils défrichèrent la savane alentour jusqu'à tracer deux champs. Dans le premier, ils plantèrent du manioc, dans le second du tabac. Durant des semaines encore, ils allèrent couper des sarments dans la lointaine forêt jusqu'à construire deux cases, bien rondes, à chaque extrémité de la surface défrichée. Lorsqu'ils terminèrent leur travail, ils érigèrent en plein milieu de la clairière un autel où s'entremêlaient des pierres de foudre et des fragments de calebasse. Tout autour de l'autel, ils disposèrent cinq cases miniatures, pareilles à celles qu'ils avaient construites pour leur famille mais hautes seulement de la moitié d'un mètre. Une nuit, ils se recouvrirent le visage et tout le corps de kaolin et devinrent blancs comme un *toubab*, blancs comme les morts. Alors ils égorgèrent un chien pour appeler les *djinna koroni,* les nains de la brousse, les véritables propriétaires du sol. Et ils chantèrent : « Ecoutez, maîtres de la terre et de la nuit, prêtez-nous la glaise afin qu'on nourrisse nos petits, nous vous la rendrons, plus riche encore du travail de nos jours. Toutes les lunes, nous offrirons des sacrifices et chaque année, à la cérémonie des masques, un taureau en holocauste. Maîtres de la terre, propriétaires de la vie, consentez la fertilité à nos épouses et vous en serez honorés jusqu'au dernier des humains. » Puis, ils allèrent chercher l'enfant de *foulé* et, sans même lui jeter un regard, l'immolèrent au pied de l'autel. Ils chantèrent : « En gage de fidélité, nous vous offrons un enfant d'humain. Certes, ce n'est pas un Mandingue, mais nous n'avons pas encore fondé de famille. Tuez notre chair, vengez-vous sur notre sang si l'on faillit à nos engagements... » Aujourd'hui, l'autel a disparu mais les vieux racontent encore que du sang de l'enfant absorbé par la terre jaillit le grand sycomore, l'arbre à palabres qui trône aujourd'hui encore en plein centre de la place du village. Les Keita et les Camara furent les deux premières familles de Niani. De génération en génération, un Keita était roi et un Camara devin. Et le village allait ainsi, respectant le bel ordonnancement du Dieu créateur : la brousse pour les *koroni*, la culture pour les humains. En souvenir de l'enfant peul sacrifié à la fondation du village, les troupeaux de buffles des nomades peuls pouvaient paître en paix aux alentours de Niani.

Saraka bô ! Va-t'en interroger le lanceur de cauris, celui qui lit la vérité dans le sable. *Saraka bô* ! Sors les offrandes !

Les choses commencèrent à se gâter entre les deux familles du temps de l'arrière-grand-père de Lawali Keita. Le chef des Camara était alors un devin très habile à lire les messages des *djinna*. Au temps de la cérémonie des masques, il resta éveillé toute la nuit, seul en brousse, jetant les cauris, demandant sans cesse aux *koroni* de lui céder le secret de la fabrication des *boli*. Les *boli* sont les « placentas » des choses, des animaux et des personnes — petites tabatières de cuir renfermant les noyaux des êtres, cornes d'antilope « travaillées » et recouvertes de peaux de buffle, statuettes bricolées de matières composites... A l'aide des *boli*, il est facile à qui sait s'en servir d'infléchir l'arrangement des choses. Pour leur peine, les *djinna* demandèrent cette fois le sacrifice d'un enfant mandingue. Le Camara offrit le dernier-né des Keita, un magnifique garçon à la peau claire, seulement âgé de huit mois. Il le « travailla » avec un fétiche et, le lendemain, le petit Daman ne parvint pas à se lever tant ses jambes étaient molles. Durant trois jours, l'enfant refusa toute nourriture et quand arrivait le soir, il se mettait à parler une langue étrange que seuls le devin et les *koroni* comprenaient. Le matin du quatrième jour, il n'ouvrit pas les yeux. Il était parti rejoindre les nains au pays du regard à l'envers. Certes, le devin s'était approprié les secrets qu'aucun homme ne connaissait, mais les Keita avaient appris par quels moyens et décidé de se venger...

Saraka bô ! Va-t'en interroger le lanceur de cauris, celui qui lit la vérité dans le sable. Nul ne s'aventure seul en brousse. *Saraka bô* ! Sors les offrandes !

A la génération suivante, un jour, une dizaine de Keita firent semblant de partir à la chasse et restèrent guetter les Camara à la sortie du village. Lorsque les trois aînés des Camara sortirent à leur tour, les Keita se jetèrent sur eux, les ficelèrent et les vendirent à Ali Bou Nazra, l'esclavagiste marocain. Nul ne les revit jamais au village. Néanmoins, la vengeance n'était pas encore consommée. Du temps du père de Lawali, les Keita capturèrent encore des Camara pour les vendre au sergent recruteur de l'armée française qui en fit des « tirailleurs sénégalais ». Ceux-là non plus ne revinrent jamais au village : ils moururent gazés au pays de la faim et du froid — le pays des Allemands. Plus les Keita capturaient les enfants de Camara, plus les Camara approfondissaient la science des *boli* pour se venger de leurs rivaux, en sorcellerie. Et lorsque Lawali Keita atteignit l'âge de dix-huit années, l'âge de débuter l'initiation du *Komo,* le Camara fit un rêve. Il partit en forêt au milieu de son rêve. Il y rencontra un serpent au corps aussi large que le tronc du fromager, aux dents aussi pointues que l'aiguille dont les femmes cousaient les habits des chasseurs. Il le tua, lui arracha la langue, la fit sécher et, dans le cuir de cette langue, il enferma les dents du serpent et les pierres de feu qui jalonnaient le chemin de ses rêves. Il termina son industrie avant que ses jambes ne soient déliées par le réveil et ramena du tréfonds de son rêve le plus puissant des *boli* qu'on eût vu de mémoire de Camara.

Encore presque un enfant, Lawali Keita comprit néanmoins qu'il lui fallait renouveler l'alliance s'il voulait sauvegarder l'existence du village. Il se rendit chez le Camara, l'étrange devin de la nuit, le maître des rêves, pour lui demander ce qu'il exigeait en échange de son *boli*. Mais il connaissait d'avance la réponse : son sang, c'est-à-dire chacun de ses garçons. Pour être serein dans l'exercice de son pouvoir et instaurer la paix à Niani, il y consentit. Le Camara lui remit la petite tabatière de cuir de langue de serpent du rêve. Très vite, Lawali devint le plus puissant de tous les chefs de village. Il mettait un couple de buffles à l'étable et le lendemain, un troupeau entier sortait paître au lever du soleil. Le soir, il plantait un grain de maïs, le lendemain tout le champ se dressait d'épis. Et il commença à naître des enfants à Lawali — tous les ans : deux garçons, un de chacune de ses épouses. Une année, il lui en naquit même trois car une épouse avait enfanté deux jumeaux. C'est alors qu'il décida de cacher l'un des jumeaux dans un autre village, afin de l'arracher au pacte infernal.

La nuit, Lawali fit boire une potion à l'enfant afin qu'il dormît durant deux jours et deux nuits.

De bon matin, il prit dans ses bras Bilali, le bébé à peine âgé de huit jours, et fit le tour des cases en pleurant qu'il partait en brousse enterrer son enfant mort. Il sella Maghan, le plus noir, le plus nerveux de ses chevaux, et partit au galop vers le village de sa seconde épouse. Là, il confia son fils à la femme du frère de sa femme : « Je te donne Bilali ; c'est ton enfant. Porte-le contre ton sein, nourris-le de ton lait, mets-le au dos de ta fille. Il te donnera du bonheur et de la fortune... » Et il s'en revint au village, où il continua de régner en maître incontesté.

Et Bilali grandit dans la maison de son oncle maternel, qu'il appelait père ; ses cousins, il les appelait « frère », sa tante qu'il aimait plus que tout au monde : « mère ». Bilali était habile en tout : à l'apprentissage des sourates que lui enseignait le vieux *mory* et des Ecritures que lui montraient les Pères blancs de la mission. Si bien qu'à l'âge de huit ans, son oncle l'envoya au chef-lieu — à Ziguinchor —, à l'école des Blancs.

Saraka bô ! Va-t'en interroger le lanceur de cauris, celui qui lit la vérité dans le sable. Nul ne s'aventure seul en brousse. Le devin voit les ombres. *Saraka bô* ! Sors les offrandes !

Bilali avait atteint l'âge de seize ans. Lawali Keita s'était rendu à Ziguinchor pour visiter son fils, le dixième de ses douze garçons. Il avait revêtu son habit de chasseur et dressait sa haute stature de chef dans les ruelles du marché. Autrefois, Lawali avait confié Bilali à la femme du frère de sa femme : « Je te le donne ; c'est ton enfant. Porte-le contre ton sein, nourris-le de ton lait, mets-le au dos de ta fille. Il te donnera du bonheur et de la fortune... » Et Bilali avait grandi ainsi : celui qu'il appelait « père » était le frère de sa mère, celle qu'il appelait « mère » était la femme de son oncle, et ses cousins, il les appelait « frère ». Comme le dit un proverbe mandingue : « On est plus heureux dans la maison du frère de sa mère que chez son propre père. »

Lawali était impressionné par les bruits de la ville et le monde qui s'affairait en tous sens. Il eut du mal à trouver le collège des Blancs, d'autant que nombreux dans les rues étaient ceux qui ne comprenaient pas le mandingue et avaient appris la langue du dehors : le ouolof. Il conduisit Bilali, son fils bien-aimé, sous un arbre en forêt, et lui parla ainsi :

— Tu ne sais qui je suis ; tu mettras ta vie à l'apprendre. Je t'ai laissé t'instruire des apparences afin qu'un matin, tu revinsses plus fort au clair pays. Le mandingue est langue de lumière ; toutes les autres sont obscures. Prends cela, ne t'en sépare jamais...

Et il lui tendit la petite tabatière de cuir de langue de serpent du rêve. Avant de le quitter, Lawali fit une dernière recommandation à son fils : « Pars, va aussi loin que tu le souhaites, instruis ton ombre des secrets du monde, mais n'oublie jamais que tu n'es pas tombé d'un arbre, que tu viens de la maison de ton père... »

Ah Bilali ! Pourquoi n'es-tu allé interroger le lanceur de cauris, celui qui lit la vérité dans le sable ? Nul ne s'aventure seul en brousse. Le devin voit les ombres et t'évite de te croire à la fois roi et prophète... *Saraka bô* ! Sors les offrandes !

Paris, XVIe arrondissement, lundi 25 septembre 1989, 11 h 30.

Bilali était maintenant un petit homme très noir de peau, âgé d'une cinquantaine d'années. Vêtu d'un complet-veston et d'une cravate écossaise, il se tenait sur son siège, tête baissée, levant de temps à autre sur Nessim un regard aigu et méfiant.

Attendant que tous ses assistants prennent place autour de lui, Nessim jouait avec indifférence avec ses longs doigts à la dernière phalange recourbée vers le haut. Il réfléchissait au message qu'était venu lui porter Jean Zylberberg : « N'oublie jamais que tu n'es pas tombé d'un arbre, nul ne peut à la fois être roi et prophète... » De plus, une sorte de hargne qu'il ne se connaissait pas l'envahissait en secret, encombrant sa tête d'injures et de sarcasmes (médecine de cons qui a systématiquement détruit ce qui nous a fait des hommes... A qui révéler ce secret ? Les Blancs possèdent deux machines de guerre contre le tiers-monde : la médecine biologique et l'école... connards... avec ça, si personne ne les arrête, ils vont dévaster la planète...). Au coin de la pièce, Baba, l'interprète mandingue, un étudiant en psychologie, mince à l'allure racée, ajustait sans cesse le col trop large de sa chemise sans cravate. Dès la salle d'attente, il avait été effrayé par Bilali, qui l'avait longtemps regardé fixement (« je n'aime pas ses yeux rouges de sorcier », pensait Baba). Et juste avant de pénétrer dans la salle de consultation, Bilali s'adressa à lui : « Frère, moi aussi je me croyais plus fort que les vieux. Je me suis mis à apprendre la langue des Blancs, la science des Blancs ; à oublier toutes nos croyances. Lorsque je suis tombé malade, je ne croyais plus en Allah ni aux *boli*, je ne faisais plus confiance au savoir de nos *mory* et lorsque, dans la rue, je croisais un Mandingue ou un Peul, il m'arrivait de ne pas les saluer. Si tu ne veux t'asseoir par terre, tu tomberas, si haut que tu sois grimpé... *Saraka bô,* Baba, sors les offrandes ! »

Tout avait commencé quinze ans auparavant : un vendredi matin. Lawali travaillait alors comme homme d'entretien à la municipalité d'Aubervilliers. Ce jour-là, il installait un placard électoral.

— Je me souviens, c'était une affiche de Le Pen. Elle ne veut pas tenir en place. J'essaie encore et encore. Enfin, je me décide à scier la planche. C'est à ce moment que je les ai vus pour la première fois, les êtres qui sont venus danser. Mes yeux sont devenus tout rouges et la scie a glissé. Je me suis coupé deux doigts que les médecins ont ensuite amputés.

Et Bilali présentait à Nessim ses moignons de phalanges.

— Comment étaient-ils, les êtres qui sont venus danser ?

— Bizarres ! Ils étaient bizarres ! Ils avaient des dents devant, comme ça, et des serpents sur la tête. Ils tiraient la langue et criaient des injures.

— Noirs ?

— Ah oui ! Ils étaient tous noirs ! Et puis, quelques mois plus tard, je repeignais le hall de la salle des congrès, grimpé sur une échelle. Ils sont revenus devant mes yeux. Je suis tombé en arrière. Ma tête a heurté le coin d'une table. J'ai perdu connaissance. Durant deux mois, je n'ai pu quitter mon lit d'hôpital. J'ai repris mon travail mais je commençais à avoir peur, tous les jours. Et puis, deux ans plus tard, il y a eu l'accident avec la camionnette. Maintenant, je n'ose presque plus sortir et, six mois par an, je suis en arrêt de travail.

— Et quand la nuit, ils reviennent en rêve, au matin, vous êtes fatigué, comme si on vous avait battu... demanda Nessim.

— Ça c'est clair ! Le lendemain, je suis foutu !

Peu de temps après, son père mourut. Lawali ne se rendit pas à l'enterrement. En l'espace de cinq années, neuf de ses frères moururent à leur tour, tous d'étrange manière. Aujourd'hui, Bilali était l'aîné ; il savait que s'il ne faisait pas ce qu'il fallait, ce serait son tour.

— Je ne veux pas mourir comme ça. Oui, je sais que nous devons tous mourir, mais je ne veux pas mourir bêtement, comme ça...

Et Bilali répétait : « Je veux bien mourir, mais pas bêtement comme ça... »

Nessim écoutait les yeux mi-clos le récit de Bilali tout en laissant vagabonder ses pensées : « Tant que les Africains auront un village, on pourra les soigner. Nous autres, les juifs, notre village, c'est les pattes du chameau, et le seul sorcier que l'on peut incriminer s'appelle Dieu. Eux sont des arbres, leur terre leur plus puissant remède. Nous, notre Dieu est celui qui a enflammé le feu du volcan sous la plante de nos pieds. Eux peuvent trouver la sérénité du monde ordonné ;

nous sommes là pour être leur esprit des carrefours, leur démon de métamorphose, leur médecin. » Alors, Nessim se souvint de son rêve de la nuit. Il était descendu par une sorte d'escalier de cave dans un sous-sol. Il le reconnaissait, cet escalier ; il l'avait déjà emprunté, enfant, avec sa mère, pour se réfugier durant les alertes, au Caire, en 1956, juste avant le grand départ. Arrivé au sous-sol, il avait ouvert une porte et, dans une pièce aux murs délabrés, vide de tout mobilier, il avait aperçu deux juifs pieux en train de prier, se balançant d'avant en arrière. Dans son rêve, il avait revêtu le châle de prière et les phylactères et avait pris sa place auprès des deux vieux. Drôle de rêve ! Il comprit en un éclair que c'était la rencontre avec le *shlecht* pouilleux et l'initiation au meurtre qui lui avaient permis d'entrer dans la synagogue et de prier auprès des deux juifs. Mais pourquoi *deux* juifs ? A nouveau, il se produisit un déclic et il se demanda : « Qui est l'ombre de Bilali ? » Il se tourna vers l'interprète :

— Bilali, je sais qu'il y a un vieux, là-bas au village, qui exige le paiement d'une dette.

Et Nessim resta ainsi un long moment, à contempler ses doigts. Enfin, Bilali répondit en mandingue :

— Bon ! Tu l'as vu, toubab, je le reconnais. Mais lui aussi, la dernière fois que je suis allé au pays, il t'avait vu. Il m'avait dit alors : « Tu rencontreras un Blanc aux longs cheveux gris. Il sera entouré de sages, tout comme nous le faisons au village. Je t'interdis de lui révéler mon nom. » Et voilà que tu es là, avec tous tes assistants et que tu l'as vu, comme il l'avait prévu...

— Bilali, que demande le vieux resté au pays ?

— Les terres et les troupeaux ! Toutes les terres et tous les troupeaux des Camara si je veux rester vivant ; si je veux que mes enfants voient un jour leurs propres enfants.

Incrédule, Nessim hocha la tête avec tristesse et demanda à nouveau de traduire :

— Tu n'es pas avare de ton temps, Bilali, toi qui mens au devin. De quoi as-tu peur ? Que demande le Keita ?

Entendant le nom de l'allié de la fondation, le nom interdit, Bilali resta interloqué un long moment. Il roulait ses yeux rougis par l'intensité des sentiments contradictoires, visiblement livré à un combat intérieur. Il essaya encore de tergiverser :

— Si j'étais seul avec lui, dit-il à Baba en mandingue, je le lui dirais volontiers, mais il y a trop de monde ici...

Nessim l'interrompit avec une certaine brusquerie :

— Montre-moi, Bilali, montre ce que convoite le vieux sorcier...

Alors Bilali baissa la tête et tira lentement de la poche intérieure de son veston la tabatière de cuir de langue de serpent de rêve, et la tendit à Nessim...

Ce fut seulement deux heures plus tard, après que Bilali eut retracé toute l'histoire du village de Niani, que Nessim lui parla ainsi :

— Tu dois affronter le vieux, Bilali, avant de rentrer occuper ta place à la tête du village. Par ta royauté, la sorcellerie disparaîtra. Alors, les chasseurs pourront à nouveau aimer sans peur le gibier, les sages les paroles qui agissent et les amants les femmes aux larges fesses. Pour que tu réussisses dans ton entreprise, je vais te donner une lettre. Tu la rangeras dans tes affaires. Si le vieux Keita « voit » que je t'ai confié cette écriture, tu la lui remettras. Mais s'il ne parvient pas à la « voir », tu pourras rester sans crainte auprès de lui pour apprendre les paroles très anciennes : le mandingue clair des ancêtres.

Et Nessim écrivit en hébreu, sur du papier à en-tête de l'Assistance publique de Paris : *Ma nich tana hayom hazé... ?* (Pourquoi ce jour est-il différent... ?)

Jamais par la suite le vieux Keita resté au village ne s'aperçut que Bilali gardait dans son portefeuille, tout contre la tabatière de cuir de langue de serpent du rêve, une lettre qui lui était destinée.

Mémo

Prologue : « Saraka bô... » *Paris, XVIe arrondissement, samedi 16 septembre 1989, 9 h 30.* — Service de psychopathologie. Longs couloirs de laque jaune sale. Immense, Adama Sissoko, noble soninké, chef d'un village sur la rive du désert, pour quelques années éboueur à la Ville de Paris...

1. —« Les insensés ont horreur de s'éloigner du mal » Septembre 1984, une nuit très noire, cinq minutes après avoir traversé la frontière allemande...

2. — Y'a des jours où l'on aimerait bien se coucher au plus vite. *Dimanche 17 septembre 1989. Gare de Lyon, 17 heures.* — Il fait lourd ! Je trie le contenu de mes poches. Un ticket de métro — le dernier...

3. — Y'a des jours, vaut mieux pas se réveiller. *Paris, XIXe arrondissement, lundi 18 septembre 1989, 8 heures.* — Bing faisait les cent pas. Les cendres de cigarette jonchaient le tapis qui séparait le bureau de la porte d'entrée. Enfin, le téléphone sonna...

4. — Y'a des jours, vaut mieux tourner sept

fois sa langue dans sa bouche plutôt qu'ailleurs. *Paris, avenue Montaigne, studios d'Antenne 2, lundi 18 septembre 1989, 20 heures.* — Alors, regardez-le, il se pomponne, il se coiffe, il se maquille... On m'avait bien dit que c'était plein de pédés la télé, mais lui, bonjour, la caricature !...

5. — Y'a des jours où l'on aime bien rester au lit. *Paris, XVIe arrondissement, dimanche 17 septembre 1989, 6 heures.* — Ce même dimanche de septembre 1989, dans un appartement plutôt cossu du XVIe arrondissement, si l'on s'était glissé à l'aube, dans le noir, on aurait pu surprendre une voix caractéristique, grave, belle, sensuelle : ...

6. — Y'a des jours où, franchement, faut pas sortir. *Neuilly-sur-Marne, lundi 18 septembre 1989, 9 heures.* — Bon, d'accord, il avait une grande gueule, le commissaire Simoune, mais c'était normal dans son métier, non ?...

7. — Bourbon blues à l'hôtel Scribe. *Paris, XVIIIe arrondissement, vendredi 23 septembre 1983.* — Septembre 1983. Lycée Jacques-Decour dans le XVIIIe. Il n'y avait pas deux semaines qu'on avait recommencé les cours...

8. — Tout songe est mensonge. *Banlieue parisienne, coffre d'une Mercedes, dimanche 17 septembre 1989, 19 heures.* — Quoi ? Ce n'est pas vrai que je n'aime rien, simplement, je n'ai jamais apprécié les Mercedes...

9. — Le rêve du p'tit pivert. *Paris, boulevard périphérique, lundi 18 septembre 1989, 9 h 30.* — Le commissaire Simoune était un bon policier, sérieux dans son métier qu'il prenait très à cœur, ayant des relations autant que nécessaire dans ce foutu boulot, parmi les avocats et les canailles, les politiques,…

10. — Le silence de Laure si la parole est à Jean. *Autoroute de l'Ouest en direction de Rouen, dimanche 17 septembre 1989, 20 h 30.* — Inimitable mélange de cuir, de tabac blond et de luxueuse eau de Cologne. Huit en V, souple et puissant qui feule comme une panthère métallique, tendre chuintement du moteur électrique du toit ouvrant…

11. — Prince de la vie et de la misère. *Paris, XVIe arrondissement, dimanche 17 septembre 1989, 18 heures.* — Et ce même dimanche de septembre 1989, dans ce même appartement plutôt cossu du XVIe, la même voix grave poursuivait, belle, sensuelle : …

12. — Confitures amères. *Neuilly-sur-Seine, lundi 18 septembre 1989, 7 heures.* — Petites rues tranquilles. Jardins de douceur et d'harmonie. 7 heures du matin. Un vieil insomniaque qui attendait les premiers bruits de la ville va maintenant balader son chien…

13. — Coupole et abbaye. *Alentours de Rouen, dimanche 17 septembre 1989, 21 heures.* — Deux heures de marche dans un foutu champ de maïs — au moins ici il y a à bouffer — des graines ! Abandonner la vieille mob à l'entrée du village…

14. — Exode. *Paris, XVIe arrondissement, lundi 18 septembre 1989, 10 heures.* — « La mort est le plus grand des orgasmes, c'est pourquoi on le garde pour la fin… »

15. — Les Juges. *Alentours de Rouen, dimanche 17 septembre 1989, 23 h 30.* — Sur la petite place, devant l'église, en pleine nuit. Les pékins ont entendu les rafales de mitraillette et se précipitent au secours des moines…

16. — Déchirure. *Neuilly-sur-Seine, lundi 18 septembre 1989, 21 heures.* — Jardin des Bonnet. Extérieur. Nuit. Il doit être aux alentours de 21 heures. M. Bonnet, tenant ses deux enfants par la main, s'avance lentement…

17. — La « djinna ». *Banlieue de Rouen, lundi 18 septembre 1989, 13 h 30.* — J'ai dû dormir cinq ou six heures. J'ai faim. J'ouvre les yeux. Je me trouve dans une chambre minuscule de deux mètres sur trois…

18. — Macchabées. *Paris, XVIe arrondissement, lundi 18 septembre 1989, 19 h 30.* — Tournant le dos, Mathilde enfilait un soutien-gorge de satin. Nu sur les couvertures, Nessim lui caressait nonchalamment les fesses, tremblant les mains d'un calme désir…

19. — La môme. *Neuilly-sur-Seine, mardi 19 septembre 1989, 8 heures.* — « Je t'emmerde, connard ! Je suis née il y a trente ans. Si mes souvenirs sont bons, c'était un jeudi soir. Mes souvenirs sont très mauvais et en fait, je m'en contrefous du jour de ma naissance… »

20. — Chroniques. *Banlieue de Rouen, mardi 19 septembre 1989, 9 h 30.* — Si les déesses ont des seins, ils doivent être comme ceux de Foula. Bordel, j'ai toujours aimé voyager la nuit en DS noire… « Tu dois me trouver une tire, Djinna. Tu sais que je suis en cavale, non ? »

21. — Cantique. *Paris, XVIe arrondissement, mardi 19 septembre, 7 h 30.* — Mardi matin. 7 h 30. Mathilde préparait le café, seulement chaussée des pantoufles de Nessim. « Que tes pieds sont beaux dans (mes) sandales, fille de noble ! » (*Cantique des cantiques*, VII, 2.)...

22. — Psaumes. *Banlieue de Rouen, mardi 19 septembre 1989, 11 heures.* — Entourés par les Maliens criant en bambara, Ali et l'autre bronzé commencent à pisser dans leur froc. C'est drôle les langues, quelquefois, ça rend fou ! Ne comprenant rien à ce qu'ils lui veulent, Ali se met à hurler en persan...

23. — Bébé. *Neuilly-sur-Seine, nuit du mardi 19 au mercredi 20 septembre 1989.* — Petit studio sous les toits. Gros poêle occupant le centre de la pièce posé sur un lino vert aux trois quarts décollé. Petite table en bois blanc, laquée de plusieurs couches écaillées de peinture noire, et une chaise rouge, presque correcte...

24. — La maison des premiers jours. *Asnières-sur-Seine, commissariat, mardi 19 septembre 1989, 19 heures.* — Le commissaire Simoune commençait à se dire que la Truite avait raison : hier matin, il aurait dû rester sous l'édredon, ne même pas ouvrir un œil, se faire porter pâle pour huit jours. Putain de semaine : tout commençait à tourner vinaigre !

25. — Initiations. *Paris, XVIe arrondissement, mercredi 20 septembre, 8 heures.* — Il y eut une nuit et il y eut un matin. Aube du quatrième jour. 8 heures. Mathilde faisait frire des œufs et Nessim, attendri d'effluves, se prélassait dans un demi-sommeil, tâchant de ne pas laisser filer son rêve.

26. — Double arbre. *Banlieue de Rouen, mercredi 20 septembre 1989, 9 heures.* — Bordel, ce matin, j'ai encore plus mal à l'épaule qu'hier ! Foula m'a tenu contre ses seins toute la nuit, et je n'ai réussi qu'à pleurer — de douleur ? de rage ? de tendresse ?...

27. — Meurtre sur le Nil. *Paris, XVIe arrondissement, mercredi 20 septembre, 14 heures.* — Parking de l'hôpital. Le V8 de la Donkervoort, de couleur violet métal, se mit à grogner de son bruit rauque. Sur le côté de la voiture, au ras du bitume, l'énorme cache chromé de l'échappement palpitait comme une artère fémorale...

28. — Le Livre de Tobie. *Dakar, N'gor, jeudi 13 septembre 1984, 8 heures.* — Dakar, à N'gor, petit quartier populaire, près de l'aéroport, en pays Lébou. Depuis trois mois, Aminata est là, prostrée sur sa chaise. A nouveau, après l'accouchement, elle a été prise des mêmes symptômes...

29. — La descente aux amphés. *Neuilly-sur-Seine, nuit du mercredi 20 au jeudi 21 septembre 1989.* — Par la petite lucarne bordée d'aluminium, le soleil a surchauffé la chambre mansardée toute la journée durant. Maintenant, les gouttes de pluie n'en finissent plus de clapoter et le poêle brûle sans cesse, collant aux parois une chaleur de couveuse...

30. — « Il arrivera qu'en ce jour-là... » *Asnières, mercredi 20 septembre 1989, 14 heures.* — Installé sur la banquette arrière, l'Uzi pointé sur la nuque du vieux con, j'en reste comme deux ronds de gelée ! L'abruti n'arrête pas de blatérer sur les immigrés. Je dois dire que je les trouve vraiment honnêtes, ces racistes...

31. — A quoi sert de parler ? *Paris, XVIe arrondissement, jeudi 21 septembre 1989, midi.* — Nessim quitta le service avec cette même envie de pleurer. La pluie avait cessé maintenant et un vent tiède balayait nuages et feuilles mortes. Tout en bavardant avec la jeune interne qui avait l'air d'une infante de Vélasquez...

32. — Kainis, Kaineos. *Paris, XVIe arrondissement, vendredi 22 septembre 1989, 6 h 30.* — On entendait en sourdine des mesures du *Nabucco* de Verdi. Petit jour. Cabinet de Nessim. Au cœur du grand appartement de la rue de Sontay, deux pièces communiquant entre elles, discrètement cossues...

33. — Contre les gentils. *Asnières-sur-Seine, commissariat, une cellule, vendredi 22 septembre 1989, 15 h 30.* — Qu'est-ce que c'est que ce bordel, merde ? Ça fait une plombe qu'ils n'arrêtent pas d'ouvrir et de refermer les cellules. Je ne peux même pas pioncer ! Je sens une angoisse qui flotte — il va se passer quelque chose... faut que je m'expulse d'ici...

34. — Jalousies. *Asnières-sur-Seine, le pont, vendredi 22 septembre 1989, 16 h 30.* — Repassé discrètement dans l'immeuble de la rue de Belfort pour récupérer mes bagages. Dans une main, la valise aux dollars, et l'autre dans la poche serrant la crosse du Magnum, je me sens mieux, beaucoup mieux. Je perds du sang, beaucoup de sang.

35. — Rois. *Paris, XVIe arrondissement, vendredi 22 septembre 1989, 17 h 45.* — Nessim glissa son Brahms entre les lèvres sèches du lecteur de cassettes et monta le son au maximum. Il ne pouvait plus penser, à rien ! Vidée, la tête ! Et d'un coup, d'un seul ! La rencontre du *schlecht...*

36. — Yéblè. *Bénin — Un quartier populaire de Porto Novo, voilà une cinquantaine d'années...* Sophonie était rentré de Ouagadougou la queue entre les jambes. Il y était pourtant parti triomphant une dizaine d'années plus tôt.

37. — Rêves de fin de nuit. *Neuilly-sur-Seine, samedi 23 septembre 1989, 6 h 45.* — Anne Cournut sursauta à la sonnerie. Une fois de plus, elle se réveillait le corps totalement imbriqué à celui de son mari, comme deux serpents accouplés.

38. — Le sacrifice du chat. *Neuilly-sur-Seine, samedi 23 septembre 1989, 9 h 45.* — Rues de Neuilly. Un vent violent et tiède poussait avec force de gros nuages sombres dans un ciel déchiqueté. Les feuilles des platanes tourbillonnaient une putain de musique africaine et dans le walkman, Salif Keita chantait les seins de sa mère et les hippopotames.

39. — Monsieur Puce et Madame Pou. *Asnières-sur-Seine, commissariat, bureau de l'inspecteur Cahn, samedi 23 septembre 1989, 11 h 30.* — Nom, prénom, âge, profession ? demanda l'inspecteur Cahn.

— Je t'emmerde, connard ! Je suis née il y a trente ans. Si mes souvenirs sont bons, c'était un jeudi soir.

Epilogue — La tabatière. Les Keita étaient alliés aux Camara depuis plus de deux cents ans, plus précisément depuis la fondation du village de Niani. On raconte qu'un jour, un Keita et un Camara avaient capturé un enfant qui errait seul en brousse, un enfant de *foulé.*

Table des matières

Rivages/noir

Joan Aiken
Mort un dimanche de pluie (n° 11)

Robert Edmond Alter
Attractions : Meurtres (n° 72)

Jean-Baptiste Baronian
Le Tueur fou (n° 202)

Marc Behm
La Reine de la nuit (n° 135)
Trouille (n° 163)
À côté de la plaque (n° 188)

Tonino Benacquista
Les Morsures de l'aube (n° 143)
La Machine à broyer les petites filles (n° 169)

Pieke Biermann
Potsdamer Platz (n° 131)
Violetta (n° 160)

Michael Blodgett
Captain Blood (n° 185)

Paul Buck
Les Tueurs de la lune de miel (n° 175)

Edward Bunker
Aucune bête aussi féroce (n° 127)
La Bête contre les murs (n° 174)

James Lee Burke
Prisonniers du ciel (n° 132)
Black Cherry Blues (n° 159)

W.R. Burnett
Romelle (n° 36)
King Cole (n° 56)
Fin de parcours (n° 60)

Jean-Jacques Busino
Un café, une cigarette (n° 172)

George Chesbro
Une affaire de sorciers (n° 95)
L'Ombre d'un homme brisé (n° 147)
Bone (n° 164)
La Cité où les pierres murmurent (n° 184)

Andrew Coburn
Toutes peines confondues (n° 129)

Michael Collins
L'Égorgeur (n° 148)

Robin Cook
Cauchemar dans la rue (n° 64)
J'étais Dora Suarez (n° 116)
Vices privés, vertus publiques (n° 166)
La Rue obscène (n° 200)

Peter Corris
La Plage vide (n° 46)
Des morts dans l'âme (n° 57)
Chair blanche (n° 65)
Le Garçon merveilleux (n° 80)
Héroïne Annie (n° 102)
Escorte pour une mort douce (n° 111)
Le Fils perdu (n° 128)
Le Camp des vainqueurs (n° 176)

James Crumley
Putes (n° 92)

Mildred Davis
Dark Place (n° 10)

Thomas Disch/John Sladek
Black Alice (n° 154)

Wessel Ebersohn
La Nuit divisée (n° 153)
Coin perdu pour mourir (n° 193)

Stanley Ellin
La Corrida des pendus (n° 14)

James Ellroy
Lune sanglante (n° 27)
À cause de la nuit (n° 31)
La Colline aux suicidés (n° 40)
Brown's Requiem (n° 54)
Clandestin (n° 97)
Le Dahlia noir (n° 100)
Un tueur sur la route (n° 109)
Le Grand Nulle Part (n° 112)
L.A. Confidential (n° 120)
White Jazz (n° 141)
Dick Contino's Blues (n° 212)

Howard Fast
Sylvia (n° 85)
L'Ange déchu (n° 106)

Kinky Friedman
Meurtre à Greenwich Village (n° 62)
Quand le chat n'est pas là (n° 108)
Meurtres au Lone Star Café (n° 151)
Le Vieux Coup de la sauterelle (n° 197)

Samuel Fuller
L'Inexorable Enquête (n° 190)

Barry Gifford
Port Tropique (n° 68)
Sailor et Lula (n° 107)
Perdita Durango (n° 140)
Jour de chance pour Sailor (n° 210)

David Goodis
La Blonde au coin de la rue (n° 9)
Beauté bleue (n° 37)
Rue Barbare (n° 66)
Retour à la vie (n° 67)
Obsession (n° 75)

James Grady
Le Fleuve des ténèbres (n° 180)

Russell H. Greenan
Sombres Crapules (n° 138)
La Vie secrète d'A. Pendleton (n° 156)
C'est arrivé à Boston ? (n° 205)

Joseph Hansen
Par qui la mort arrive (n° 4)
Le petit chien riait (n° 44)
Un pied dans la tombe (n° 49)
Obédience (n° 70)
Le Noyé d'Arena Blanca (n° 76)
Pente douce (n° 79)
Le Garçon enterré ce matin (n° 104)
Un pays de vieux (n° 155)
Le Livre de Bohannon (n° 214)

John Harvey
Cœurs solitaires (n° 144)
Les Étrangers dans la maison (n° 201)

George V. Higgins
Les Copains d'Eddie Coyle (n° 114)
Le Contrat Mandeville (n° 191)

Tony Hillerman
Là où dansent les morts (n° 6)
Le Vent sombre (n° 16)
La Voie du fantôme (n° 35)
Femme-qui-écoute (n° 61)
Porteurs-de-peau (n° 96)
La Voie de l'Ennemi (n° 98)
Le Voleur de temps (n° 110)
La Mouche sur le mur (n° 113)
Dieu-qui-parle (n° 122)
Coyote attend (n° 134)
Le Grand Vol de la banque de Taos (n° 145)

Chester Himes
Qu'on lui jette la première pierre (n° 88)

Dolores Hitchens
La Victime expiatoire (n° 89)

Geoffrey Homes
Pendez-moi haut et court (n° 93)
La Rue de la femme qui pleure (n° 94)

Dorothy B. Hughes
Et tournent les chevaux de bois (n° 189)
Chute libre (n° 211)

William Irish
Manhattan Love Song (n° 15)
Valse dans les ténèbres (n° 50)

William Kotzwinkle
Midnight Examiner (n° 118)

Jonathan Latimer
Gardénia rouge (n° 3)
Noir comme un souvenir (n° 20)

Michel Lebrun
Autoroute (n° 165)

Elmore Leonard
ZigZag Movie (n° 220)

Bob Leuci
Captain Butterfly (n° 149)

Ted Lewis
Le Retour de Jack (n° 119)
Sévices (n° 152)

Richard Lortz
Les Enfants de Dracula (n° 146)
Deuil après deuil (n° 182)
L'Amour mort ou vif (n° 206)

John D. Mac Donald
Réponse mortelle (n° 21)
Un temps pour mourir (n° 29)
Un cadavre dans ses rêves (n° 45)
Le Combat pour l'île (n° 51)
L'Héritage de la haine (n° 74)

John P. Marquand
Merci Mr Moto (n° 7)
Bien joué, Mr Moto (n° 8)
Mr Moto est désolé (n° 18)
Rira bien, Mr Moto (n° 87)

Richard Matheson
Échos (n° 217)

Helen McCloy
La Somnambule (n° 105)

William McIlvanney
Les Papiers de Tony Veitch (n° 23)
Laidlaw (n° 24)
Big Man (n° 90)
Étranges Loyautés (n° 139)

Marc Menonville
Jeux de paumes (n° 222)

Tobie Nathan
Saraka bô (n° 186)

Kyotaro Nishimura
Petits crimes japonais (n° 218)

Jim Nisbet
Les damnés ne meurent jamais (n° 84)
Injection mortelle (n° 103)
Le Démon dans ma tête (n° 137)
Le Chien d'Ulysse (n° 161)

Jack O'Connell
B.P. 9 (n° 209)

Jean-Hugues Oppel
Brocéliande-sur-Marne (n° 183)
Ambernave (n° 204)

Abigail Padgett
L'Enfant du silence (n° 207)

Hugues Pagan
Les Eaux mortes (n° 17)
La Mort dans une voiture solitaire (n° 133)
L'Étage des morts (n° 179)
Boulevard des allongés (n° 216)

Bill Pronzini
Hidden Valley (n° 48)

Bill Pronzini/Barry N. Malzberg
La nuit hurle (n° 78)

Michel Quint
Billard à l'étage (n° 162)
La Belle Ombre (n° 215)

Diana Ramsay
Approche des ténèbres (n° 25)
Est-ce un meurtre ? (n° 38)

Philippe Setbon
Fou-de-coudre (n° 187)
Desolata (n° 219)

Roger Simon
Le Clown blanc (n° 71)
Génération Armageddon (n° 199)

Pierre Siniac
Les Mal lunés (n° 208)
Sous l'aile noire des rapaces (n° 223)

Les Standiford
Pandémonium (n° 136)

Richard Stark
La Demoisellc (n° 41)
La Dame (n° 170)

Vidar Svensson
Retour à L.A. (n° 181)

Paco Ignacio Taibo II
Ombre de l'ombre (n° 124)
La Vie même (n° 142)
Cosa fácil (n° 173)
Quelques nuages (n° 198)

Ross Thomas
Les Faisans des îles (n° 125)
La Quatrième Durango (n° 171)

Jim Thompson
Liberté sous condition (n° 1)
Un nid de crotales (n° 12)
Sang mêlé (n° 22)
Nuit de fureur (n° 32)
À deux pas du ciel (n° 39)
Rage noire (n° 47)
La mort viendra, petite (n° 52)

Les Alcooliques (n° 55)
Les Arnaqueurs (n° 58)
Vaurien (n° 63)
Une combine en or (n° 77)
Le Texas par la queue (n° 83)
Écrits perdus (1929-1967) (n° 158)
Le Criminel (n° 167)
Écrits perdus (1968-1977) (n° 177)
Hallali (n° 195)
L'Homme de fer (n° 196)

Masako Togawa
Le Baiser de feu (n° 91)

Armitage Trail
Scarface (n° 126)

Marc Villard
Démons ordinaires (n° 130)
La Vie d'artiste (n° 150)
Dans les rayons de la mort (n° 178)

Donald Westlake
Drôles de frères (n° 19)
Levine (n° 26)
Un jumeau singulier (n° 168)
Ordo (n° 221)

Janwillem Van De Wetering
Comme un rat mort (n° 5)
Sale Temps (n° 30)
L'Autre Fils de Dieu (n° 33)
Le Babouin blond (n° 34)
Inspecteur Saito (n° 42)
Le Massacre du Maine (n° 43)
Un vautour dans la ville (n° 53)
Mort d'un colporteur (n° 59)
Le Chat du sergent (n° 69)
Cash-cash millions (n° 81)
Le Chasseur de papillons (n° 101)

Harry Whittington
Des feux qui détruisent (n° 13)
Le diable a des ailes (n° 28)

Charles Willeford
Une fille facile (n° 86)
Hérésie (n° 99)
Miami Blues (n° 115)
Une seconde chance pour les morts (n° 123)
Dérapages (n° 192)
Ainsi va la mort (n° 213)

Charles Williams
La Fille des collines (n° 2)
Go Home, Stranger (n° 73)
Et la mer profonde et bleue (n° 82)

Timothy Williams
Le Montreur d'ombres (n° 157)
Persona non grata (n° 203)

Daniel Woodrell
Sous la lumière cruelle (n° 117)
Battement d'Aile (n° 121)
Les Ombres du passé (n° 194)

Rivages/mystère

Charlotte Armstrong
Le Jour des Parques (n° 13)
L'Inconnu aux yeux noirs (n° 15)

Francis Beeding
La Maison du Dr Edwardes (n° 9)
La mort qui rôde (n° 12)

Algernon Blackwood
John Silence (n° 8)

Mildred Davis
Crime et chuchotements (n° 14)
Le Passé décomposé (n° 16)

John Dickson Carr
En dépit du tonnerre (n° 5)

William Kotzwinkle
Fata Morgana (n° 2)

John P. Marquand
À votre tour, Mister Moto (n° 4)

Anthony Shaffer
Absolution (n° 10)

J. Storer-Clouston
La Mémorable et Tragique Aventure de Mr Irwin Molyneux (n° 11)

Rex Stout
Le Secret de la bande élastique (n° 1)
La Cassette rouge (n° 3)
Meurtre au vestiaire (n° 6)

Josephine Tey
Le plus beau des anges (n° 7)

4e édition

Achevé d'imprimer en juillet 1995
sur les presses de l'Imprimerie Hérissey
27000 Évreux

Dépôt légal : avril 1994
N° d'imprimeur : 69805